· 入选首批"十四五"广东省职业教育规划教材推荐名单
· 高职高专院校工学结合一体化项目教材

YUANGONG ZHAOPIN YU PEIZHI

员工招聘与配置

（第2版）

主　编　马　远
副主编　李　宾　许璧仪　樊　非

华南理工大学出版社
SOUTH CHINA UNIVERSITY OF TECHNOLOGY PRESS
·广州·

内 容 简 介

本书分六个项目，分别是认知员工招聘与配置、制定招聘计划、招募与筛选、面试与甄选、录用与评估、员工流动管理。全书内容根据高职院校工学结合的人力资源管理人才培养模式进行设计，采取以项目为载体、以任务为驱动的方式进行编写，具有较强的实践性。每个项目均设置了情境任务设计、训练任务、学习任务、实训训练、案例分析等内容，同时，每个任务均有案例引入，通过“做中学”“学中做”的方式引导学生理解知识和掌握员工招聘与选拔的实操技能。

本书可作为各高职院校人力资源管理专业的员工招聘相关课程教材，也可供从事人力资源管理领域招聘工作的人员、致力于人力资源管理领域的教学工作者以及企业管理人员使用。

图书在版编目（CIP）数据

员工招聘与配置/马远主编. —2 版. —广州：华南理工大学出版社，2023.7
高职高专院校工学结合立体化项目教材
ISBN 978-7-5623-7389-6

Ⅰ. ①员… Ⅱ. ①马… Ⅲ. ①企业管理-人力资源管理-高等职业教育-教材 Ⅳ. ①F272.92

中国国家版本馆 CIP 数据核字（2023）第 123062 号

员工招聘与配置（第 2 版）
马　远　主编

出 版 人：柯　宁
出版发行：华南理工大学出版社
（广州五山华南理工大学 17 号楼，邮编 510640）
http：//hg.cb.scut.edu.cn　E-mail：scutc13@scut.edu.cn
营销部电话：020-87113487　87111048（传真）
策划编辑：王　磊
责任编辑：付爱萍
责任校对：盛美珍
印 刷 者：广州市人杰彩印厂
开　　本：787mm×1092mm　1/16　**印张**：13.5　**字数**：345 千
版　　次：2023 年 7 月第 2 版　**印次**：2023 年 7 月第 1 次印刷
定　　价：48.00 元

前 言

招聘是企业整个人力资源管理活动的基础，直接关系到企业人力资源的形成。有效的招聘工作不仅可以提高员工素质、改善人员结构，也可以为组织注入新的管理思想，增添新的活力，甚至可能给企业带来技术、管理上的重大革新，还能为以后的培训、考评、工资福利、劳动关系等管理活动打好基础。员工招聘、选拔、录用等系列工作是企事业单位人力资源管理部门的重要职能之一，也是人力资源管理专业学生必须掌握的核心专业知识与技能。

本书“以岗位需要为导向，以职业标准为依据”，是一本基于人力资源服务业及组织内人力资源管理部门的工作过程开发的立体化项目教材，也是融理论与实践为一体的员工招聘方面的综合性教材。本教材结合当前实务动态，深入细节，分析了招聘专员、招聘主管岗位的典型工作任务，设立了新颖、逼真的学习任务情境，按照“项目学习任务—情境任务设计—项目小结—实训训练”的模式，融汇知识、训练技能，体现了“项目导向、任务驱动、工学结合、教学做一体”的原则。

本书内容根据高职院校工学结合的人力资源管理招聘人才培养模式进行设计，采取以项目为载体、以任务为驱动的方式进行编写，具有较强的实践性。根据高职高专教育的特点和员工招聘课程的性质，按照招聘专员、招聘主管岗位的典型工作任务及工作过程分为六个项目：认知员工招聘与配置、制定招聘计划、招募与筛选、面试与甄选、录用与评估、员工流动管理。每个项目中又包含一些具体的任务，通过一个个具体任务的完成，使学生真正掌握完成招聘各项目所必需的专业知识与专业实践能力。在内容编排上，每个项目均设置了情境任务设计、训练任务、学习任务、实训训练、案例分析等内容，同时，每个任务均有即时案例导入，通过“做中学”“学中做”的方式引导学生理解知识和掌握招聘与甄选的实操技能。本书具有以下特点：

一、与工作过程对接。本教材根据人力资源管理招聘人才培养模式进行课程体系设计，采取以项目为载体、以任务为驱动的方式进行编写，具有较强的实践性。

二、与职业标准对接。本教材依据《企业人力资源管理师国家职业标准》及企业 1 + X 人力资源管理职业技能资格鉴定的相关要求，选取教学内容，将学历教育与职业教育相结合。

三、突出高职高专特点。本教材是针对高职高专学生而编写，在内容选择上充分考虑了高职高专学生的接受能力和特点，力求做到既有理论阐述又有实践训练，难易程度适中。

四、注重技能训练。本教材力求知识点精练，技能训练突出，通过情境任务导入、即时案例、实训训练等众多教学方式，培养和训练学生的招聘与甄选的各项业务技能。

五、落实高校课程思政建设，涵盖思政培养元素，将高校课程思政建设真正落实到教材编写中。根据《高等学校课程思政建设指导纲要》中提出的“全面推进高校课程思政建设，发挥好每门课程的育人作用，提高高校人才培养质量”要求，本教材每个教学单元项目均设置素质培养目标，涵盖课程思政元素，满足对学生思政素质培养的要求。

六、实现从平面教材向富媒体智能型教材转型。本教材每个任务都录制了微课，共计35个重要知识点，学生可通过扫描教材中的二维码，访问相关数字化资源，强化其学习效果。

本书可作为各高职院校人力资源管理专业学生的员工招聘课程教材，也可作为从事人力资源管理领域招聘工作的人员、致力于人力资源管理领域的教学工作者以及企业管理人员的参考资料。

本书是由广州工程技术职业学院、广东南华工商职业学院教师联合编写的工学结合的校企合作一体化项目教材。本书的编者都是多年教授员工招聘课程的一线专业教师，有着丰富的一线教学与工作经验。其中，马远担任主编，负责项目一、项目二以及所有教学项目素质目标、内容构架、知识测验的编写，并负责全书的框架、思路、整理、修订及最后的统稿；李宾负责项目四的编写工作，许璧仪负责项目三和项目六的编写工作，樊非负责项目五的编写工作。广州六品堂六品书院总经理金雷法、珠海长隆投资发展有限公司人力资源招聘经理朱青、北京在职言职科技有限公司人力资源总监柳利波、深圳市乐有家控股集团有限公司行政总监韩力英提供了人员招聘工作的典型工作任务、案例等资料，在此深表谢意。

本书在编写过程中，参阅了大量的相关著作、研究成果和文献资料，在此一并表示衷心的感谢！由于编者水平有限，书中难免存在错误或遗漏之处，恳请广大读者批评指正。

编者

2023年1月

目　　录

项目一　认知员工招聘与配置

学习目标

学习目标包括知识目标、技能目标、素质目标。

知识目标

1. 理解招聘的含义、目的
2. 掌握招聘的作用、原则
3. 理解员工配置的定义、原则
4. 掌握员工配置的方法
5. 掌握员工招聘流程

技能目标

1. 能够认知员工招聘在一个组织中的价值
2. 能够掌握一个组织是否需要制定员工招聘工作的标准
3. 能够判断一个组织的人岗匹配是否合理
4. 能够根据具体企业，设计员工招聘流程

素质目标

1. 具有正直、乐观、积极、勤奋好学、求知欲强的人格品质及健康的身心素质
2. 遵纪守法、诚实守信，有良好的团队协作能力
3. 具有招聘管理相关岗位的良好职业素养和职业道德

内容架构

- 项目一　认知员工招聘与配置
  - 任务1　认知员工招聘
    - 一、员工招聘的定义
    - 二、开展员工招聘的原因与目的
    - 三、员工招聘的作用
    - 四、招聘的原则
  - 任务2　认知员工配置
    - 一、人员配置的定义
    - 二、人员配置的原理
    - 三、人员配置的方法
  - 任务3　员工招聘流程
    - 一、制定招聘流程的目的
    - 二、员工招聘流程

情境任务设计

招聘陷阱

张宇，一家贸易公司的人力资源经理，当回想起公司过去一年的招聘工作时，他还是唏嘘不已。他所在的贸易公司创立三年有余，正值发展期，形势一片大好，公司加大了对人才的招聘力度。

面对众多求职者，张经理很高兴，因为可供选择的机会多了，招聘任务当然更易完成。于是，筛选简历、笔试、一面、二面，他忙得不亦乐乎。原以为公司招聘工作至此圆满结束，然而，接下来出现的现象令张宇甚是郁闷：那些在面试中印象不错的“贤良”，在实际工作中的表现却不尽如人意，甚至常常犯些低级错误。如果说是偶然，倒也罢了，可是这种情况时常发生。张宇开始反思以往的招聘活动，是哪里出了问题？想来想去，他似有所悟：莫不是在招聘中掉进了自己挖的陷阱？

在中国企业管理发展过程中，缺少了一些标准、流程、规范和“工业化”的思维。因此人们怎么也习惯不了量化、打分等需要逻辑和理性行为的管理方法。长期以来，感性的、模糊的做法支配着我们的行为，这一点使得在招聘中的主观性占了很大的比例，也给应聘者造成了一定的误区。从现在的大学生所关注的东西就能看出来，应聘之前考虑更多的是穿什么，讲究什么样的礼仪。因为他们知道：第一印象很重要，甚至是看了应聘者几分钟之后招聘方就能够做出是否录用的决定。

在我国，似乎有一定情商并且智商正常的人，都可以作为“伯乐”去为企业挑选作为原动力的“千里马”。不知道这样挑选出来的“千里马”对企业来说，到底是发展的开始，还是衰败的源头。

资料来源：边文霞. 员工招聘实务［M］. 北京：机械工业出版社，2011.

训练任务

1. 招聘人员在招聘时，其招聘陷阱主要有哪些?
2. 你认为什么是招聘，企业应如何开展招聘工作?
3. 请以人力资源招聘经理的视角，设计一份招聘流程图。
4. 以小组为单位，找两个企业成功招聘的案例。

训练目标

理解招聘的定义，能够明确招聘流程与要求，能够区分企业成功招聘与否的标准。

训练要求

1. 以班级为单位把学生分组，从人力资源招聘经理的角度，设计一份招聘流程图，制作成 PPT 并按照小组顺序上台展示。

2. 每个小组收集 2 个企业成功招聘的案例，制作成 PPT 并上台演示。

训练考核

每组派出一位代表与教师组成评委团，对各小组的 PPT 文件和演示进行综合评价，老师和各小组代表评分各占 50% 。

组别	小组成员	分工合作 20 分	过程设计 20 分	表达能力 20 分	成果展示 40 分	合计 得分
第 1 组						
第 2 组						
⋮						
第 N 组						

项目学习任务

1. 根据所学知识，能够认知员工招聘在企业人力资源管理中的价值。
2. 根据人员配置理论，收集一个企业人岗匹配的案例，分析其配置是否科学合理。
3. 以小组为单位，调查所在地的一家企业，为其新员工招聘工作设计一份招聘流程。

任务1　认知员工招聘

引例

提防网络招聘的骗局

随着互联网的发展，网络招聘迅速发展，方便、快捷的网络招聘也逐渐取代线下的招聘会。但是，由于网络信息的不可靠性以及网络监管的不完善，虚假招聘信息泛滥，让人防不胜防。

一、上岗前先缴费培训

这是最常见的一种骗局，就是在经过多轮面试之后，以岗前培训为借口，收取各种培训费用。例如：一家广告公司招聘档案文员职位，面试中要求应聘者先到某某职校付费参加培训，考核后合格方可录用，但培训结束后却告知条件不符、岗位已满，不予录用。

所以，各位求职者在参加面试后，如果对方通知你需要缴费培训，那么你就要小心了。

二、偷梁换柱的招聘

某些公司打出很诱人的招聘职位或者招聘待遇，让你去应聘工作，但是实际工作却不是那么回事。例如：一家广告公司招聘“储备人员”岗位，但在面试中不断询问应聘者营销能力等情况，并介绍保险方面的业务。事实上，这家企业是代理一家保险公司招聘保险业务员，为吸引求职者而发布较为动听的岗位名称。对此，某人才网的小编建议，求职者可在面试中多了解应聘岗位的实际工作内容，如果发现招聘信息与实际工作有出入，需问清楚工作内容，一旦发现骗局，立即离开。

三、假借招聘做项目

某些公司会设置招聘陷阱：公司假借招聘考试，让应聘人员免费帮公司编写程序。例如：一家软件公司以招聘程序员为名，在“笔试”中要求求职者编写程序，8名求职者的试题各不相同，但8段程序恰巧合成了一个项目，考试结果则是无一人被录用。小编建议，应聘者在不能判断招聘方真实意图的情况下，求职者应注意给自己留存一份劳动成果，要求招聘方签字证明，避免落入“智力陷阱”。

四、实习岗位陷阱

这是利用实习的借口，来刻意降低员工的工资。例如：一家公司招聘网络管理员岗位，明确表示月薪为2000元，但招聘后却与员工签订“实习协议”，每月仅支付504元的“实习补贴”。小编建议，应聘者在与公司签订协议之前，一定要详细地了解发布实习岗位的用人单位是否具有劳动保障部门实习基地资质，以及实习期的工作待遇，不能吃哑巴亏。

五、虚实工资骗局

一些招聘信息中会有无责任底薪和责任底薪的说法。无责任底薪就是只要你参加了日常工作即可获得的工资。责任底薪是需要你按照公司的标准，完成一定量的销售额或者业务标准，才能获得的薪水。现在很多网络骗局就是把责任底薪写得特别高，让你先对工作产生极大的兴趣，但是你要完成的工作量却十分大，不然工资也会很少。所以，某人才网的小编建议，在参加网络招聘的时候，一定要看清工资是不是责任底薪。

资料来源：http://jingyan.baidu.com/article/e6c8503c2987dfe54f1a1886.html

问 题

1. 作为一名应聘者，你觉得应如何提防一些招聘骗局？
2. 作为一名招聘人员，做好招聘工作应注意哪些问题？

一、员工招聘的定义

殷商时期商汤王（商朝建国君主）五次以币聘（携带财物去聘请）伊尹（商朝初年的贤相）辅治国政，周朝每年三月“聘名士，礼贤者”，曹操举行“求贤会”，朱元璋张贴“招贤榜”等，无不说明招聘在我国的历史悠久。但将招聘作为一门学科加以研究却是从泰罗的科学管理时代开始的，从那时起，招聘便具有了不同以往的科学含义。

招聘也叫“找人”“招人”“招新”。就字面含义而言，是指某主体为实现或完成某个目标或任务而进行的择人活动。

招聘，一般由主体、载体及对象构成，主体就是用人者，载体是信息的传播体，对象则是符合标准的候选人，三者缺一不可。

载体的种类有很多，例如：口碑或牛皮癣式的纸片，简单、经济；广播、电视、报纸、杂志等，高级但费用高。现代社会信息科技发达，思想进步，企事业单位将互联网作为载体的趋势正逐渐兴盛。

员工招聘，简称招聘，是指“招募”与“聘用”的总称，是指为企事业单位中空缺的职位寻找到合适人选。所谓招聘，是指企业为了生存和发展，采用一定的方法吸纳或寻找具备任职资格和条件的求职者，筛选出合适的人员予以聘用的工作过程。

在招聘程序上，招聘通常由用人标准、人数确立、信息传播、交流沟通、考核考评、比较选择、试用、录用等活动构成。用人者制定招聘计划，并通过一定方式对被用者予以录取。招聘，作为一门边缘人文科学，按领域可以划分为政治招聘、军事招聘、经济招聘、文化招聘等；按主体可以划分为政府招聘、企业招聘、个人招聘；按招聘的执行方式可以划分为自主招聘与委托招聘；按应聘者性质可以划分为老板招聘员工与员工招聘老板。老板招聘员工是目前主要的招聘形式，而员工招聘老板这种方式相对比较少。2009年7月中国上海出现的一工程师肚皮上写字招聘用工老板事件，引起媒体的关注，在社会上反响强烈，但在模式上依然属于非主流，属于特殊的个别案例。

招聘的任务是指依据科学的方法，按照一定的程序，根据企业当前和未来的需求进行人才的选拔与调整。然而不同的企业或组织，不同的职位，招聘选拔的条件会有所不同。

如世界一流的管理咨询公司麦肯锡，坚信只有一流的人才才会造就一流的公司，因此该公司每年吸引的全是世界一流的人才。而日本松下公司却坚持“70%求才法”，主张吸收中上等人才，因为他们认为这一类型的人不会自负，能够踏踏实实兢兢业业地工作。

员工招聘是组织通过劳动力或人才市场获取人力资源的活动。它是组织根据自身发展的需要，依照市场规则和本组织人力资源规划的要求，通过各种可行的手段及媒介，向目标公众发布招聘信息，并按照一定的标准来招募、聘用组织所需人力资源的全过程。作为人力资源管理中的重要环节，人员招聘涉及规划、途径、组织和实施等许多方面。它是组织获取人力资源的第一环节，也是人员选拔的基础。

互动课堂

“千金买骨”的故事

“千金买骨”是出自《战国策·燕策一》的一个成语故事。公元前314年，燕国发生了内乱，邻近的齐国乘机出兵，侵占了燕国的部分领土。

燕昭王当了国君以后，他消除了内乱，决心招纳天下有才能的人，振兴燕国，夺回失去的土地。虽然燕昭王有这样的号召，但并没有多少人投奔他。于是，燕昭王就去向一个叫郭隗的人请教，怎样才能得到贤良的人。

郭隗给燕昭王讲了一个故事：从前有一位国君，愿意用千金买一匹千里马。可是3年过去了，千里马却依然没有买到。这位国君手下有一位不出名的人，自告奋勇请求去买千里马，国君同意了。这个人用了3个月的时间，打听到某处人家有一匹良马。可是，等他赶到这一家时，马已经死了。于是，他就用500金买了马的骨头，回去献给国君。国君看了用很贵的价钱买的马骨头，很不高兴。买马骨的人却说，我这样做，是为了让天下人都知道，大王您是真心实意地想出高价钱买马，并不是欺骗别人。果然，不到一年时间，就有人送来了很多匹千里马。

郭隗讲完上面的故事，又对燕昭王说：“大王要是真心想得人才，也要像买千里马的国君那样，让天下人知道你是真心求贤。你可以先从我开始，人们看到像我这样的人都能得到重用，比我更有才能的人就会来投奔你。”燕昭王认为有理，就拜郭隗为师，还给他优厚的俸禄。并让他修筑了“黄金台”，作为招纳天下贤士人才的地方。消息传出去不久，就有一些有才干的名人贤士纷纷前来，表示愿意帮助燕昭王治理国家。经过二十多年的努力，燕国终于强盛起来，最终打败了齐国，夺回了被占领的土地。

（成语“金台市骏”所说的黄金台在今河北廊坊市固安县固安镇东坨、西坨两村北面的永定河畔）

资料来源：百度百科

问题

以一名招聘者的视角，分析本故事给了你哪些启示？

二、开展员工招聘的原因与目的

（一）招聘的原因

组织开展员工招聘，一般主要基于以下几种情况：

（1）组建新组织，为满足组织的目标、技术、生产、经营需要招聘合适的员工；

（2）现有组织由于战略调整、结构改变、业务发展等而人手不足；

（3）现有岗位人员不称职；

（4）职工队伍结构不合理，在裁减多余人员的同时，需要补充短缺的专业人才；

（5）组织内部由于原有员工调任、离职、退休或升迁等而产生的职位空缺。

（二）招聘的目的

招聘的最直接目的就是弥补组织中的人力资源不足，这是招聘工作的前提。具体地说，组织招聘一般源于以下几种目的：

1. 根本目的

员工招聘的根本目的在于在恰当的时期以最小的招聘成本找到组织最需要、最合适的员工并将其安置在合适的岗位上使其发挥最大的作用。

2. 其他目的

（1）树立良好组织形象。

（2）降低应聘者在短期内离开一个组织的可能性。

（3）履行一个组织的社会义务，为社会提供就业机会。

三、员工招聘的作用

招聘工作是人力资源管理活动中最基础的工作。对任何一个组织来说，有了战略发展目标后，就需要组成一个人力资源的管理系统，在适当的组织机构与指挥协调机构的领导下，使用原材料、机器、资金等进行产品生产、经营或服务。在人力资源管理中，人力资源的选拔与配置是企业成功的关键，其包括人力资源的“进”“用”“留”“出”等几个环节，在这几个环节中，人力资源的“进”是最为关键的。具体而言，员工招聘的作用具体表现在以下几个方面。

1. 招聘是组织获取人力资源的重要手段

一个组织只有通过人员招聘才能获得人力资源，尤其是对新成立的组织来说，人员招聘工作的成功与否更是企业成败的关键。如果一个组织无法招聘到适合其发展目标的员工，其在物质、资金、时间上的投入就会被浪费，最终影响一个组织的正常管理与运营。对已经处于运营中的企业来说，人力资源的使用和配置，也会因企业的战略、经营目标、计划与任务以及组织机构的变动和自然原因而处于经常的变动之中。因此，招聘工作对企业来说是经常性的。招聘的目标就是保证企业人力资源得到充足的供应、高效的配置，进而使人力资源的投资效益最大化。

2. 招聘是一个组织整体人力资源管理工作的基础

一方面，员工招聘工作直接关系到一个组织人力资源的形成；另一方面，招聘是人力资源管理一切工作的基础环节。组织中的人力资源管理工作一般包括招聘、培训、绩效考核、薪酬、劳动关系、奖惩与激励制度等环节。其中，人员的招聘是基础。如果招聘的人员不能够胜任，或不能满足组织发展要求，那么，组织的人力资源管理工作效益就得不到提高，各项工作也将难以有效开展。

招聘与其他人力资源管理之间的关系可见图 1－1。

3. 招聘有助于组织形象的传播

一次成功的招聘既是招才纳贤的举措，更是一次企业形象宣传活动。招聘工作需要严密策划，一次好的招聘策划活动，一方面，可以吸引众多的求职者，为求职者提供一个充分认识自己的机会；另一方面也是企业树立良好公众形象的机会。一次成功的招聘活动，将能够使企业在求职者以及公众心目中留下美好的印象。

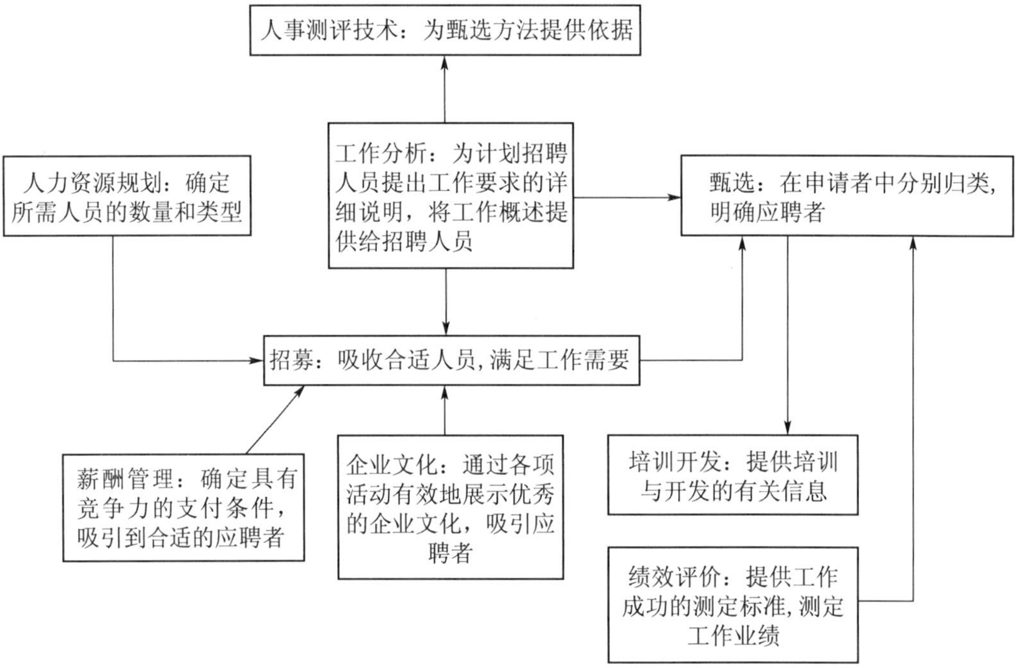

图 1－1　招聘与其他人力资源管理之间的关系

4. 招聘能够提高员工的士气

企业在发展管理过程中，自然会产生一些空缺职位，企业需要寻找合适的人选来填补空缺，使企业的发展不致受限。一方面，引进新员工可以带来新的思想，使员工队伍充满活力；另一方面，对老员工来说也是一种挑战，可激励其不断提升自身业务素质，为企业发展做出更大的贡献。

5. 人员招聘有助于创造组织的竞争优势

企业的竞争说到底是人才的竞争，现在越来越多的企业意识到，拥有创造企业核心竞争力的人才对其发展的重要价值，比尔·盖茨曾说：如果让微软最优秀的二十个人离开公司，那么微软将会变成一家无足轻重的公司。因此，成功地招聘到符合企业发展目标的人才是企业在激烈的市场竞争中立于不败之地的先决条件。

互动课堂

"顶尖的员工团队就像一个羊群，人与人之间是互相效仿的。"

你招聘到一个A级员工，才会吸引另一个A级员工。

B级或C级的员工只能给你带来B级或C级的同事。这就是所谓的"羊群效应"。

举一个很简单的例子。

企业里的每个部门，部门负责人带出来的团队，下属也会或多或少呈现这个领头人的特点。并且，也会有主管人员在离开一家企业时，将之前的下属一起带走。

优秀的人，总是愿意和同样优秀的人在一起。

同样，他们的离开，也会影响企业里另一些优秀的人跟着离开。

招募和留用A级人才，是一个企业非常核心的竞争力。

问 题

请分析"羊群效应"对企业招聘工作的影响。

四、招聘的原则

1. 公开原则

所谓公开原则，是指把招聘单位、种类、数量，报考资格、录用条件，考试形式、科目和时间，均面向社会公告周知，公开进行。公开，一方面给予社会上的人才以公平竞争的机会，达到广招人才的目的；另一方面使招聘工作置于社会的监督之下，防止不正之风。

2. 竞争原则

竞争原则，是指通过考试或考核的方式来鉴别人员的优劣和对人选进行取舍。为了达到竞争的目的，一要做好招聘宣传动员工作，吸引更多的人报考，二要严格人员筛选考核程序和手段，科学公平公正地录取，防止"拉关系"、"走后门"、贪污受贿和徇私舞弊等现象的发生，通过激烈和公平的竞争，选择优秀人才。

3. 平等原则

平等原则，是指对所有应聘者一视同仁，不得人为地制造各种不平等的限制或条件（如性别歧视、地区歧视等）和各种不平等的优先优惠政策，努力为社会上的有志之士提供平等竞争的机会，不拘一格地选拔、录用各方面的优秀人才。

4. 能级原则

能级原则，是指每个个体的能量有大小，本领有高低，工作有难易，要求有区别，因此，在招聘时应注重员工的能力应与其招聘的岗位级别相对应。招聘工作，不是要招聘最优秀的，而是选择最适合岗位需要的人才。因此，在对人员筛选时应量才录用，做到人尽其才、用其所长、职得其人，这样才能持久、高效地发挥人力资源的作用。

5. 全面原则

全面原则，是指对应聘人员从品德、知识、能力、智力、心理、过去工作的经验和业绩进行全面考试、考核和考察。因为一个人能否胜任某项工作或者其职业发展前途如何，是由多方面因素决定的，尤其是非智力因素对其将来的职业发展将起着决定性的作用。

6. 择优原则

择优是招聘工作的根本目的和要求。择优原则是指在招聘选拔人才的过程中应广揽人才，选贤任能，为组织各岗位筛选并引进最合适的人员。为此，应采取科学的考试考核方法，综合比较，谨慎筛选。

拓展阅读

优秀招聘人员必备的素质

1. 扎实的专业能力

作为专业的招聘人员，专业知识以及专业能力是必不可少的。包括对行业发展趋势和相关企业信息的了解、专业的人力资源理论基础（包括法律法规）和实操能力以及良好的组织、领导能力。除此之外，对于所在公司的组织架构、公司用人政策及规章制度都要有全面深入的了解，对招聘职位的具体要求及标准有细致而全面的理解。

2. 正直的品性

招聘官掌握着公司最宝贵的资源，招聘官对公司所有人才信息了如指掌，若招聘官在品性上出了问题，不论是对员工个人还是整个公司，无疑是一颗定时炸弹。因此可以说，正直的品性是优秀招聘官最基本也是最重要的特质之一。

3. 优秀的沟通能力

招聘官，顾名思义是需要和人打交道的，因此招聘官的沟通能力无疑是其工作能力中相当重要的组成部分。亲和力如同磁石，能把优秀人才吸引到公司来，坦诚而让人信任的沟通能留住真正的人才，艺术性的沟通能化解公司内部诸多纠纷和矛盾，等等。因此，优秀的沟通能力对于优秀的招聘官来说是不可或缺的。

招聘人员与高层及各部门的负责人保持定期或不定期的沟通非常重要，这样才能为他们提供更好的服务，有做得不够周到的地方也能及时沟通，得到他们的理解。

4. 卓越的学习力

学习是终生的事业。作为招聘人员，一项非常重要的学习内容是“一线”的知识和实践，这样才能更好地了解“一线”，制订出符合他们需要的招聘政策和战略，也能更好地为他们服务。招聘人员要积极参加“一线”的活动，比如新品发布会、产品培训等。

6. 良好的情绪调节和控制能力

招聘人员的工作成果一般是难以直接量化的，有时难以得到有关部门甚至公司高层的认可，但只要出现差错，则必然会受到多方的指责。优秀的招聘人员必须具备较好的情绪调节和控制能力才能处理好上述情况，满怀激情地投入到新的工作中去。

7. 杰出的组织能力和协调能力

招聘人员的工作离不开公司其他部门的支持和配合，需要各种资源，这需要招聘人员具备良好的组织能力，尤其是跨部门的沟通能力，否则不仅影响工作效率，而且影响招聘人员在其他部门中的地位。

8. 良好的识人能力

招聘人员的主要工作就是从众多求职者中选拔出合适的人，要扮演好这个角色，一方面招聘人员需要对招聘岗位及流程有全面细致的了解，另一方面，需要招聘人员具备良好的识人能力，可以通过和应聘者的沟通快速判断求职者所具备的能力。

9. 敬业精神

对于招聘人员来说，敬业精神也十分重要。在招聘过程中，应本着对企业负责的心态，尽心尽力地通过各种渠道寻觅适合企业的人才；对整个招聘过程，从招聘渠道的选择、招聘信息的发布到简历筛选、面试以及最终的录用和善后工作，招聘人员都要全程跟进，及时把握招聘的最新动态。

资料节选自：百度百科

问题

作为一名在校大学生，如何才能具备招聘人员必备的素质，请以小组为单位开展讨论。

任务2 认知人员配置

引例

人力资源层级化配置的探讨

曾听一个公司的总经理夸奖其一个部门经理做事兢兢业业，连扫地、擦桌子之类的事也是亲自完成，是公司敬业的典范，准备提拔其为公司副总经理。“事必躬亲”是很多企业评价员工敬业精神的标准之一，我们当然不能否认员工敬业精神对企业的重要性，但我们需要看“敬”的是什么“业”。“事必躬亲”往往意味着高层级的人员从事低层级的工作，而每个人的时间和精力资源是有限的，如果高层级人员把较多的时间、精力用于低层级的工作，那么其做好本职工作的资源就不足，最终造成本职工作也不能很好完成，这样“敬业”就变成了“不务正业”。“三顾频烦天下计，两朝开济老臣心。出师未捷身先死，长使英雄泪满襟。”我们在为诸葛亮的雄才大略和高度负责的敬业精神所折服的同时，也为其由于“事必躬亲”而积劳成疾、过早谢世而惋惜！虽然诸葛亮的“事必躬亲”确有可鉴，但亦有可诫也！

人力资源的价值也遵循“2/8 原则”：20% 的员工创造 80% 的价值，80% 的员工只创造 20% 的价值；员工个人 20% 的时间创造 80% 的价值，80% 的时间创造 20% 的价值。企业人才经营的关键是：在识别、吸引、留住 20% 的优秀员工的基础上提高其工作的价值。人力资源的价值是有差异的，人力资源管理的一项重要工作就是根据个人价值的特点，安排相匹配的工作，以实现企业价值和个人价值的最大化。

资料节选自：上海攀成德企业管理顾问有限公司网站

问题

1. 你如何看待部门经理“事必躬亲”的做事方式？
2. 人力资源价值的“2/8 原则”在人员配置方面给了你怎样的启示？

一、人员配置的定义

管理学中的人员配备，是指对主管人员进行恰当而有效的选拔、培训和考评，其目的是为了配备合适的人员去充实组织机构中所确定的各项职务，以保证组织活动的正常进行，进而实现组织的既定目标。

传统的观点一般把人员配备作为人事部门的工作，而现代的观点则认为，人员配备不但要包括选人、评人、育人，而且还包括如何使用人员，以及如何增强组织凝聚力来留住人员，这又与各层管理者紧密联系。

所谓人员配置，是指企业为了实现生产经营的目标，采用科学的方法，根据岗得其人、人得其位、适材适所的原则，实现人力资源与其他物力、财力资源的有效结合而进行的一系列管理活动的总称。人员配置的目的主要有：

1. 物色合适的人选

人员配置的首要任务就是根据岗位工作需要，经过严格的考查和科学的论证，找出或培训为己所需的各类人员。组织各部门是在任务分工基础上设置的，因而不同的部门有不同的任务和不同的工作性质，必然要求具有不同的知识结构和水平、不同的能力结构和水平的人与之相匹配。

2. 促进组织结构功能的有效发挥

要使职务安排和设计的目标得以实现，让组织结构真正成为凝聚各方面力量，保证组织管理系统正常运行的有力手段，必须把具备不同素质、能力和特长的人员分别安排在适当的岗位上。只有使人员配备尽量适应各类职务的性质要求，才能使各职务应承担的职责得到充分履行，组织设计的要求才能实现，组织结构的功能才能发挥出来。

3. 充分开发组织的人力资源

现代市场经济条件下，组织之间竞争的成败取决于人力资源的开发程度。在管理过程中，通过适当选拔、配备和使用、培训人员，可以充分挖掘每个成员的内在潜力，实现人员与工作任务的协调匹配，做到人尽其才、物尽其用，从而使人力资源得到高度开发。

拓展阅读

“西邻五子”的启示

中国古代寓言《西邻五子》，内容是“西邻有五子，一子朴，一子敏，一子盲，一子偻，一子跛。乃使朴者农，敏者贾，盲者卜，偻者绩，跛者纺，五子皆不患衣食焉”。按常理说，五子三残疾，西邻公可谓不幸。可西邻有方，因材“择业”：让朴实的务农、聪敏的经商、瞎眼的算命、驼背的搓麻、跛脚的纺纱。如此，大家各展其长，避其所短，各有所成，可谓是“人尽其才”的典范。

从长处看人，世上无无用之人。“西邻五子”启示人们：用人需容人之短、用人之长。

纵观企业，人才是多种多样的，岗位需求也是多种多样的。但很多时候，一个优秀的人才往往是优缺点一样突出，如果我们只是盯着缺点不放，人才就会从我们的手中溜走。鉴于此，每一位管理者都当有海纳百川的宽广胸怀，深入基层，贴近员工，先知其长短，而后根据每个人的特长、兴趣爱好、能力水平，提供最佳的工作岗位，使其拥有理想的表演舞台，从而挖掘出每一个人的最大潜力，实现人与事的最佳组合，创造更好的绩效。

在常人眼中，短就是短，而在有见识的管理者看来，短也是长。学一学“西邻公”，转变视角和观念，你会发现，人才就在眼前。

资料来源：杜放光．“西邻五子”的启示［N］．周口日报，2012－08－06（B1）．

二、人员配置的原理

1．要素有用原理

任何人力资源都是有用的，即没有无用之人，只有没有用好之人，每个人力资源都有其作用和价值，关键看你用不用的问题。人力资源配置过程中，首先要遵循的一个宗旨即任何要素（人员）都是有用的，配置的根本目的是为所有人员找到和创造其发挥作用的条件。

2．能级对应原理

人力资源开发与管理中，“能级”的含义：“能”是指人的能级，也就是指一个人能力的大小；“级”是指管理职务中的级别高低。能力越高，级别应越高，不同能力的人，其在企业中的责、权、利应有差别，合适的人应放到合适的位置上。这要求人力资源管理者在进行人力资源配置时，要根据人的能力大小分配不同的岗位和职责，给予不同的职务与权力，使其达到人事匹配，这样才能人尽其才、物尽其用。合理配置并使用人力资源是人力资源管理的根本任务，只有这样才能更好地提高人力资源的投入产出比例。

3．互补增值原理

指个体在知识、能力、性别、年龄、气质、社会关系等方面互补的人如果能合理地配置在一起，每个人均可以取长补短，充分发挥个体的长处，进而提高组织的生产效率与效益，即 $1+1>2$ 。

4．动态适应原理

指的是人与事的不适应是绝对的，适应是相对的，从不适应到适应是在运动中实现的，随着事业的发展，适应又会变为不适应，只有不断调整人与事的关系，才能达到重新适应，这正是动态适应原理的体现。

5．弹性冗余原理

弹性冗余原理是指企业在人力资源的配置中，必须充分考虑管理对象的生理、心理、年龄、性别、性格、气质、行业等差异性，以及内、外环境的多变性造成的管理对象的复杂性，在人与事的匹配中要留有一定的余地与灵活性，保持弹性。员工不能超负荷或带病运行，以免对人力资源造成不必要的伤害，这就要求在人与事的配置过程中，注重员工工作的适度负荷，人与工作的配置要符合人力资源的生理与心理要求，不能超越员工身心的极限，保持员工的身心健康。

6. 经济效益原则

是指组织在进行人员配备计划的拟定时，要以组织需要为依据，以保证组织经济效益的提高为前提；它既不是盲目地扩大职工队伍，更不是单纯为了解决职工就业，而是为了保证组织效益的提高。

7. 任人唯贤原则

是指组织在进行人事选聘时，应力求大公无私，实事求是地发现人才，爱护人才，本着求贤若渴的精神，重视和聘用确有真才实学的人。这是组织不断发展壮大，走向成功的关键。

8. 因事择人原则

因事择人是指员工的招聘与选拔应以组织中的职位空缺和实际工作需要为出发点，以职位对人员实际要求为标准，选拔、录用各类人员。

9. 量才适用原则

量才适用是指根据每个员工的能力大小为其安排合适的岗位。人的差异是客观存在的，一个人只有处在最能发挥其才能的岗位上，才能干得最好。

10. 程序化、规范化原则

员工的选拔必须遵循一定的标准和程序。科学合理地确定员工的选拔标准和聘任程序是组织聘任优秀人才的重要保证。只有严格按照规定的程序和标准办事，才能选聘到真正愿为组织的发展做出贡献的人才。

互动课堂

全球著名的咨询公司翰威特的校园招聘非常注重企业与求职者的“匹配度”。与传统招聘方式不同，其最后一轮面试的案例分析题目统一在面试前一天的晚上发送，隔天上午提交 PPT 成果并进行现场演示和答辩。

时间紧、任务重、要求高，是该咨询公司的员工在工作中需要面对的压力和挑战。候选人会在内心评估自己是否适合企业快节奏的氛围和要求，企业会通过面试结果筛选适合企业特点与要求的人才。

正是校园招聘中对匹配度的重视，为翰威特的人才输送和组织发展提供了稳定保障。

问 题

请分析翰威特的校园招聘采用了哪种人员配置原理？

三、人员配置的方法

员工配置的基本方法主要有三种：以员工为标准进行配置、以岗位为标准进行配置和以双向选择为标准进行配置。

1．以员工为标准进行配置

按员工岗位测试的每项得分，选择最高分任用，缺点是可能同时多人在该岗位上得分较高，结果仅择一人，另外忽略性格等因素，可能使优秀人才被拒之门外。

2．以岗位为标准进行配置

从岗位需求出发，为每个岗位选择最合适的人。此方法效率高，但只有在岗位空缺的前提下才可行。

3．以双向选择为标准进行配置

就是在岗位和应聘者之间进行必要的调整，以满足各个岗位人员配置的要求。此方法综合平衡了岗位和员工两个方面的因素，现实可行，能从总体上满足岗位人员配置的要求，效率高。但对岗位而言，可能出现得分最高的员工不能被安排在本岗位上，对员工而言，可能出现不能被安排到其得分最高的岗位上的情况。

例题：假设在一次招聘中分别测试众多求职者，并把他们安排到多种不同性质的岗位上去。它是岗位和人员之间相匹配的过程，既包括了对人员的选择，也包括对人员进行合理的安置，适用于同时招聘多人，此方法成本也较低。表 1－1 列出了 10 位应聘者的综合测试得分。

如果假设岗位 1、岗位 2、岗位 3、岗位 4、岗位 5 所需的最低测试分数分别为 3.5，2.5，2.5，3.0，3.5，要从这 10 个人中选出 5 人来担当不同的岗位，有多种方法，由于其录用决策依据不同，录用结果也不同。

表 1－1　应聘者的综合得分表

岗位 \ 应聘者	A	B	C	D	E	F	G	H	I	J
1	4.5	3.5	2.0	2.0	1.5	1.5	4.0	2.5	2.0	1.0
2	3.5	3.0	2.5	2.5	2.5	2.0	3.5	2.0	2.5	0.5
3	4.0	2.0	3.5	3.0	0.5	2.5	3.0	3.0	1.0	1.5
4	3.0	2.0	2.5	1.5	2.0	2.0	3.5	2.0	0.5	0.5
5	3.5	4.5	2.5	1.0	2.0	2.0	1.5	1.5	1.0	0.5

（1）以员工为标准进行配置。即从人的角度，按每人得分最高的一项给其安排岗位。这样做可能出现同时多人在该岗位上得分最高，结果只能选择一个员工，而使优秀人才被拒之门外。根据表 1－1 的数据资料，其结果只能是 A（4.5）从事岗位 1，E（2.5）或 I（2.5）从事岗位 2，C（3.5）从事岗位 3，B（4.5）从事岗位 5，岗位 4 空缺，分数计为 0。

若考虑空缺岗位的影响，其录用人员的平均分数为（4.5＋2.5＋3.5＋4.5＋0）/5＝

3.0；若不考虑空缺岗位的影响，则其录用人员的平均分数为（4.5+2.5-4+3.5+4.5）/4=2.75。

（2）以岗位为标准进行配置。即从岗位的角度出发，每个岗位都挑选最好的人来做，但这样做可能会导致一个人同时被好几个岗位选中。尽管这样做的组织效率最高，但只有在允许岗位空缺的前提下才能实现，因此常常是不可能的。根据表1-1的数据资料，其结果只能是岗位1由A做（在岗位3上A的得分最高，但一人不能从事二职，因此岗位3出现空缺），岗位2或岗位4由G（3.5）做，岗位5由B（4.5）做。若考虑空缺岗位的影响，其录用人员的平均分数为（4.5+4.5+3.5+0+0）/5=2.5；若不考虑空缺岗位的影响，则其录用人员的平均分数为（4.5+4.5+3.5）/3=4.17。

（3）以双向选择为标准进行配置。由于单纯以人为标准或者单纯以岗位为标准进行配置，均有欠缺，因此，可采用双向选择的方法进行配置，即在岗位和应聘者两者之间进行必要调整，以满足各个岗位人员配置的要求。采用双向选择的配置方法，对岗位而言，有可能出现得分最高的员工不能被安排在本岗位上，而对员工而言，有可能没有被安排到其得分最高的岗位上工作。但该方法综合平衡了岗位和人员两个方面的因素，既现实又可行，能从总体上满足岗位人员配置的要求，效率较高。根据表1-1的数据资料，其结果只能是岗位1由A（4.5）做，岗位2由E（2.5）或I（2.5）做，岗位3由C（3.5）做，岗位4由G（3.5）做，岗位5由B（4.5）做。其录用人员的平均分为（4.5+2.5+3.5+3.5+4.5）/5=3.7。

3.7>3.0>2.5，以双向选择为标准进行人员配置要优于以单纯员工为标准或以岗位为标准进行的员工配置。因此，组织在进行员工配置时，要综合考虑，选择适宜的配置方法，这样才能把人才放到最适合他的岗位上。

拓展阅读

企业人才配置的学问

有远见的企业了解人才的竞争价值，尽一切努力寻找和招聘高素质的员工。然而，许多企业却不怎么关心如何有效地配置其内部人才资源。很少有企业能够使人才的表现机会和流动性最大化，并为他们创造有利于发挥和施展自身专长的工作机会来增强人才的竞争优势。许多管理者费力地为某个工作寻找合适人选，最终一无所获，沮丧万分，他们不知道这个合适人选可能就在企业内部而无法找到。而许多人才也有过在企业里毫无出路的遭遇，无法获得发展所需的适当经历和挑战，最终只好一走了之。

随着全球市场的瞬息万变和越来越激烈的竞争，企业需要以更灵活的方式在企业范围内更广泛地配置人才。在一个现代化、网络化、以知识为基础的商业环境中，无形资产（如技能、声誉和关系）能够产生最高的价值。有效的资源配置意味着人才价值的释放，因为它能够让人才流向最好的机会，尤其是那些通过找到能够培养独特新技能和知识的工作使自己得到进一步发展的机会。由于管理层必须快速制定并执行创造价值的措施，因此，人才对于企业绩效变得越来越重要，而对人才的具体需求也变得越来越不可预测，企业必须比以往任何时候都要更快地培养人才。

企业要拥有开明的人才管理政策，才能在销售、投资、资产及股权上有着更高的回报。但大多数大型企业的结构都不利于在传统的组织壁垒间配置人才资源，而组织壁垒正是这些企业最显著的组织特征。通过提供岗位轮换机会并为有才干的员工提供发展机会，管理者可以促进某些企业壁垒内的人才管理。但是，当企业寻求实现各业务部门间的人才协同效应时，这种做法就行不通了，而现在这种情况正在变得越来越普遍。通过发展内部人才市场，企业给予管理者调动取得成功所需人才的最佳机会，同时为最有才能的员工提供更好的机会去施展他们的才能。

人才市场的兴旺与知识市场一样，在于借助个人利益来推动整个企业范围内的协作，而非依靠自上而下的指令去轮换岗位。它的目标并不是为了简单地理清市场，而是为了帮助企业更有效地完成工作，并通过使有才能的员工加深对企业的了解来提高他们的价值与忠诚度。企业有效配置人才资源可以对一些重要的成果产生极大的影响。通常，大多数企业通过个别上司和个别员工之间或小团体内部的个人联系与交易来配置职位。管理者发现自己难以了解企业内的哪一位人才将是某个空缺职位的不二人选；而对于希望知道企业内存在哪些机会、自己可能喜欢和哪些人共事的人才来说，境遇同样尴尬。

在这样的体制中，有些人飞黄腾达。但对于许多寻找个人发展机会的人才来说，这种做法使他们处处碰壁。他们可能会在自己工作部门以外的机会中得到更适当的发展，但企业的组织结构不利于更广泛地配置人才。对管理者来说，他们可能被迫在狭小的人才储备中为某项工作挑选人才，而这些人的技能和经历并不适合那项工作。这样的苦恼司空见惯，因为大多数企业历来将大部分精力放在提高直线管理人才的质量和数量上，而不重视其他各类专业技术人员。企业将大部分努力集中于帮助管理者沿直线管理层级向上攀升，使他们成为更优秀的通用型管理者。

企业往往花很少的时间去培养具备建立良好客户关系、使产品适应各种分销渠道或与供应商洽谈重要合同所需才能的人。对直线管理者的奖励促使有才能的人寻求直线发展机会，而不是专业上的发展机会。企业采用这种来源于家长式作风、讲究等级制度的思维模式的方法，人们会期望高级管理者或人力资源部门通过正式的岗位轮换和职业发展政策为最有才能的人员创造机会。这也许有利于某些组织壁垒内的人才管理，而当需要跨部门的资源配置与协同时，传统的企业就会束手无策。有的员工可能具备特定的知识，但缺少广度。另一些员工可能具备必需的知识，但缺乏项目管理技能，反之亦然。

由于企业的员工受雇于传统的工作，他们可能不具备完成这种工作所需的足够的内在技能——个人领导能力、创造力，甚至纯粹的智力。不喜欢某个职务的员工可能得到了这个职务，造成挫折感的产生，而那些可能想担任这个职务的员工要么对这个机会一无所知，要么无权申请这个机会。一些企业尝试通过人力资源部门，将人才作为企业财产来雇用、培训和提拔。然而这些举措不仅通常只限于几百个人（甚至大企业也是如此），而且往往只培养员工特定的职能，而不是广泛的职责。

拥有多种技能和知识的员工或具有创业精神和自我指导能力的员工却经常受到忽视。被挑中进行此类项目的任何人都不得不频繁地重新定位，由此挫伤了许多人才的热情。总之，传统的等级森严的模式是在将资源推动到企业认为最需要它们的地方。这样的模式在部署和培养人才上确实效率低下，因此应该用拉动知识与人才的方法来取而代之。市场，特别是人才市场，就是这样一个能够在今天这个流动性越来越高的商业环境中有效管理人才的机制。

资料来源：http：//www. shoeshr. com

问题

以 3 ～ 5 人为一小组，讨论并总结出 3 条以上企业人才配置的学问。

任务3　员工招聘流程

引例

N公司招聘应急方案

我公司目前处于淡季状态，且预估订单量将会在 8 月份逐渐回升而且越来越多，为满足交货期，故生产部门一线作业员需求量也会逐渐加大，而据往年经验预估，到时候招聘又处于瓶颈时间，招工非常困难。为了满足公司人员需求，及时输送人员，人力资源部将在原有的招聘基础上，拓展其他招聘渠道及招聘方法，做如下方案。

一、做好前期准备工作

最好是能够留住老员工，在淡季期间公司内能够多组织户内/户外活动、组织能提升员工士气和专业能力的培训等。

根据预估，人力资源部做一些招工简章牌，准备一些桌子、椅子、笔还有简历表之类的招工必需品。多印一些宣传单，以便到时派发。

二、储备人力（学校/政府）

在生产淡季期间，人力资源部应组织招聘人员联系一些附近或者偏远地区学校，上门宣传公司福利，也可邀请其过来公司参观考察，以便在招聘瓶颈期间学校能输送相关专业学生过来实习或者做短期工。也可与相关政府部门联络，以便在非常时期能有所帮助。

三、发动老员工介绍

在公司内部大力宣传公司的薪资标准及相关福利待遇，鼓励老员工介绍自己的亲戚、朋友、老乡进公司，并给予相应的补贴（如被介绍人做满 1 个月，介绍人将得到 100 元钱鼓励，如做满 3 个月介绍人得到 100 元补贴，如被介绍人做满 6 个月则介绍人再得到 300 元补贴）。

四、培训老员工出厂招聘

淡季时，公司挑选素质较好且做满一年的老员工，并对其进行招聘方面的相关培训。在公司急缺员工的情况下，派他们去人流量较大的地方进行招工（摆摊/发传单），招到的员工在做满两个星期后就可以奖励老员工5元的费用，做满一个月则可以另外奖励10元的费用。这样可以防止老员工投机取巧，随便叫些人来填表。

五、外出派发传单

两人一组，每人拿一叠宣传单在人流量较大的闹市区或附近的工业区四处走动派发，向拿到宣传单的人员介绍公司的工作基本情况及薪资福利。

六、厂外设立招聘点

以两人一组的方式在南方人才市场、电子厂门口、好又多超市门口、家乐福门口或者是广州的一些公交站等人流量较大的地方摆桌子进行定点招聘，招聘时间为上午九点至十一点，下午两点半至五点。

问 题

N公司的应急招聘方案是否可行？为什么？

一、制定招聘流程的目的

对招聘人数较多或常年招聘的组织来讲，制定明确的招聘流程是非常有必要的。

1. 规范招聘行为

招聘工作并不是人力资源部门可以独立完成的工作，它涉及组织内部各个用人部门和相关的基层、高层管理者。所以招聘工作中各部门、各管理者的协调能力就显得十分重要。制定招聘流程，使招聘工作固定化、规范化，便于协调，防止出现差错。

2. 提高组织的招聘质量

在众多的应聘者当中准确地把适合的人员选拔出来，并不是一件简单的事情。因为在招聘活动中既要考核应聘者的专业知识、岗位技能等专业因素，又要考核应聘者的职业道德、进取心、工作态度、性格等非智力因素。通过制定招聘流程，让招聘工作更加科学、合理，从而有效地提高招聘效率、质量，同时降低招聘成本。

3. 展示组织形象

招聘和应聘是一种双向选择，招聘活动本身就是应聘者对一个组织更进一步了解的过程。对应聘者而言，组织的招聘活动本身就代表着组织的形象。企业招聘活动严密、科学而富有效率，会让应聘者对一个组织产生好感。

二、员工招聘流程

一个组织的基本招聘流程，可用图1－2来表示。

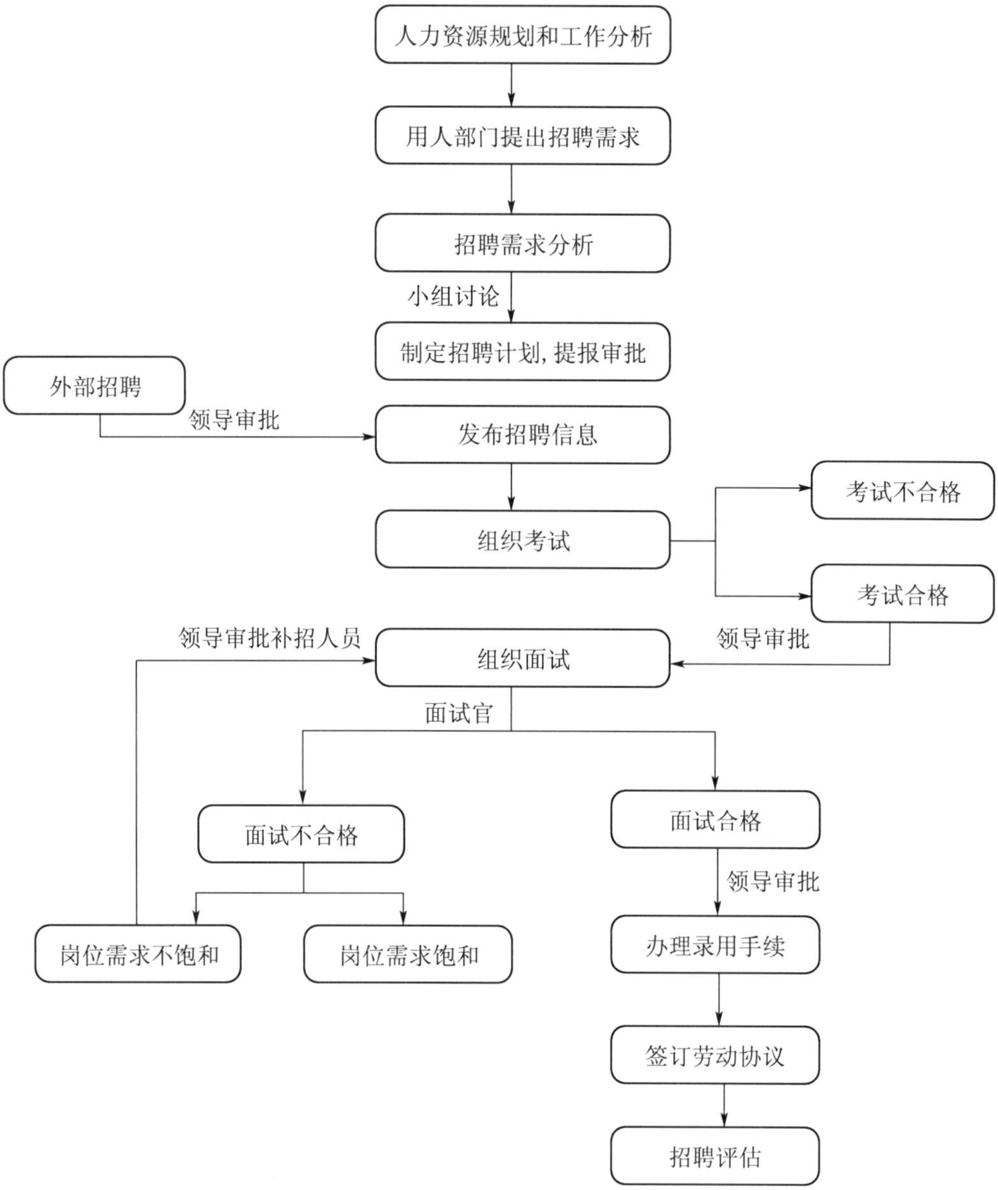

图1－2　招聘基本流程图

（一）人力资源规划和工作分析

企业在招聘之前，需要做两项重要的基础性工作，那就是人力资源规划和工作分析。企业的人力资源规划是运用科学的方法对企业人力资源需求和供应进行分析和预测，判断未来的企业内部各岗位的人力资源是否达到综合平衡，即在数量、结构、层次多方面平衡。工作分析，是分析企业中的这些职位的职责是什么，这些职位的工作内容有哪些以及什么样的人能够胜任这些职位。两者的结合会使得整个招聘工作的科学性、准确性大大提高。

（二）提出招聘需求

凡用人部门提出招聘需求（新增编人员或编制内缺员），需经领导审核批准。组织开展研讨会议，对用人部门的人力资源需求状况进行调查，掌握哪些岗位需要多少人员，以及获得这些人员大致需要招聘多少求职者，以制定合理的招募范围与规模，明确需要招聘人员的原因，提出招聘的职位、人数及要求。保证招聘工作有的放矢、有条不紊地按计划实施。

（三）制定招聘计划

招聘计划是指组织根据发展目标和岗位需求对某一阶段招聘工作所做的安排，包括招聘目标、信息发布的时间与渠道、招聘员工的类型及数量、甄选方案及时间安排等方面。

具体来讲，员工招聘计划包括以下内容：

（1）招聘的岗位、要求及其所需人员数量；

（2）招聘信息的发布；

（3）招聘对象；

（4）招聘方法；

（5）招聘预算；

（6）招聘时间安排。

招聘需求经领导批准审核后，人力资源部经理和业务经理向用人部门的主管发布招聘许可。如果所需招聘的人员是在人员预算的范围内，可以直接向人力资源部提出招聘请求；如果所需招聘的人员是在人员预算的范围之外，必须要经过审批许可。招聘计划的制定，需要在招聘需求确定后，结合具体岗位的工作分析和单位的总体人力资源规划进行。

招聘计划的内容制定完毕后，还需要提交行政总监及总裁进行审核，批准后才能进行招聘信息的发布，招聘活动才能继续进行。如果所需招聘人员是在人员预算范围之内，一般审批程序会进行较快；如果所需招聘人员是在人员预算范围之外，公司高层管理人员就需要对招聘的必要性进行审核和论证。确认招聘需求后，获得审批的招聘计划书会直接发送回人力资源部，由人力资源部门的工作人员正式开始招聘活动。

企业实例

A 企业招聘计划

A 企业是一家化学制药有限公司，主要以研制、生产、销售医药、农药为主，为了满足 A 企业经营与管理发展的需要，2019 年公司的人才招聘计划如下：

一、招聘目的

为了满足 A 企业经营与管理发展的需要，及时填补职位空缺，特制订本计划。

二、工作目标

人员到岗率达到 98% 以上，部门满意度评价达到 95 分以上。

三、人员需求

通过全面调查，确定本次招聘的人数，如表 1 所示。

表1　招聘需求表

岗位名称	所属部门	招聘人数
软件工程师	开发部	3
销售代表	营销部	6
行政文员	行政部	2
合计		11

本次招聘各岗位的录用标准如表2所示。

表2　招聘岗位标准一览表

岗位名称	专业要求	学历要求	工作经验
软件工程师	精通JAVA	本科以上	三年以上软件开发工作经验
销售代表	不限	专科以上	两年以上销售工作经验
行政文员	不限	本科以上	英语听、说、读、写优秀

四、招聘渠道选择

本次招聘采取参加人力招聘会与网络招聘相结合的方式进行。

五、人员选拔时间安排

人员选拔一般经过初试、复试等阶段，其时间安排如表3所示。

表3　招聘工作时间表

岗位名称	考核项目	负责人或部门	时间安排
软件工程师	笔试	研发部命题小组	4月20日
	面试	人力资源部	4月24日
	复试	研发部	4月28日
销售代表	面试	人力资源部	4月24日
	复试	营销部	4月28日
行政文员	面试	人力资源部	4月24日
	复试	行政部	4月28日

六、招聘预算

招聘预算如表4所示。

表4　招聘预算表

招聘渠道	支出项目	费用预算（元）
人才招聘会	招聘会参展费用等	1200
网络招聘	网络招聘信息发布费用等	1800
其他	其他招聘费用	800
合计		3800

七、招聘工作安排

招聘工作时间安排如表5所示。

表5　招聘工作时间表

招聘工作事项		时间安排	负责人/部门
招聘前期	起草招聘广告	3月8日	人力资源部
	在网站上发布招聘信息	3月12日	人力资源部
	参加招聘会	4月12日	人力资源部
人员选拔	筛选简历	4月13日—4月19日	人力资源部
	面试选拔	4月24日—4月25日	人力资源部、用人部门、总经理
	录取通知	4月30日	人力资源部

问题

请根据员工招聘计划包括的内容，分析A企业招聘计划的优缺点。

（四）发布招聘信息及搜寻候选人信息

一个组织要想成功开展员工招聘，其首先要做好招聘宣传工作。招聘单位要通过多种渠道将招聘信息向社会发布，向社会公众告知用人计划和要求，确保有更多符合要求的人员前来应聘。

1. 选择招聘渠道

招聘的渠道有两种：一是组织内部招聘，二是组织外部招聘。所谓内部招聘是指从组织内部提拔那些能够胜任的人员来填补组织中的空缺位置。在企业中内部招聘是经常发生的，当一个岗位需要招聘时，管理人员首先想到的是内部招聘是否能解决该问题。由于内部招聘费用低廉，手续简便，人员熟悉，有利于调动员工的积极性和提高员工忠诚度，因此每当企业招聘少数人员时常常采用此方法，而且效果也不错。但是当企业内部员工不够或者没有合适人选时，就应该采用外部招聘的方式进行招聘。

所谓外部招聘是指从组织外部得到人员，尤其是那些起关键作用的主管人员。也有人称之为“空降兵”。相对于内部招聘，外部招聘候选人员来源要更为广泛，各类条件和不同年龄层次的求职人员众多，这有利于满足企业选择合适人选的需要，有利于组织吸收外部先进的经营管理观念、管理方式和管理经验；通过外部招聘的管理人员，在某种程度上可以缓解内部候选人竞争的矛盾。因为，通常当有空缺位置时，一些人往往会通过自我“打分”方式获得入选提拔的机会。如果参与竞争的人条件大致相当，人员内部竞争比较激烈，但却又都不太合适，在这种情况下，从外部选聘就可以缓解这一矛盾，使未被提拔的人获得心理平衡。

但外部招聘也有自身的缺点：应聘者的条件不一定能代表其实际水平和能力，因此不称职者会占一定或相当比例；应聘者入选后对企业的各方面情况需要有一个熟悉的过程，即不能迅速进入角色开展工作；如果企业中有胜任的人未被选用或提拔，外聘人员的做法会挫伤企业员工的积极性。如果形成外部聘用制度，则更需慎重决定，因为其影响面可能更大。

总之，不论选择内部招聘抑或外部招聘，均需要根据企业的实际情况确定，如考虑本企业的人员状况、空缺岗位任职条件、信息发布的费用成本等。如果确定是内部选拔，需要考虑是采取职位公告法、员工推荐法，还是利用人才储备库；如果选择外部招聘，需要确定发布招聘信息的渠道，如通过现场招聘会、招聘广告、职业介绍机构，还是校园招聘、网络招聘等。

2. 搜寻候选人信息

搜寻候选人信息可以通过以下几种方式进行：

（1）应聘者自己所填的求职表，内容包括年龄、性别、学历、专业、工作经历及业绩等。

（2）推荐材料，即有关组织或个人就某人向本单位写的推荐材料。

（3）调查材料，指对某些岗位人员的招聘，还需要亲自到应聘人员工作过或学习过的单位或向其接触过的有关人员进行调查，以掌握第一手材料。

（五）甄选

甄选的过程一般包括对所有应聘者的情况进行的初步审查（侧重背景调查及犯罪记录审查）、知识与心理素质测试、面试，以确定最终的录用者。

1. 应聘资料的分析

通过各种形式发布招聘信息或者参加各种招聘活动，企业一般可获得比实际所需任职者人数多的职位候选人。为了选拔出符合企业招聘岗位要求的人才，人力资源部与用人部门要共同对候选人进行初步的筛选。

首先，人力资源部要对应聘人员资料进行初步的分类整理，其次，交由各用人部门主管，由他们筛选出初步具有资格的人员，然后，确定参加面试的人选和初步面试的时间等，并由主管填写面试通知，最后，由人力资源部通知面试人员。

根据履历或档案中记载的事实，了解一个人的成长历程和工作业绩，从而对其人格背景有一定的了解。研究结果表明，履历分析对申请人今后的工作表现有一定的预测效果，个体的过去总是能从某种程度上表明其未来职业发展状况。

2. 人才甄选技术的应用

人才甄选技术，即用于甄别、选拔人才的人事测评技术，是一种利用科学与经验的方法鉴别人才具有什么样的素质，在什么情景下、以什么方式、多大程度上能够按照组织的需要发挥其作用的技术，从而为企业的用人决策提供相应的依据。具体有以下几种形式：

（1）笔试。一种最古老、最基本且应用较为广泛的人事测评方法，主要用于测量人的基本知识、专业知识、管理知识等相关知识以及综合分析能力、文学表达能力等素质及能力要素。笔试在测定知识面和思维分析能力方面效度较高，而且成本低，可以大规模地进行施测，成绩评定比较客观，它往往作为人员选拔录用程序中的初期筛选工具。

（2）心理测试。心理测试是一种比较先进的测试方法，它是指通过一系列手段，将人的某些心理特征数量化，来衡量个体心理因素水平和个体心理差异的一种科学测量方法。心理测验一般用设计符合信效度的问卷方式进行，一个有用的心理测试必须是有效的（即有证据支持指定的解释试验结果）和可靠的（即内部一致的或给予时间一致的结果等）。心理测试是一种迅速、较科学和公平并且能够对人与人之间进行比较的一种心理素质测评方法。目前，它被广泛用于人事测评工作中，是对个体胜任岗位所需要的个性特征能够很好地进行描述和测量的工具。

心理测试的种类很多，据美国心理学家于 1961 年的调查，那时的心理测试量表就差不多已经有 3000 种了。一般来讲，根据测试内容，可以把心理测试划分为心理健康测试、个性倾向测试、人格测试等。组织在进行招聘时，可以根据招聘岗位的实际情况开展有针对性的心理测试。

（3）面试。是指通过评价者与被评价者双方面对面的观察、交谈，收集有关信息，从而了解被评价者的素质状况、能力特征以及动机的一种人事测量方法。可以说，面试是人力资源管理领域运用最普遍的一种测量形式。按其形式的不同，面试可以分为结构化面试和非结构化面试。面试的内容可以很灵活，获得的信息也较丰富、完整和深入，但同时也具有主观性强、成本高、效率低等弱点。

（4）情境模拟。所谓情境模拟，是指通过设置一种逼真的管理系统或工作场景，让被评价者参与其中，按评价者提出的要求，完成一个或一系列任务。在这个过程中，评价者根据被评价者的表现或通过模拟提交的报告、总结材料为其打分，以此来预测被评价者在拟聘岗位上的实际工作能力和水平。情境模拟相对于心理测验而言，更加强调具体的工作岗位，主要适用于中高级管理人员和某些专业人员。常用的情境模拟测验包括文件筐测验、小组讨论、管理游戏、角色扮演、案例分析、即席演讲。

（5）评价中心技术。评价中心技术一直被公认为是一种针对高级管理人员的最有效的测评方法，它是在二战后迅速发展起来的一种测评形式。评价中心技术是一种以测评管理能力为中心的标准化的组织测评活动，在这种测评活动中测评人针对特定的目的与标准，采取多种评价技术评价被测者的各种能力。各种能力以被测评的行为体现出来。评价中心技术的核心理念是模拟，核心内容是以行为为中心进行情境模拟设计。严格来讲，评价中心是一种程序而不是一种具体的方法。评价中心的最大特点是注重情境模拟，在一次评价中心中包含多个情境模拟测验。因此，可以说评价中心既源于情境模拟，但又不同于简单的情境模拟，是多种测评方法的有机结合。与其他测评技术相比，它具有综合性、标准化、公平性、逼真性等优势，但也具有高成本、操作复杂、时间跨度大等问题。

评价中心是多种方法、多种技术的工具综合体。比较典型的工具有文件筐测评、无领导小组讨论、有领导小组讨论、管理游戏、角色扮演、面谈模拟、演讲、事实判断等，具体内容会在以后的项目中详细分析。

（6）胜任特征评价。最初兴起于 20 世纪 60 年代末 70 年代初，它是一种新型的人力资源评价分析技术，它为企业的工作分析、人员招聘、人员考核、人员培训以及人员激励提供了强有力的依据，它是现代人力资源管理的新基点。胜任特征指的是在担任某一任务或角色上，能够区分绩效卓越者和一般者的可测量的且较为持久的并能加以改善和提高的个体特征，主要包括知识、技能、自我概念、社会角色、特质和动机等几个方面。其优点在于，它不受被访谈者经验影响胜任特征出现的频次，相对于面试等方法，其操作性、规范性较强。缺点是工作量较大，成本较高。

（六）录用

人员录用过程一般可分为试用合同的签订、新员工的安置、岗前培训、试用、正式录用等几个阶段。

试用就是企业对新上岗员工的尝试性使用，这是对员工的能力与潜力、个人品质与心理素质的进一步考核。

员工的正式录用是指试用期满后，对表现良好、符合组织要求的新员工，使其成为组织正式成员的过程。一般由用人部门根据新员工在试用期间的具体表现对其进行考核，作出鉴定，并提交人力资源管理部门。人力资源管理部门对考核合格的员工正式录用，并代表组织与员工签订正式录用合同，正式明确双方的责任、义务与权利。

拓展阅读

TCL 应聘入职指引

TCL 空调团队欢迎您的加入，希望您的应聘入职是一个愉快的经历！

1. 应聘前准备

请携带身份证、学历证书、职称证书、各类荣誉证书的原件及复印件，个人简历及1寸、彩色免冠照片4张，按照预先约定的应聘面试时间准时到达，整洁的仪容、饱满的精神状态、优雅的谈吐会增加您应聘成功的机会！

2. 应聘面试程序

(1) 由人力资源部面试，并了解 TCL 空调企业文化、发展状态、薪酬水平、各项人事管理规则。

(2) 由意向入职部门负责人面试，了解工作岗位职能、工作内容、绩效要求、岗位发展机会等。

(3) 应聘主管、课长、经理的人员由人力资源部领导、分管领导面试，了解领导的期望和要求，并进行综合素质测评。

3. 入职程序

(1) 填写《员工入职申请表》，交招聘专员。

(2) 学历、职称等个人资料的验证。

(3) 按安排的时间及公司指定医院体检。

(4) 签订劳动合同。

(5) 办理厂牌、饭卡，安排宿舍。

(6) 由招聘专员带领新入职人员到用人部门报到。

4. 试用转正

(1) 试用期新入职人员应清楚了解岗位职责、工作流程、考评标准、企业文化，处理好同事之间的人际关系，如有任何疑问或意见，可以向直属领导或人力资源部反映。

(2) 试用期一个月内人力资源部会召开试用人员座谈会，有任何意见、要求及建议等都可以提出。

(3) 试用期满3个月，应做好书面工作总结，参加人力资源部组织的试用转正考评总结会，通过考评，则可转正，成为 TCL 空调的正式一员。

资料来源：三茅人力资源网

问题

请根据员工招聘流程的相关理论知识，分析TCL应聘入职指引是否科学合理。

（七）招聘评估

招聘评估主要指对招聘的结果、招聘的成本和招聘的方法等方面进行评估。一般在一次招聘工作结束之后，要对整个招聘工作做一个总结和评价，目的是进一步提高下次招聘工作的效率。

对招聘工作的评价一般应从以下两方面进行：一是对招聘工作的效率评估，二是对录用人员的评估。

招聘效率评估主要包括招聘成本效益评估、录用人员评估和招聘方法效果评估。它通过效益核算使招聘人员能够清楚地知道费用的支出情况，区分哪些是应支出项目，哪些是不应支出项目，这有利于降低以后招聘的费用；通过对录用员工的实际能力、工作潜力的评估，即通过录用员工质量的评估，检验招聘工作成果与方法的有效性，有利于招聘方法的改进；通过对各种测评方法信度与效度的检验，可以发现企业所定的评价指标是不是合适，现存的评价方法是不是可靠和准确，进而根据所发现的问题，重新确定评价指标，或对已有的评价方法进行改进和完善。

把人员招聘进来以后，还应该对所录用的员工进行一段时间的跟踪调查，来看看他们在测评过程的结果与实际的业绩是否具有较高的一致性。

项目小结

1. 员工招聘，简称招聘，是指“招募”与“聘用”的总称，是指为企事业单位中空缺的职位寻找到合适人选。

2. 一个组织开展员工招聘的原因与目的。

3. 员工招聘的作用：招聘是组织获取人力资源的重要手段；招聘是一个组织整体人力资源管理工作的基础；招聘有助于组织形象的传播；招聘能够提高员工的士气；招聘有助于创造组织的竞争优势。

4. 招聘的原则：公开原则、竞争原则、平等原则、能级原则、全面原则、择优原则。

5. 人员配置是指企业为了实现生产经营的目标，采用科学的方法，根据岗得其人、人得其位、适才适所的原则，实现人力资源与物力、财力资源的有效结合而进行的一系列管理活动的总称。

6. 人员配置的原理 ：要素有用原理、能级对应原理、互补增值原理、动态适应原理、弹性冗余原理、经济效益原则、任人唯贤原则、因事择人原则、量才适用原则、程序化原则、规范化原则。

7. 员工配置的基本方法主要有三种：以人为标准进行配置、以岗位为标准进行配置和以双向选择为标准进行配置。

8. 员工招聘流程：人力资源规划和工作分析、提出招聘需求、制定招聘计划、发布招聘信息及搜寻候选人信息、甄选、录用、招聘评估。

关键术语

员工招聘　人员配置　员工招聘流程　心理测试　情境模拟　评价中心技术　胜任特征评价

知识测验

1. 选择题

(1)（　　）简称招聘，是指“招募”与“聘用”的总称，是指为企事业单位中（　　）的职位寻找到合适人选。

A. 员工招聘　B. 员工招募　C. 空缺　D. 员工

(2) 关于员工招聘作用的阐述，不正确的是（　　）

A. 有助于组织形象的传播　B. 提高员工工作环境

C. 有助于创造组织的竞争优势　D. 是组织获取人力资源的重要手段

(3) 招聘的原则不包括（　　）

A. 公开原则　B. 能级原则　C. 择优原则　D. 效率原则

(4) 人员配置的原理不包括（　　）

A. 要素有用原理　B. 能级对应原理

C. 弹性冗余原理　D. 因才适教

(5) 员工配置的基本方法主要有三种（　　）、（　　）和（　　）。

A. 以人为标准进行配置　B. 以能力为标准进行配置

C. 以双向选择为标准进行配置　D. 以岗位为标准进行配置

(6) 制定招聘流程的目的是（　　）、（　　）和（　　）。

A. 规范招聘行为　B. 提高组织的招聘质量

C. 提高企业绩效水平　D. 展示组织形象

(7) 企业在开展员工招聘之前，需要做两项重要的基础性工作：（　　）和（　　）。

A. 人力资源规划　B. 员工培训

C. 工作分析　D. 薪酬管理

(8) 招聘渠道主要分为两种：（　　）和（　　）。

A. 内部招聘　B. 媒体招聘　C. 人才市场招聘　D. 外部招聘

(9)（　　）是指通过考试或考核的方式来鉴别人员的优劣和对人选进行取舍。

A. 能级原则　B. 全面原则　C. 竞争原则　D. 择优原则

(10)（　　）是指根据每个员工的能力大小为其安排合适的岗位。

A. 经济效益原则　B. 量才适用原则

C. 因事择人原则　D. 任人唯贤原则

2. 简答题

(1) 什么是员工招聘？员工招聘的作用与原则有哪些？

(2) 什么是员工配置？员工配置的主要方法有哪些？

(3) 在进行员工配置时，企业要遵循哪些原则?
(4) 人力甄选技术主要有哪几种形式?
(5) 请简述一个组织开展员工招聘的基本流程。

3. 论述题

请举例说明员工配置的合理性对企业的影响。

案例分析

案例一

招聘官必须掌握的五种营销工具

都说招聘即营销，招聘官要像市场人员一样思考，可耳朵都听出茧子来了，你真的这么做了么?

候选人选择跳槽，和做出购买决策没什么两样，他需要知道机会在哪里，并且研究它，最后才会考虑是否接受 Offer——产品品牌和雇主品牌之间最主要差异在于你传达的是什么样的品牌形象，以及你如何评估你的成功（是否销售或聘用）。

如果你像做市场营销一样去做招聘，你就必须使用市场人员的语言。以下五种工具，在你塑造人才品牌的过程中也许能用得到。

1. 4P 理论

如果你刚刚接触市场营销，4P 理论就是你的入门课。4P 是市场营销的支柱，也能很好地用于定义人才品牌。

产品：通常是指公司所能提供的产品和服务，诸如设计、质量和功能，它们都是开发产品时所需要考虑的关键要素。对于人才品牌来说，产品就是工作岗位本身，而你所需要考虑的是岗位职责、任职资格、薪酬福利等。

价格：是指享受公司所提供的产品和服务所需要支付的价格。在人才品牌中，价格就是你工作岗位的声誉。换句话说，你的工作是一辆法拉利还是一辆比亚迪? ——我并不是说比亚迪不好，但是法拉利会更诱人，且能吸引高品质的购买者——在人才市场，这就意味着高质量的候选人。可能有一部分岗位是法拉利，一部分岗位是比亚迪，所以你要知道它们的差别，关注并围绕你最关键的岗位去创造影响和诉求是非常重要的。

推广：在我们考虑雇主品牌时，这个“P”往往是我们考虑最多的。无论是对于市场营销还是人才品牌，推广都是尽其所能让人获知你的产品。你的广告、公关、销售人员，乃至你的招聘官，都是推广的一分子。

渠道：是指你的产品在哪里被卖掉。对于你的招聘需求而言，就是在哪里向目标人群展示你的工作，比如一览英才网、企业招聘官网、社交媒体、内部员工推荐等。不同的工作类型要求不同的渠道——招募高级管理人员和招募实习生肯定不会在相同的渠道进行推广。

2. SWOT 分析

SWOT 分析能帮助你思考公司的优势、劣势、机会和威胁。完成这些分析，可以让你更清楚地了解自己，从而有可能招募到合适的人才。在 SWOT 分析的四个领域都能包含积极或消极、内部或外部的因素。

在雇主品牌方面，该怎么做 SWOT 分析呢？

评估你的优势：思考哪些特性给予你优势，什么让你的公司成为一个吸引人的工作场所。在你列表里的这些词，能成为你价值主张的基础，或者成为你和人才市场竞争者之间的差异化因素。

明确你的劣势：每个公司都有劣势，你不必害怕它。了解公司的哪些特质使其处于不利位置，你可以对它轻描淡写，并强调你的优势，抵消它所带来的负面作用。比方说，你所提供的工作经常需要加班，但是你也有很诱人的休假政策来平衡它。无论你怎么做，记住不要为了掩盖你的弱势而许诺你不能提供的东西。

寻找超越其他公司的机会：机会不必是你现在所拥有的优势，但如果你能在正确的道路上开发它，它就有可能转化为优势。也许在人才密集的地区开设一个新办公室，就能变成机会，或者产品的革新，也能帮助你俘获所需工程师的芳心。

清楚你的威胁：威胁是外部因素，往往超出你的控制，且能让你难以实现招聘目标。也许你正在考虑公司的未来，担心 STEM 人才的短缺。通过了解这类威胁，你能预先建立起防御战略去打击他们——也许在职培训就能帮助公司获得掌握 STEM 技能的员工。

3. 定位图

定位图主要用于对市场上各种竞争品牌的定位进行比较分析，它能准确和直观地指出公司主要竞争品牌的定位布局，因此可以帮助公司迅速找到细分市场上的空隙，从而确立自己的品牌定位。

定位图设置两个象限，是消费者最看重的两个属性。然后根据消费者对它的认知，进行排序，锚定品牌的定位。

对于人才品牌，我们也可以运用定位图进行分析。首先你要明确自我评估的要素，它可以是薪酬福利、挑战性的工作或学习成长的机会等。其次，针对不同类型的角色，你需要制定不同的定位图，比方说销售人员和研发工程师，他们关注的点是不一样的，所以你需要使用不同的要素来描绘定位图。

如果你没有掌握人们对你公司预期的全部资料，定位图也许并不十分科学，但是通过定位图的演练，能帮助你找到正确的方向。

4. 受众细分

受众细分指的是将受众这一数量众多、成员广泛的集合性群体根据不同的特征和爱好进行细分，细分后的受众群具有相似的特征，便于有针对性地传播和营销。

对于人才品牌，受众细分的演练，可以在常规搜索条件的基础之上，帮助你勾勒出理想候选人更清晰的图像。对于你所拥有的每一个招聘模块，你都可以从四个方面来定义你的目标候选人：人才统计学、消费心理学、行为学和地理学。

5. 人物形象

受众细分只是一个群体的大致画像，受众细分更进一步的话，你可以围绕每个核心团队的目标候选人开发出独特的人物形象来。

在市场营销中，人物形象是为了呈现产品和服务使用者不同类型的虚拟性格而凭空创造出来的。在人才品牌中，人物形象则是为了完美呈现匹配你工作的不同候选人类型的个性而生。

看着更加具象的人物形象，如何向他们传递信息会拥有更好的感觉，并且更容易与他们建立情感上的连接。你很难通过一个人的简历，来判断他是否与公司有着良好的文化匹配，但是通过创造人物形象，你就能设定出一个标准。

创造人物形象，你不仅需要人口统计学上的描述，你还需要涵盖受众细分其他三方面的内容。在脑海中构建一幅图像，你充分想象这个人的样子。

举个例子，老王是个有着10年工作经验的销售专家。在过去两年里，他在一个技术型创业公司里管理一个小型的团队。目前他期望有些改变，为更大的公司服务，大公司能给予他旅行的机会和全球工作的经验。他已经通过网络活动，并联系老同事去了解新的工作机会。在他的休闲时间，他享受滑雪，他也是个纯粹的电影爱好者。他还是当地宠物收容机构的志愿者，并且积极为保护动物的合法权益而努力。

老王看起来是个活生生的人吧！如果你的目标候选人也能具体成老王一般的人物形象，那么你就能针对不同的人物形象，开发出清晰的人才品牌活动。像老王这样充满活力的人，很容易受到视频和图片的影响；而有些学究气重的候选人，则更容易受到白皮书和说明书的影响……在撰写一条信息，分享一条更新，或是创作一条广告的时候，问问自己，你的目标对象是什么样子？

资料来源：首席招聘官网站

思考题：

1. 你是如何理解4P理论在招聘过程中的应用？
2. 在招聘过程中，如何运用SWOT分析？
3. 你认为一个成功的招聘官应具备哪些素质与能力？
4. 此案例给了你怎样的启示？

案例二

广东长隆集团的员工用人之策

广东长隆集团创立于1989年，集主题公园、豪华酒店、商务会展、高档餐饮、娱乐休闲等营运于一体，是中国旅游行业的龙头集团企业。长隆集团坚持“高举高打，以世界眼光谋求企业自身发展”的经营战略，创造了无数世界第一和行业奇迹。目前，长隆集团旗下共拥有广州长隆旅游度假区和珠海长隆国际海洋度假区两大世界顶尖综合旅游度假区，依托粤港澳的国际性区位竞争优势，长隆集团珠海板块和广州板块联动发展，协同互补，组成了一个超级旅游目的地，标志着中国有了第一个跻身旅游产业规模化经营的世界级民族品牌。

广东长隆集团的员工体系分为正式员工与兼职员工。正式员工通过公开招聘与在实习员工中选拔等多种方式开展，根据国家劳动法给员工购买五险一金，提供免费的午餐与上下班巴士。员工与员工之间、员工与上级之间有非常流畅的沟通平台，员工对企业的认可度高，流动率较低。此外，长隆集团与广东省各高校建有良好的校企合作关系，其兼职员工，很大一部分是高校的大学生，学生自愿参与企业的人才选拔相关程序，选拔成功后，可正式成为企业的实习兼职员工。

每年长隆集团都在寒暑假、各大小黄金周以及其他假期对外招聘非全日制人员，提供众多岗位可供各类人才选择。珠海长隆国际海洋度假区于2014年3月份正式对外营业，自营业以来每天的游客人数超过2万人次，特别在旅游旺季即每年的7—12月份，每天的游客量超过5万人次，因此在这个时期需要招募2000～3000名负责游客咨询、主题园区协理、商品区协理、园区餐饮服务等方面的实习生。珠海长隆具有良好的大学生校外实践条件，拥有容纳几千人的员工宿舍。在学生食宿方面，长隆免费给实习学生提供4～6人/间并配有空调的员工集体宿舍，有每天往返于宿舍与园区的班车，珠海长隆还为实习学生免费提供一日三餐，并为每位实习学生提供一次免费的体检。工作时间严格遵照国家劳动法规的规定，每周工作五天，每天工作8小时。长隆每个月均会对兼职实习生进行考核，连续三个月考核优秀的实习生，实习结束时颁发荣誉证书及相应奖金，并择优聘为正式员工。

思考题：

1. 你如何看待长隆的员工用人体系？
2. 长隆集团采用大量的兼职员工，是否会对正式员工产生影响？

实训训练

1. 实训目的

通过本项目的实训训练，进一步明确员工招聘与配置的概念、内容与职能，为以后学习本课程内容及各项业务打下良好基础。

2. 实训内容与要求

以“招聘工作者在员工心中的形象”或“企业对员工招聘工作的重视程度”为题做一个调查，并写成调查报告。

3. 实训组织方法及步骤

（1）将一个班的学生分成若干小组，以5～8人为一组。

（2）以小组为单位，进行资料查阅，对涉及形象或重视程度的项目进行分析讨论，并设计出“招聘工作者在员工心目中的形象”或“企业对员工招聘工作的重视程度”的调查问卷。

（3）以小组为单位开展调查，收集、整理数据。

（4）整理资料、分析数据，撰写调查报告。

（5）老师组织学生对调查报告进行分析、评议。

4. 实训时间

本实训资料查阅与调查实施可让学生利用1～2周的周末时间进行，课堂讲解与评析占 2 个课时。

5. 调查报告

请严格按照调查报告的格式写：调查目的、调查对象 、调查内容 、调查方式（一般可选择问卷法、访谈法、观察法、资料法等）、调查时间、调查结果、调查体会（可以是对调查结果的分析，也可以是找出结果的原因及应对办法等）。

6. 实训成绩评定

（1）实训成绩按优秀、良好、中等、及格、不及格 5 个等级评定。

（2）成绩评定参考准则：

①是否理解员工招聘的内容与其在企业的作用。

②是否掌握进行社会调查的方法。

③是否独立撰写调查报告，真实度如何。

④调查报告是否记录了完整的实训过程，文字是否简练、清楚，结论是否明确，体会是否客观。

⑤是否积极参与实训，实训态度、实训前准备和遵纪情况如何。

⑥课堂讲解、讨论、分析等实训环节占总成绩的 50%，实训报告占总成绩的 50%。

项目二　制定招聘计划

学习目标

学习目标包括知识目标、技能目标、素质目标。

知识目标

1. 理解招聘计划的含义
2. 掌握招聘计划的内容
3. 理解招聘计划的重要性
4. 认识组织招聘的本质
5. 能够确定招聘目标
6. 了解内部招聘渠道和外部招聘渠道
7. 了解发布招聘信息的各种渠道

技能目标

1. 能够编制企业招聘计划书
2. 能够设计各类招聘申请表
4. 能够收集岗位需求信息
3. 能够进行人力资源规划
5. 能够设计人员需求问卷
6. 能够制定岗位需求表

素质目标

1. 树立善于思考、谦虚、严谨、认真负责的学习及职业态度
2. 具有较强的组织协调与沟通能力、团结合作意识与爱岗敬业精神
3. 具有招聘管理相关岗位的良好职业素养

内容架构

- 项目二　制定招聘计划
  - 任务1　明确招聘计划
    - 一、招聘计划的含义
    - 二、招聘计划的内容
    - 三、制定招聘计划
  - 任务2　明确招聘目标
    - 一、员工招聘的目的
    - 二、员工招聘的流程
    - 三、员工招聘的筹备
  - 任务3　确定招募渠道
    - 一、内部招聘
    - 二、外部招聘
    - 三、选择招聘渠道
    - 四、内部招聘与外部招聘的比较

情境任务设计

J公司是一家集研发、生产和销售于一体的鞋业公司，该集团温州分公司根据发展需要向社会招聘一名人力资源经理助理，工作内容主要是参与制定集团人力资源规划和年度计划并组织实施，有时需要对集团绩效管理、薪酬管理等人力资源管理政策进行修改和制定；同时要参与对集团中高级管理层的绩效考核工作。人力资源部门要求该职位由经济或者管理本科以上学历的人员应聘；如果有人力资源管理咨询经验者会优先考虑。公司初步确定在当地日报（预计花费800元）和智联招聘网站（预计花费1500元）发布招聘信息，与这些媒体洽谈到刊登广告需要10天的时间。该公司对该岗位的应聘者采取初试（笔试）、复试（面试），具体工作由人力资源部总经理负责安排，其中笔试题内容根据面试者的情况进行设计，需要三天左右时间。公司要求该员工在4月27日前到岗。

资料来源：http：//wenku. baidu. com/

训练任务

1. J公司要招聘的人力资源经理助理有哪些岗位职责？职责是否明确？任职资格是否合理？

2. J公司通过什么渠道招聘人力资源经理助理？选择招聘渠道要考虑哪些问题？

3. J公司招聘时间安排上是否合理？为什么？

4. 为J公司制定一份可行的招聘计划书。

训练目标

认识组织招聘的本质，能够确定招聘目标，使用合适的渠道发布招聘信息，制定可行的招聘计划。

训练要求

1. 将全班分为5～8个小组，每小组4人左右，由学生查找或调查一家正在招聘的真实企业，了解招聘企业和招聘岗位要求，设计招聘岗位需求表。

2. 制作招聘计划书，针对计划制定的流程设定4个不同的情境（人员需求计划、招聘标准、招聘时间进度、预算招聘经费）。

3. 每组推选1人设计情境提纲并分派角色，小组其他人员配合并负责充实情境细节。

4. 小组轮流进行情境模拟，小组之间进行效果互评。

训练考核

每组派出1位代表与教师组成评委团，对各小组的招聘计划、PPT演示进行综合评价，老师和各小组代表评分各占50%。

组　别	小组成员	分工合作 20分	过程设计 20分	表达能力 20分	成果展示 40分	合计 得分
第1组						
第2组						
第3组						
第N组						

项目学习任务

1. 根据所学知识，对组织进行合理的人力资源规划。

2. 根据所学知识，收集组织岗位需求信息，制定岗位需求表。

3. 根据你的理解，为组织招聘选择合适的招聘渠道。

4. 以小组为单位，为相关组织制定确实可行的招聘计划。

任务1　明确招聘计划

引　例

某建设集团公司的招聘工作

广州某建设集团公司从事房地产开发、建设工程项目管理、固定资产投资、工程建设咨询、工程监理、工程的总承包、节能设备研发生产销售、新材料开发销售、医疗卫生、洁净工程等服务项目。根据企业战略发展规划，2017 年上半年拟对外公开招聘软件工程师 8 名、销售代表 10 名、行政文员 3 名，分别要求本科以上学历、大专以上学历、中专以上学历，年龄均不超过 35 岁。公司准备在《广州日报》和南方人才网发布招聘信息，费用分别为 4 000 元和 1 600 元；公司要求录用人员在 9 月 1 日前到岗；公司根据每个岗位的特征分别采取不同的面试程序，软件工程师和销售代表需要初试和复试两个环节，行政文员只需要一次面试环节，面试组织工作由人力资源部门负责，具体面试工作需要各部门的经理和分管副总主持；公司根据以往经验，接收应聘者资料需要 7 天时间，通知应聘者和组织面试需要 2 天时间，初试并通知初试过关面试者需要 2 天时间，复试、讨论并通知录用者需要 3 天时间。人力资源部相关人员信息：人力资源部王经理对招聘活动全面负责；人力资源部两位招聘专员分别负责资料筛选、人员接待、信息发布、面试安排。

问　题

根据以上信息为该建设集团制作一份招聘计划书。

一、招聘计划的含义

人员招聘计划是组织员工招聘的重要组成部分，其主要功能是定期或不定期地招聘组织所需要的各类适合人才，为组织人力资源系统充实新生力量，实现企业内部人力资源的合理配置，为企业扩大生产规模和调整生产结构提供人力资源上的可靠保证，为企业人力资源管理提供一个基本的框架，为人员招聘工作提供客观的依据、科学的规范和实用的方法，能有效地避免人员招聘过程中的盲目性和随意性，弥补企业人力资源的不足。

二、招聘计划的内容

制定招聘计划前要对企业的人力资源需求进行分析，即在招聘前，首先分析并确认企业人力资源需求行为的合理性与可行性。在这类分析中，可以用“6W1H”方法。

（1）WHO，招聘谁？即分析招聘对象是谁。这项工作要求根据前面的工作分析及岗位需求调查的情况，由各用人部门的主管一起讨论，细化到岗位、工作环境背景、专业经验、薪酬水平、学历、性别、年龄、性格气质、身体健康状况、家庭情况等。

如果是组织急需上岗的人员，而且待聘岗位对工作经验要求较高，就要招聘有工作经验的人员；如果从企业发展的角度去考虑，则可以招聘有培养潜力的人员，也可考虑优秀应届毕业生。

（2）WHY，为什么要招聘？即分析是否确有招聘员工的必要，是外部招聘还是内部提拔或调配。

人员招聘的目的一定要明确，要对企业内外部环境进行综合分析，了解企业人员需求的状况。一般来说，人员需求变化是由以下几个方面的原因造成的：首先是企业在职人员离职产生的空缺；其次是企业规模发展带来的人员增长；再次是企业内部部门调整或结构调整带来的部分岗位的变化或调整，造成的人员空缺或调配。分析招聘目的后才能确定是否要招聘，以免造成组织人员配置的不合理。

（3）WHAT，招聘来做什么？即分析招聘来的员工将从事哪种工作，配置在哪个岗位。这项工作要进行岗位分析，根据招聘的目的，不论是内部招聘还是外部招聘，都要对空缺的岗位进行分析，并对岗位进行详细描述，包括岗位概况、工作职责、主要工作内容、任职资格和工作条件等。

（4）WHEN，何时招聘？即确定招聘时间。合理安排人员招聘的时间进度是人员招聘的重要工作，合理选择和安排招聘的时间能够减少职位的空缺带来的损失。选择安排招聘时间时，还要注意人才供求的时间及规律。

（5）WHERE，去哪里招聘？即分析通过什么招聘渠道可以最有效地招到所需要的员工。

（6）WHOM，为谁招聘？即分析为哪一个部门招聘，进而要求该部门配合。

（7）HOW，怎么去招聘？即分析招聘策略、招聘方法和招聘预算。很多公司在招聘会上收获不大，主要是因为没有做好充分的准备。因此，决定了招聘方式后，就必须为招聘做好准备。

三、制定招聘计划

制定招聘计划是一项复杂的工作，大型企业经常聘请企业外部的人力资源咨询专家制定和执行招聘计划；小型企业通常由人力资源部员工负责此工作。把经主管和总经理批准的人员需求表列入人力资源部招聘工作计划中，人力资源部着手制定招聘方案，明确应聘人员的任职资格、招聘标准等。招聘计划有时收录在企业的人事政策或员工手册中。

（一）招聘计划的主要内容

确定了招聘的岗位后，在开始招聘前，招聘部门要根据招聘的岗位需求编制招聘计划书。招聘计划书（见表2－1）一般包含以下内容：

表2－1　广州某家居公司招聘计划书

一、公司简介（略）

二、制定招聘计划的目的

近期，受经营状况影响，公司部分员工辞职。为完善公司用人机制，根据人力资源部填写的《人员增补/需求表》，人力资源部结合公司目前发展状况，现制定2016年第4季度招聘工作计划。

三、招聘目标（需求分析）

职务名称	人员数量	职位要求
行政专员	3	1. 大专以上学历，1年以上行政工作经验； 2. 积极主动，沟通协调能力强，责任心强，做事细心、有条理，熟悉office办公软件操作
绩效专员	2	1. 人力资源管理或相关专业大专以上学历； 2. 1年以上人力资源管理工作经验； 3. 熟悉人力资源绩效考核模块，熟悉国家各项劳动人事法规政策； 4. 具有较强的语言表达能力、人际交往能力、应变能力、沟通能力及解决问题的能力，有亲和力，有较强的责任感与敬业精神； 5. 熟练使用常用办公软件及网络应用
培训专员	2	1. 人力资源管理或相关专业大专及以上学历； 2. 1年以上人力资源管理相关工作经验； 3. 性格活泼外向，工作认真细致、积极主动，责任心强； 4. 良好的沟通表达能力、组织能力、执行能力； 5. 熟悉office办公软件操作，懂得Photoshop、会声会影等设计软件者优先

四、招聘方式及信息发布时间（根据人员类型确定渠道）

1. 本公司网站，网站：____________________（9月28日）

2. ________人才网，网站：____________________（9月28日）

3. ________日报（9月28日）

五、招聘小组成员名单

组长：______（公司人力资源部总监）对招聘活动全面负责

成员：______（招聘部经理）、______（行政部经理）、______（绩效管理部经理）具体参与面试、录用工作

______（薪酬管理部经理）具体负责招聘人员接待、求职资料整理

______（招聘专员）具体负责发布招聘信息及安排面试、笔试内容

招聘地区：广州、佛山、中山、珠海

六、招聘工作方案及时间安排（根据人员到岗时间计划每一环节所需要的时间）

1. 行政专员

负责人：行政部经理

资料筛选：行政部副经理　　截至10月22日

初试（笔试）：行政部命题小组　　10月24日

复试（面试）：行政部经理　　10月30日

2. 绩效专员

负责人：绩效管理部经理

资料筛选：绩效管理部经理　　截至10月22日

初试（笔试）：绩效管理部经理　　　　　　10月24日
复试（面试）：绩效管理部经理　　　　　　10月30日
3. 培训专员
负责人：招聘部经理
资料筛选：招聘专员　　　　　　截至10月22日
初试（笔试）：招聘专员　　　　　　10月24日
复试（面试）：招聘部经理　　　　　　10月30日

七、员工上岗时间

预计11月26日

八、招聘预算（根据招聘渠道和方式来制订预算）

1. ××日报广告信息刊登费8 000元

2. ××人才网信息刊登费1 000元

合计：9 000元

九、招聘工作计划时间表

9月25日：撰写招聘广告
9月26日：进行招聘广告版面设计
9月27日：与网站联系
9月28日：到网站刊登广告
10月16日—10月22日：接待应聘者、整理应聘资料、对资料进行筛选
10月23日：制定笔试内容
10月24日：通知应聘者参加笔试
10月26日：筛选笔试成绩
10月30日：进行面试
10月31日：进行人员素质测评
11月2日：做出录用决策
11月8日：发放录用通知
11月10日：制定培训计划目标
11月12日—11月23日：新员工入职培训
11月26日：正式上班

1. 人员需求计划表

招聘岗位和人数的确定，还要兼顾到招聘后员工的配置、晋升和退休金支付等问题。另外，在一定情况下，还要根据企业的实际情况考虑到年龄结构和男女比例。

确定组织需要招聘的岗位和人数，需要从以下几方面进行考虑：

（1）新成立的组织或新的组织业务成立。

（2）组织规模的扩大，需要补充更多的员工来填补新产生的岗位。

（3）现有的岗位空缺或有岗位上的人员不称职。

（4）突发的雇员离职造成的缺员补充。

（5）岗位原有人员晋升而形成的职位空缺。

（6）组织结构调整导致的人员岗位变动。

（7）为使组织的管理风格、经营理念更具活力，必须从外面招聘新的人员。

（8）为了组织未来的发展而进行的人力资源储备。

（9）为取得市场竞争优势而引进特殊人才。

2. 招聘基准

招聘工作开始时的一项重要工作内容就是确定招聘基准，招聘基准是指组织对计划招聘人员的基本素质要求以及针对各个部门中不同职位招聘职员的特殊要求。招聘基准要尽可能详细地描述空缺岗位所要求的知识、技能、技术和能力，即确定录用人才的标准。除个人基本情况（年龄、性别等）外，录用人员的标准可以归结为以下五个方面：与工作相关的知识背景、工作技能、工作经验、个性品质、身体素质。还要明确区分哪些素质是职位要求所必需的，哪些是企业希望应聘者具有的。

3. 招聘渠道

企业需根据招聘计划所要求候选人的类型和数量来选择不同的招聘渠道。每一种招聘渠道都有利有弊，在招聘进行之前，要进行权衡。

4. 招聘时间进度

为了保证新录用员工准时上岗，在招聘计划中对招聘工作时间进度要进行严格规划，常用的招聘日期的计算公式为：招聘日期 = 用人日期 - 准备周期 = 用人日期 - 培训周期 - 招聘周期。公式中培训周期是指对新员工进行上岗培训的时间；招聘周期指从应聘人开始报名，确定候选人名单，面试，直到最后录用的分步时间。

5. 招聘经费预算

招聘经费预算（表 2 - 2）是组织招聘工作顺利进行的保障。由于招聘对象和招聘工具的多样性，单位招聘成本也呈现出多元化特征，可以从招聘对象和招聘工具两方面透视单位招聘成本。招聘费用支出主要包括招聘广告和宣传册等在内的招聘信息成本、招聘会或联谊会的费用。有些招聘活动已经不局限在本地区，跨地区招聘经费还包括差旅费和通信费用等。招聘单位可用于招聘的费用多少，在一定程度上决定了他们可以采用的招聘方法。除此之外，招聘经费预算时还要考虑人事费用、业务费用、通信费用、广告费用、交通费用等其他一般管理费用。

表 2 - 2　招聘经费预算表

招聘时间		
招聘地点		
负责部门		
具体负责人		
招聘费用预算表		
序　号	项　目	预算金额（元）
1	企业宣传海报及广告制作费	
2	招聘场地租用费	
3	会议室租用费	
4	交通费	

续上表

序　号	项　目	预算金额（元）
5	食宿费	
6	招聘资料复印打印费	
合　计		
预算审核人 （签字）：	公司主管领导 （审批）：	

制表人：　　　　　　　　　　　　　　　　　制表日期：　　　　年　　月　　日

（二）确定组织人员招聘条件的步骤

（1）如果职位空缺是由于有人辞职，那么招聘工作的起始点就应该是马上与将要离职的人进行面谈。

（2）与同离职者干着同样或类似的工作的人及其他相关人员进行交谈。

（3）审查任职资格。

（4）确定人员招聘条件。

（三）制定招聘计划注意事项

1. 计划好招聘时间

在制定招聘工作时间表时，要考虑招聘过程所需要的时间，而且因职业不同其所需要的时间长短也不同。一般来说，企业计划招聘时间要根据企业的招聘流程来确定。招聘流程通常包括以下几个步骤：

（1）收集应聘资料。应聘者投递应聘资料的方式不同，所花费的时间也不一样，电子邮件速度最快，信件最慢，企业要根据实际接收的方式进行时间估算，最好有一个截止投递的时间。

（2）筛选个人应聘资料。企业在收到足够多的应聘材料后要对应聘资料进行初次筛选，还要让用人部门再次筛选，然后再通知初选合格的应聘者进行下一阶段的应聘。企业要根据应聘材料数量估算所需时间。

（3）测试应聘者。企业要根据将采用的笔试、面试或其他测试方式和性质来确定这一环节所需时间。

（4）录用决策。企业对应聘者的考核结果进行综合评价，这时要与用人部门进行沟通，根据综合的评价结果做出最后的聘用决定。这一环节所需时间可根据人力资源部门和用人部门经理的工作安排来确定。

（5）上岗时间。聘用人员报到、上岗及企业培训等各项安排准备都需要时间，企业制定招聘计划时都要考虑到，可以具体到某一个确定的时间，如 8 月 20 日，也可用一个时间段来表示，如 8 月中旬，8 月 20 日—9 月 1 日。

2. 招聘广告及招聘渠道的选择

要考虑招聘的成本与产出的关系。

3. 招聘小组的人员分工与协作

不同管理层以及不同管理部门在具体的职能与分工上有一定的差异，但是在招聘人员时，并不只是由人力资源部门来做决定，更多的还是由用人部门经理来进行招聘决策，因此各部门的分工一定要在招聘计划中列明。

（1）企业高层管理者。其主要工作内容是审核和批准招聘计划，制定招聘的总体政策，确定招聘录用的标准，对于一些部门经理及高层管理人员的招聘及录用要参与。

（2）部门经理在招聘时也肩负着重要的责任。如向人力资源部门提供本部门空缺职位的数量和类型的信息，并要参与对本部门应聘者的面试、筛选工作等。

（3）人力资源部门，是人员招聘的核心部门，要负责具体的人员招聘计划的制定，进行具体的招聘工作，对候选人进行招聘、筛选和录用。

4. 招聘预算要具体详细

人员招聘预算是对人员招聘过程中需要的一系列费用做出的估算，为招聘的顺利进行提供资金保障。招聘预算的内容大致有以下几部分：

①招聘广告预算；

②招聘测试预算；

③有关招聘差旅费用的预算；

④中介服务预算；

⑤招聘文件与资料、办公用品的预算；

⑥人工成本的预算。

各项开支占总预算的比例以及总预算的控制，由企业根据实际情况决定。

任务 2　明确招聘目标

引　例

农场招聘故事

有一个农场，因捕鼠科科长离职而造成场内鼠患成灾，农场总经理命令人力资源部经理：“五天之内要给我招一个捕鼠科科长回来，否则你也给我走人。”人力资源部经理接到这个指示后，回去赶紧写了一张小红纸条，贴在了农场的大门口，上面这样写道：“本农场欲招捕鼠科科长一位，待遇优，福利好，有意者请来面试。”

第二天，农场门口来了这么七位应聘者——鸡、鸭、羊、狗、猪、猫、猫头鹰。好，现在开始筛选：第一轮筛选是学历，鸡、鸭都是北京大学的优秀毕业生，当然过关；羊和狗是大专毕业，也过关；猫和猫头鹰是高中毕业，人力资源部经理皱了皱眉头，也过关了，结果，第一关淘汰下来只有一位，那就是只读到小学二年级的猪先生。

第二轮是笔试，这当然难不倒大学本科毕业的鸡和鸭；羊因为平时勤勉，也勉强过关了；狗呢，上学的时候不太认真，碰到这些题目有些为难，可是它在短短的一会儿时间内，已经给主考官鞠了六个躬，点了九次头，所以也过关了；猫头鹰本来是不会做的，可是它眼力好，偷看到了，所以也就抄袭过了关。只有猫因为坚持原则，不会做就是不会做，所以，这一轮被淘汰的只有猫。

第三轮是答辩，总经理、农场主和人力资源部经理坐在那里，应聘者一个接一个进来。第一个是鸡，它一进来就说：“我在学校时是捕鼠专业的，曾经就如何掌握鼠的习性与行动方式写过一篇著作。”三位一碰头，这个好，留下了。第二个进来的鸭，它说：“我没有发表过什么著作，但是在大学期间，我一共发表了18篇有关鼠的论文，对于鼠的各个种类，我是了若指掌。”这个也不错，也留下了。第三个进来的是羊，羊说：“我没有那么高的学历，也没有发表过什么论文、著作。但是我有一颗持之以恒的心和坚硬的蹄子。你们只要帮我找到老鼠洞口，然后我就站在那里，高举着我的前蹄，看到有老鼠出来我就踩下去，十次当中应该会有两三次可以踩死，只要我坚持下去，相信有一天我会消灭老鼠的！”三个主考官被羊的这种精神感动了，于是羊也被录取了。第四个进来的是狗，狗一进来就点头哈腰地说：“瞧三位慈眉善目的，一定都是十分优秀的成功人士……”一顿马屁狂拍，三位被拍得晕晕乎乎的，最终狗也被录用了。最后一个是猫头鹰，没有高学历，没有什么论文著作，唯一的成绩就是从事捕鼠一年多来抓了五六百只田鼠，但是不会拍马屁，又长得恶形恶相的，一点都不讨人喜欢，所以就被淘汰了。

至此，整个招聘活动结束了，大家可以看到的是，真正会捕鼠的——猫、猫头鹰，都被淘汰了。这个招聘是结束了，但是结果呢？当然是失败的，为什么会导致这个失败的结果呢？

资料来源：三茅人力资源网 http：//www.hrloo.com/rz/11500.html（有改动）

问题

分析上述案例招聘失败的原因。

一、员工招聘的目的

（一）根本目的

员工招聘的根本目的是为企业获取满足其生产经营需要的人员，它根据企业发展实际需要，利用各种科学选拔技术，为不同岗位挑选出最合适的人选，以实现人、岗和组织的最佳匹配，最终达到因事设岗、人尽其才、才尽其用的目标，为企业补充新鲜血液、提升创新力。招聘是企业补充人力资源的最基本途径。

（二）其他目的

（1）树立企业形象。

（2）降低受雇佣者在短期内离开公司的可能性。

（3）履行企业的社会义务，为社会提供就业机会。

二、员工招聘的流程

大多数企业人力资源部门招聘人员的基本工作流程，见图2－1。

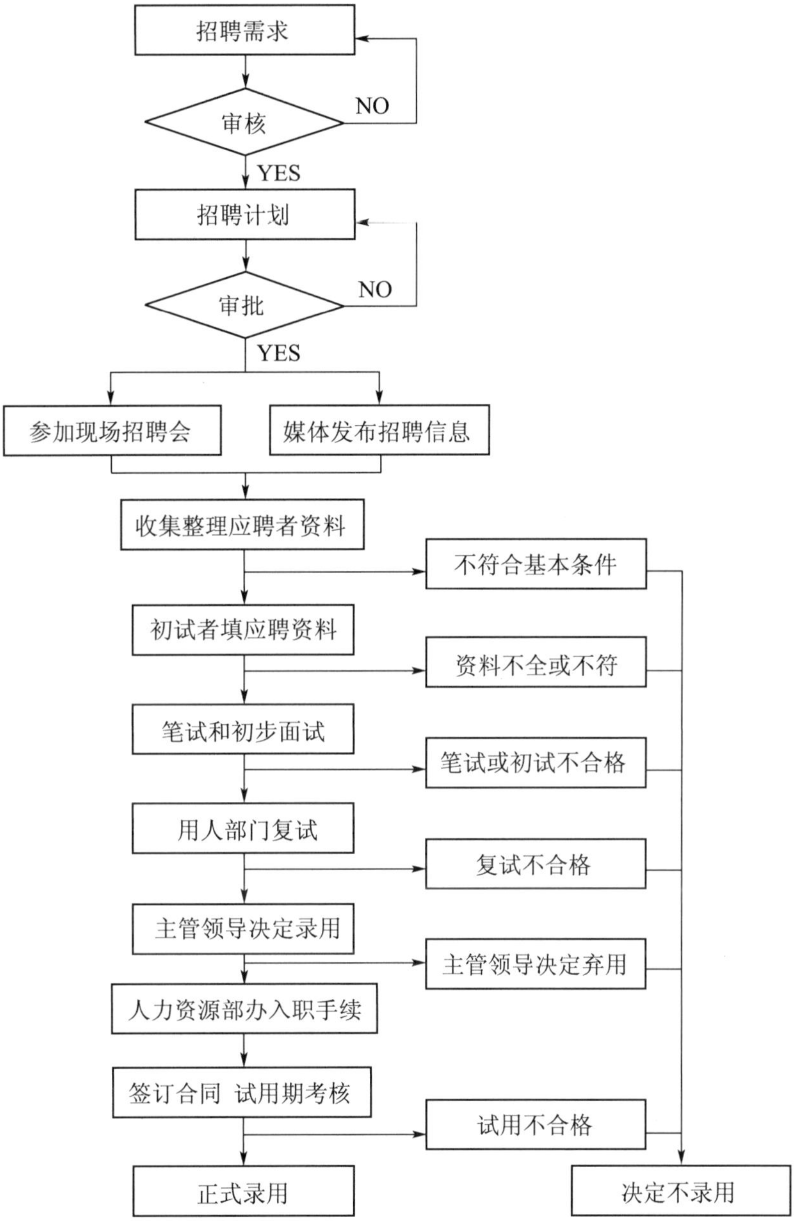

图 2－1　某企业人员招聘流程

（1）用人部门提出申请：部门经理向人事部门提出所需人数、岗位、要求，并解释理由。

（2）人力资源部门复核，由最高管理层审核招聘计划。

（3）人力资源部根据部门递交的需求人员申请单，确定招聘的职位名称和所需的名额。

（4）对应聘人员的基本要求，即资格及条件限制，比如该职位所要求的学历和年龄、所需能力和经验等。

（5）所有招聘职位的基本工资和预算工资的核定。

（6）制定及发布资料，准备通知单或公司宣传资料，申请办理日期。

（7）联系人才市场或发布招聘通知；安排面试时间及场地和确定面试方式。

（8）最终确定人员，办理试用期入职手续、合格录用及转正手续。

（9）签订合同并存档。

而这种基本的工作流程，显然是不够的，因为用人部门对招聘工作是没有概念的，还需要细化每一个招聘流程的具体标准，每个阶段可以细化为：

（一）“人员增补申请单”的填写

（1）当部门有员工离职、工作量增加等出现空缺岗位需增补人员时，可向人力资源部申请领取“人员增补申请单”，见表2－3。

表2－3　人员增补申请单

<table>
<tr><td>申请部门</td><td colspan="2"></td><td>增补职位</td><td></td><td>增补　人</td></tr>
<tr><td>申请增
补理由</td><td colspan="2">☐ 扩大编制　☐ 储备人力
☐ 辞职补充　☐ 短期需要</td><td>希望到
职日期</td><td></td><td></td></tr>
<tr><td colspan="6">应具资格条件</td></tr>
<tr><td>性　别</td><td></td><td>婚　姻</td><td></td><td>年　龄</td><td></td></tr>
<tr><td>学　历</td><td></td><td>外　语</td><td></td><td>个　性</td><td></td></tr>
<tr><td>经　历</td><td colspan="5"></td></tr>
<tr><td>具备技能</td><td colspan="5"></td></tr>
<tr><td>增加人员
工作内容</td><td colspan="5"></td></tr>
</table>

续上表

申请人		部门主管	
人力资源部意见			
总经理批示			

（2）“人员增补申请单”必须认真填写，包括增补缘由、增补岗位任职资格条件、增补人员工作内容等，任职资格必须参照“岗位描述”来写。

（3）填好后的“人员增补申请单”必须经用人部门主管签批后上报人力资源部。

（4）人力资源部接到部门的“人员增补申请单”后，核查各部门人力资源配置情况，检查公司现有人才储备情况，决定是否从内部调动解决人员需求。

（5）若内部调动不能满足岗位空缺需求，人力资源部将公司总的人员补充计划上报总经理，总经理批准后，人力资源部进行外部招聘。

（二）确定招聘计划阶段

（1）招聘计划要依据“岗位描述”确定招聘各岗位的基本资格条件和工作要求，若公司现有的岗位描述不能满足需要，要依据工作需要确定、更新、补充“岗位描述”。

（2）根据招聘人员的资格条件、工作要求和招聘数量，结合人才市场情况，确定选择什么样的招聘渠道。

①大规模招聘多岗位时可通过招聘广告和大型的人才交流会招聘。

②招聘人员不多且岗位要求不高时，可通过内部发布招聘信息，或参加一般的人才交流会。

③招聘高级人才时，可通过网上招聘，或通过猎头公司推荐。

（3）人力资源部根据招聘需求，准备以下材料：

①招聘广告。招聘广告包括本企业的基本情况，招聘岗位、应聘人员的基本条件，报名方式，报名时间、地点，报名时需携带的证件、材料以及其他注意事项。

②公司宣传资料。

③“应聘人员登记表”“员工应聘表”“复试、笔试通知单”“复审（才艺表演）通知单”“面试评价表”“致谢函”、面试问题及笔试试卷等。

（三）人员甄选阶段

1. 收集应聘资料，进行初试

（1）进行初试时，招聘人员须严格按招聘标准和要求把好第一关，筛选应聘资料，进行初试时一般从文化程度、性别、年龄、工作经验、容貌气质、户口等方面综合比较。

（2）符合基本条件者可参加复试（面试），不符合者登记完基本资料后直接淘汰。

2. 面试程序

面试方式主要有无领导小组讨论法、结构化面试、一对一面试。

（1）一线人员由人力资源部经理进行面试。面试人员携面试通知单，工作人员整理好面试人员资料后，引领参加面试者到面试地点按顺序进行面试。

（2）财务人员、企划人员等各类专业人员由相应部门经理进行面试。按以下程序组织：人力资源部收集整理好应聘人员的资料交给相应部门经理；部门经理进行初步筛选后将通过者名单交给人力资源部；人力资源部通知复试，复试（面试）人员到达面试指定地点后由工作人员引领，按顺序进行面试。

（3）其他岗位人员由人力资源部经理进行第一次面试，同上。

（4）应聘人员应向人力资源部门递交的个人资料：

①居民身份证复印件、户口本复印件、学历证明复印件、1 寸照片 3 张。

②“求职应聘表”、个人简历及其他能证明身份和能力的资料。

3. 有下列情形之一者，不得录用为本公司员工

（1）有精神病史、传染病或其他重疾者。

（2）有刑事（劳改、拘留、判刑等）记录者。

（3）国家卫生防疫部门规定不能从事商业零售工作者。

（4）未成年者。

（5）曾在本公司被除名者。

（6）和其他企业或组织劳动合同未到期者。

4. 笔试相关规定

（1）复试（面试）合格者才有资格参加笔试。

（2）参加笔试者必须按时到场，因特殊原因不能到场者应先和人力资源部工作人员联系安排其他场次。应试人员未事先通知或非特殊原因迟到半小时以上者，视为自动放弃所应聘工作，不再安排下一场次笔试和复试。

（3）应试者在笔试试卷上必须清楚填写姓名、应聘岗位、联系电话。

5. 复审（才艺表演）

（1）笔试通过者有资格参加复审。

（2）复审主要是给应聘人员个人展示的机会，是对应聘人员的最后把关，参加复审者需准备自我介绍和才艺表演节目。

（3）复审有各级主管领导、人力资源部经理参加，是各级主管领导与应聘员工的一次会面，工作人员须先安排布置好场地，主持人须保持场面气氛活跃且有序进行，真正体现公司的精神面貌。

6. 员工录用

（1）复审结束后，由各级总经理和人力资源部经理共同确定录取人员名单。

（2）工作人员对最后确定的录用人员名单按编号发放“员工录取报到通知”和“致谢函”，通知上需注明：被录取者姓名、编号、员工报到时间、办理录用手续需准备的资料等相关事宜。

（3）员工录用后需办理担保手续，签订“担保书”。新录用员工需提供担保人身份证

复印件、户口本复印件、房产证复印件及经担保人签字盖章的担保书。

（4）人力资源部要为每一位新录用的员工建立员工档案，新录用员工办理录用手续时需交齐个人资料（身份证复印件、学历证复印件、照片等相关资料）。

（5）要参加军校培训的新录用员工需缴纳军校培训期间的生活费，及准备其他军校用物品。

（四）招聘评估

（1）招聘工作评估小组由各级主管领导，人力资源部经理、助理，招聘工作人员及需补充人员的部门领导组成。

（2）招聘评估主要从招聘各岗位人员到位情况、应聘人员满足岗位的需求情况、应聘录用率、招聘单位成本控制情况等方面进行评估。

三、员工招聘筹备

互动课堂

岗位需求变动带来的招聘问题

高尔夫机械制造有限公司人力资源部经理约翰说道：“玛丽，我真不知道你到底需要怎样的机械操作工，我已经选了四个人给你面试，并且这四个人看上去大致都符合工作说明书的要求，可是你却将他们全部拒之门外。”

“符合工作说明书的要求？”玛丽颇为惊讶地回答道，“我要找的是那种一录用就能够直接上手做事的人，而你推荐给我的人，都不能够胜任实际操作工作。再者，我根本就没瞧见你所说的什么工作说明书。”

闻听此言，约翰二话没说，为玛丽拿来工作说明书的复印件。当他们将工作说明书与现实岗位需求逐条加以对照时，才发现问题的所在。原来这些工作说明书严重脱离了实际，也就是说，工作说明书没有将实际工作要求写进去。例如，工作说明书要求从业人员具备旧式钻探机的工作经验，但如今公司已经采用了数控机床的最新技术。

在听完玛丽描述机械操作工作所需的技能以及从业人员需要履行的职责后，约翰高兴地说道：“我想我们现在能够写出一份准确描述该项工作的工作说明书，并且据此一定能够找到你所需要的合适人选了。我坚信，只要我们更加紧密地配合，之前那种不愉快的事情绝不会再发生了。”

问题

请分析该案例反映出哪些招聘问题？如果要顺利地招聘到合适的人才，需要做哪些准备工作？

（一）工作分析

工作分析是招聘工作的基础。工作分析是通过一系列系统的、有效的方法对特定职位进行研究，明确其工作任务和职责、与其他职位的工作关系以及该职位的工作环境和任职资格等信息。这是一个系统地收集和分析职位信息的过程，分析企业中的这些职位的职责是什么，这些职位的工作内容有哪些，以及什么样的人能够胜任这些职位。

工作分析在明确岗位工作性质、内容、职责、权限、难度与环境等的基础上，提出了承担岗位工作人员的任职资格。任职资格主要包括教育、知识、技能、经验、健康等维度。根据任职资格，企业可以制定每个岗位招聘人员的条件，包括专业、学历、从事相关工作的年限、知识与技能要求等。这些任职资格条件为招聘工作提供了科学的依据。另外，工作分析还包括对招聘录用人员的素质、工作胜任情况、当地人力资源市场的供给情况等进行综合分析，以确定岗位任职资格是否合理。如果某岗位长期招聘不到合适的人员，说明任职资格条件可能过高；同样，如果某岗位应聘者过多并且录用人员胜任率低，则说明任职资格条件过低。这些情况的出现要求及时调整相关岗位的任职资格条件。因此，工作分析是招聘、选拔工作的基础，招聘与选拔又可以通过实践验证工作分析的适用性，并为工作分析结果的调整提供基础信息。

工作分析的结果是工作说明书（见表2-4），在组织管理中的作用非常重要，它不但可以帮助任职人员了解其工作，明确其责任范围，还可为管理者进行决策提供参考。一般而言，工作说明书由工作说明和工作规范两部分组成。工作说明是对有关工作职责、工作内容、工作条件以及工作环境等工作自身特性等方面所进行的书面描述。工作规范则描述了工作对人的知识、能力、品格、教育背景和工作经历等方面的要求。

工作说明书的编写要求是：简洁 、准确、规范 、清晰，也就是要用普通人能够理解的、最简练的语言完整地描述与工作有关的重要信息资料。工作说明书是在工作分析的基础上，经过对工作分析所收集的资料信息进行精心筛选而形成的。在编写之前，还需要明确工作说明书的规范用语、版面格式要求和各个栏目的具体内容要求。

>> 互动课堂

洗衣店的工作说明书

詹妮弗根据自己对洗衣店的了解，认为她所要做的第一件事就是为洗衣店的管理人员编写工作说明书。

詹妮弗大学所学的一般管理课程和人事管理课程都强调了工作说明书的重要性，但在学习时，她一直不相信工作说明书在企业的运行中会有如此重要的作用。在她上班的最初几周内，她发现每当她问及洗衣店的管理人员为什么违反既定的公司政策和办事程序时，这些人总是回答“因为我不知道这是我的工作内容”或“因为我不知道应该这么做”。詹妮弗这才知道，只有花大力气编写工作说明书并制定一整套标准和程序来告诉大家应该做些什么以及如何去做，才能使这一类问题得到解决

从总体上说，洗衣店的管理人员负责指挥店里的所有活动，其内容包括生产、服务质量的监督，顾客关系的维护，营业额的增长，以及通过有效地控制劳动力、物资、能源等方面的成本实现利润的最大化。在完成这些工作的同时，洗衣店管理人员的任务和职责还包括店铺的外观和清洁、现金管理、事故控制、价格掌握、库存管理、机器维修、衣物的接收与清洗、雇员安全、人力资源管理、不良事件控制等。

资料来源：http：//wenku. baidu. com/（有改动）

问 题

1. 洗衣店管理人员的工作说明书应该包括哪些内容？
2. 詹妮弗用何种方法才能收集到编写工作说明书所需要的信息？

表 2-4 某公司人事招聘专员的工作说明书

<table>
<tr><td colspan="2" rowspan="2">×××公司</td><td>文件编号</td><td></td></tr>
<tr><td>文件版本</td><td></td></tr>
<tr><td>文件名称</td><td>工作说明书</td><td>生效日期</td><td></td></tr>
<tr><td colspan="2">岗 位 信 息</td><td colspan="2">报 告 关 系</td></tr>
<tr><td>岗位名称</td><td>人事招聘专员</td><td colspan="2" rowspan="10">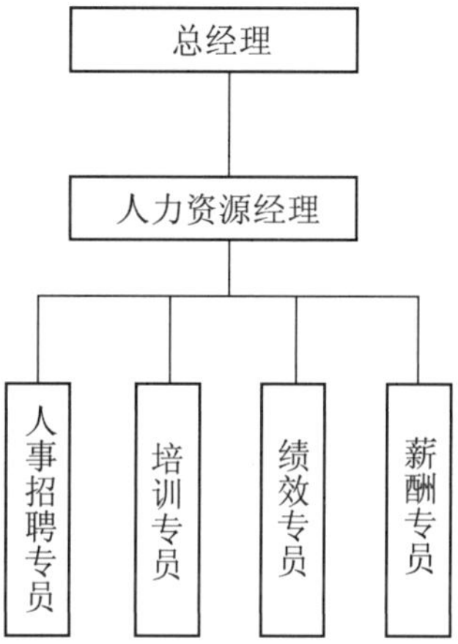
</td></tr>
<tr><td>所属部门</td><td>人力资源部</td></tr>
<tr><td>薪资等级</td><td></td></tr>
<tr><td>岗位编号</td><td>HR-1-1</td></tr>
<tr><td colspan="2">任 职 资 格</td></tr>
<tr><td>性　　别</td><td>不限</td></tr>
<tr><td>年　　龄</td><td>22 岁以上</td></tr>
<tr><td>学　　历</td><td>大专以上</td></tr>
<tr><td>专　　业</td><td>人力资源或管理类</td></tr>
<tr><td>技能技巧</td><td>较好的沟通、组织能力，面试技巧、办公软件应用等</td></tr>
<tr><td>知识经验</td><td colspan="3">一定的专业知识基础、熟悉劳动法等法律法规、人事测评知识、心理学知识、人力资源管理理论知识</td></tr>
<tr><td>职责概述</td><td colspan="3">编制招聘制度和计划、组织招聘过程、录用和安置、员工转正、员工晋升和内部调动、离职管理、劳动关系管理</td></tr>
<tr><td>职责模块</td><td colspan="2">职　责　细　则</td><td>见证表单/文档</td></tr>
<tr><td rowspan="3">招聘
制度和
计划</td><td colspan="2">编制公司招聘管理制度，报上司审批</td><td rowspan="3">招聘管理制度
人员补充计划
人员增加审批表</td></tr>
<tr><td colspan="2">编制年度人员招聘计划和招聘费用预算，并报上司审批</td></tr>
<tr><td colspan="2">收集各部门人员增加申请表，报上司审批确定是否招聘或内部调配、晋升</td></tr>
<tr><td rowspan="6">招聘
过程</td><td colspan="2">制定单批次人员招聘具体实施计划</td><td rowspan="6">招聘计划
招聘启事
人才测评表
录用通知</td></tr>
<tr><td colspan="2">设计、发布招聘广告和招聘信息</td></tr>
<tr><td colspan="2">联系学校或人才市场等人才中介机构，参加现场招聘等活动</td></tr>
<tr><td colspan="2">收集应聘信息</td></tr>
<tr><td colspan="2">组织好初选、笔试、面试等人才选拔程序</td></tr>
<tr><td colspan="2">发出录用通知</td></tr>
</table>

续上表

职责模块	职责细则	见证表单/文档
录用和安置	办理人员录用手续	新员工入职登记表
	落实新员工的职位安置	
	通知行政部进行新员工的生活安置工作	
员工转正	组织对试用期满员工期末测试与考评	转正审批表
	对符合转正要求的满试用期员工，办理新员工转正相关手续	
人员晋升和内部调动	收集人员晋升、内部调动申请，报上司审批	人事动态表
	组织拟晋升人员的考评或内部竞争上岗	
	办理人员晋升和内部调动手续	
	跟踪晋升人员和内部调动人员的到岗情况和工作交接情况	
离职管理	接收离职申请，报上司审批	离职申请表 离职审批表
	配合做好离职申请人员的留人工作	
	对科长以下离职人员进行离职面谈	
	办理所有离职人员的离职手续	
劳动关系管理	起草劳动合同管理制度，报上司审批	劳动合同
	组织新员工签订劳动合同，处理劳动合同的执行及相关事宜	
	接待和处理员工劳动关系方面的投诉、劳动争议与劳动纠纷	
	协调劳动关系和员工关系，解决劳动争议和劳动纠纷	
	进行员工的人事档案管理	
其他	完成上级临时交办的其他工作	

（二）人力资源规划

企业的人力资源规划是指为实施企业的发展战略，完成企业的生产经营目标，根据企业内外环境和条件的变化，运用科学的方法对企业人力资源需求和供给进行预测，制定相应的政策和措施，从而使得企业人力资源供给和需求达到平衡的过程。

工作分析和人力资源规划作为招聘与录用的基础性工作，两者的结合会使得招聘工作的科学性、准确性大大加强。

为更好开展企业招聘工作，企业内各部门要及时填报新增员工计划审批表与部门招聘计划的报批表，见表2－5、表2－6。

表2－5　某公司新增员工审批表

申请部门		新增员工岗位	
招聘人数		要求到岗时间	
招聘方式	□外部招聘　　□内部招聘		

续上表

申请招聘原因	□原有人员离职　　□新增人员　　□组织架构调整
新增岗位职责	
岗位任职资格及岗位薪酬	
部门经理意见	
行政人事部意见	
分管副总经理意见	
总经理意见	

表2－6　人力资源管理部门年度招聘计划报批表

部门有关情况	录用部门	录用职位概况				考试方法和其他		
		职位名称	人数	专业	资格条件	考试方法	招考范围	招聘对象
企业核定的编制数								
本年度缺编人数								
本年度计划减员数								
本年度拟录用人数								
备注								

企业实例

花旗银行的岗位再设计

花旗银行发现办公室负责处理金融交易的员工失误率很高并出现了严重的工作延误。管理者经过分析认为，问题的根源在于该领域的岗位设计不合理，为了使每个人能从事简单的常规工作，岗位被划分得很细。实际上，每个组织的成员都是由各种不同的岗位联系起来的，岗位因其包含的任务不同而各异。有的岗位是常规性的，其任务是标准化的、经常重复的；有的岗位则需要多样化的技能；有的岗位限定员工遵守严格的程序；有的岗位则对员工如何工作给予充分的自由。岗位划分细致反而使员工增加了失误率。因此，花旗银行对岗位进行了再设计：

（1）增加岗位技能的多样性，使员工可使用不同的技能从事工作。如果一个岗位只要求员工进行十分简单、重复性的工作，员工就会感到厌倦，觉得自己是在“打杂”，而不是从事有意义的工作，因而降低了工作效率。岗位技能多样性对员工本身就是一种激励。

（2）进行岗位轮换。早期的管理者在设计岗位时都秉持专业化的观念，把岗位设计得尽可能简单，如生产工人在装配线上从事简单的流水线作业，办公室职员在计算机终端进行标准化的操作等。这种岗位设计的优点是组织可以获得专业分工带来的经济效益，每个员工在自己的岗位上都能成为一名熟练工。但是，这种岗位设计降低了岗位的技能多样性，员工会对工作反感，效率必然受到影响。为了避免岗位专业化带来的缺陷，管理者可以进行岗位轮换。岗位轮换，即制定培训计划，让员工在一个岗位上从事两三个月的工作，再换到另一个岗位上。这样，员工就会处于不断变化之中。岗位轮换拓宽了员工的工作领域，减轻了他们的厌倦感和单调感，好处十分明显。但是，岗位轮换也存在缺点。将一个员工从他熟悉的岗位转入一个陌生的岗位，这需要增加培训成本，生产效率也会随之下降。因此，岗位轮换只能小规模地进行，同时，最好征得员工的同意，非自愿的岗位轮换可能适得其反。

（3）进行岗位深化。岗位深化要求管理者把现有的分得过细的岗位组合起来，形成一个新的、工作内容更加宽泛的岗位。其基本要求是赋予员工更大的责任，允许员工对他们从事的工作实施更大的控制，员工可以有更多的自主权去从事一项完整的工作；任务不再进行横向分割，而是实行纵向一体化。

（4）做岗位反馈。理想的岗位设计要求员工在工作的时候就能自动得到反馈，而不是从管理者那里得到反馈。例如，让员工直接与客户接触，员工在完成工作的时候就能够自动地从客户那里得到反馈。在新设计的岗位上，花旗银行的员工可以直接与客户接触，从头到尾负责一笔交易，工作延误和失误率高的问题便得到了控制。

问题

请分析花旗银行的岗位再设计是否合理，为什么？

任务3　确定招募渠道

引例

天虹公司的招聘问题

天虹公司是一家正在发展中的公司，16年前创立，现在拥有十多家连锁店。在过去的几年中，从公司外部招聘来的中高层管理人员，大约有60%不符合岗位的要求，工作绩效明显低于公司内部提拔起来的人员。在过去的两年中，公司外聘的中高层管理人员，有 10 人不是自动离职就是被解雇。从外部聘请来的商业部经理因年度考核不合格而被免职，终于促使董事长召开了一个由行政副总裁、人力资源部经理出席的专题会议，分析频繁更换外聘管理人员的原因，并试图得出一个全面的解决方案。

人力资源部经理就招聘流程做了一个回顾。公司是通过职业介绍所，或者在报纸上刊登广告来获得合格的应聘者的；人员挑选的工具包括 1 份申请表、3 份测试（1 份智力测试和 2 份个性测试）、有限的个人简历检查以及必要的面试。

行政副总裁认为，在录用时，犯了判断上的错误，某些职员的简历看上去挺不错，但是工作几个星期之后，他们的不足就明显地暴露出来了。

董事长则认为，根本的问题在于没有根据工作岗位的要求来选择适用的人才，“从表面上看，几乎所有我们录用的人都能够完成领导交办的工作，但他们很少在工作上有所作为，有所创新”。

人力资源部经理提出了自己的观点，他认为公司在招聘时过分强调人员的个性，而不重视应聘者过去在零售业方面的经验，如 7 名被录用的部门经理中，有 4 人是来自与其任职无关的行业。

行政副总裁指出，大部分被录用的职员都有某些共同的特征。例如，他们大都在 30 岁左右，而且经常跳槽，曾多次变换自己的工作；他们都雄心勃勃，不太安于现状；加入公司后，他们中的大部分人与同事的关系不是很融洽，与直接下属的关系尤为不佳。

会议结束的时候，董事长要求人力资源部经理彻底解决公司目前在人员招聘上存在的问题，采取有效措施，从根本上提高公司人才招聘的质量。

资料来源：http：//wenku. baidu. com/（有改动）

问题

1. 天虹公司管理人员的招聘存在哪些问题？造成这些问题的原因是什么？
2. 请为该公司的招聘工作提出一些更好、更具体的建议或改进措施。

一、内部招聘

内部招聘是指在单位出现职务空缺后，从单位内部选择合适的人选来填补这个位置。

（一）内部招聘适用的条件

内部招聘有其自身的特殊性，因此，组织要根据自身的实际情况和岗位的实际需求来决定是否采取内部招聘。一般来说，组织要进行内部招聘基本要具备以下几点：

1. 组织内有充足的人力资源储备

组织如果能够在平时注重人才的积累和储备，有自己的人才蓄水池，在发生岗位空缺时，就能够有足够的人员迅速补充上来，从而减少因人才流失而带来的损失。

2. 内部的人员质量能够满足组织发展的需要

一方面有充足的人才储备，即要有数量上的保证，另一方面，能力也要达到组织的要求，即要有质量的保证。

3. 要有完善的内部选拔机制

公平、公正的内部选拔机制可以帮助组织选拔出符合实际需要的员工，激发现有职工的工作热情。

(二) 内部招聘来源

所谓招聘来源是指潜在的应聘者所存在的目标群体。内部招聘的来源主要包括内部提升、工作调换、工作轮换、人员重聘等四种。内部招聘流程见表2-7。

表2-7　公司内部招聘一般流程

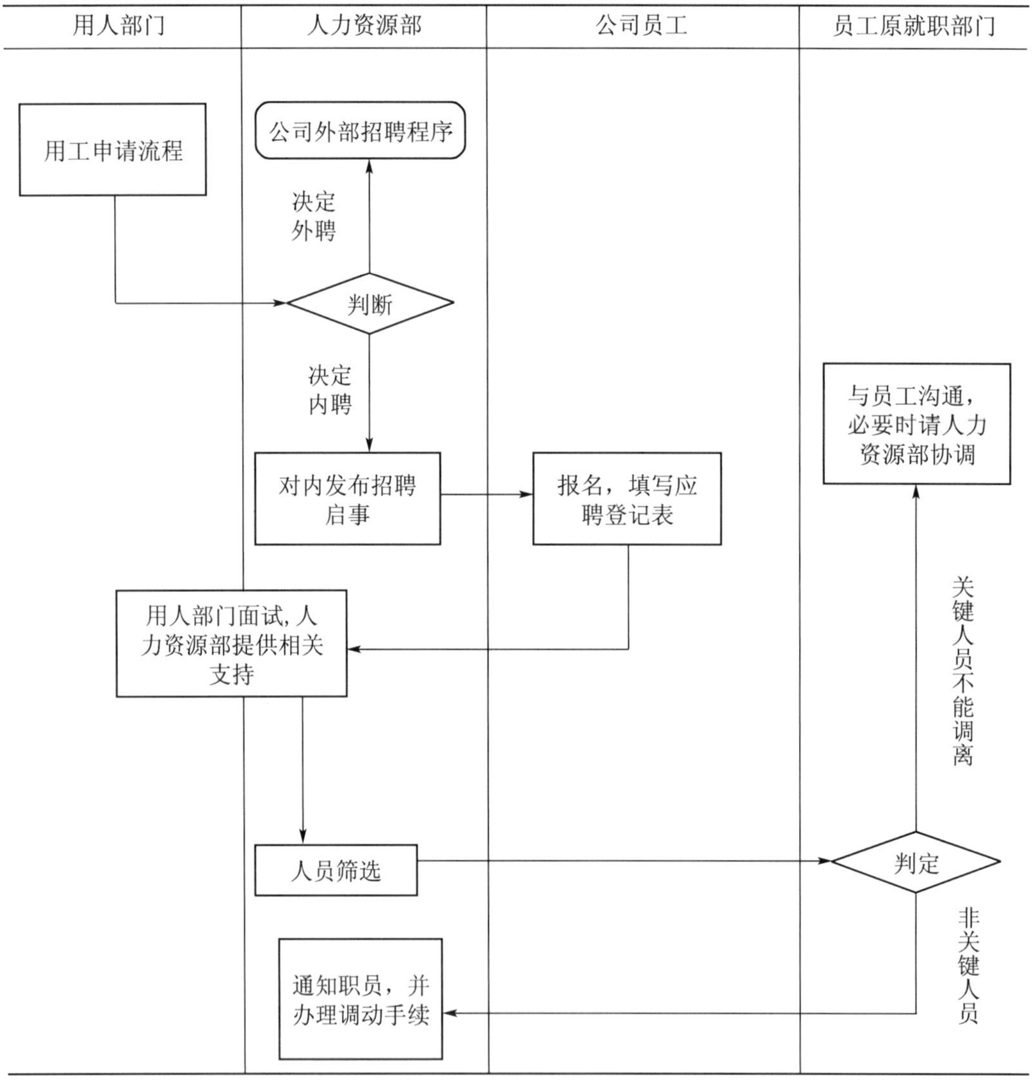

1. 内部提升

当企业中有些比较重要的岗位需要招聘人员时，让企业内部符合条件的员工从一个较低级的岗位晋升到一个较高级岗位的过程就是内部提升。这种做法给员工以升职的机会，会使员工感到有希望、有发展的机会，对于激励员工非常有利。

2. 工作调换

工作调换是指当企业中需要招聘的岗位与员工原来的岗位层次相同或略有下降时，把员工调到同层次或下一层次岗位上去工作的过程。这样做的目的是要填补空缺，但实际上它还起到许多其他作用。

3. 工作轮换

工作轮换和工作调换有些相似，但又有不同。工作调换从时间上来讲往往较长，而工作轮换则通常是短期的，有时间界限的。另外，工作调换往往是单独的、临时的，而工作轮换往往是两个以上职位有计划进行的。工作轮换可以使单位内部的管理人员或普通人员有机会了解单位内部的不同工作，给那些有潜力的人员提供以后可能晋升的条件，同时也可减少部分人员由于长期从事某项工作而带来的烦躁和厌倦等感觉。

4. 内部人员重聘

有些单位由于某些原因会有一批不在位的员工，如下岗人员、长期休假人员（如曾因病长期休假，现已康复但由于无位置还在休假），已在其他地方工作但关系还在本单位的人员（如停薪留职）等。在这些人员中，有的恰好是内部空缺需要的人员。他们中有的人素质较好，对这些人员的重聘会使他们有再为单位效力的机会。另外，单位使用这些人员可以使他们尽快上岗，同时减少了培训等方面的费用。

（三）内部招聘的方法

招聘的方法是指让潜在的应聘者获知企业招聘信息的方法和途径。内部招聘的方法主要有工作张贴、内部储备人才库两种。

1. 工作张贴

所谓工作张贴，就是在张贴板上张贴广告，公开招聘岗位信息的形式。

2. 内部储备人才库

人才库系统记录了每一位员工在教育、培训、经验、技能、职业生涯规划等方面的信息，并且这些信息随着员工的自身发展得到不断的更新，用人部门和人力资源部门可以在人才库里找到合适的人补充职位空缺。

互动课堂

F 国际酒店总经理李强从国内某知名高校招聘了高才生王帅担任其秘书。在工作中，王帅亲和力较强、反应敏捷、口齿伶俐，且文字功底好，秘书工作做得十分出色，深得李强喜爱。两年后，李强认为应该给王帅一个发展的机会，于是任命他为酒店人力资源部经理，管理十多位员工。谁知在半年内，先后有三个下属离职，部门工作一片混乱，业务部门对人力资源部也抱怨颇多。

原来王帅从学校毕业直接到 F 酒店担任高管秘书，并不熟悉基层业务，也从未从事过管理工作，并且与同级、下属的沟通方式很不到位，决策主观化、理想化，让下属觉得非常难受；同时，他个人认为工作只需向总经理汇报，推行人力资源政策时没有征求业务部门的意见。于是，他开展的一系列人力资源工作只是徒增业务部门工作的负担，且收效甚微……在各种内部压力下，一年后，王帅也递交了辞职信。

问 题

请分析造成三个下属及王帅辞职的原因。

（四）内部招聘的利弊分析

1. 内部招聘的优势

（1）招聘成本低，效率高。从内部培养和选拔人才，直接成本比较低，效率也相对较高。

（2）选拔的效度与信度高。企业和员工之间的信息是对称的，不存在“逆向选择”（员工为了入选而夸大长处、弱化缺点）问题，甚至“道德风险”问题。因为内部员工的历史资料有案可查，管理者对其工作态度、素质能力及发展潜能等方面有比较准确的认识和把握。用人风险比较小，成功率较高。

（3）员工激励。内部招聘能够给员工提供更多的成长空间，使员工的成长与组织的成长同步，容易激励和鼓舞员工士气，形成积极进取、追求成功的氛围，达成美好的远景。

（4）企业文化。经过长期的磨合，员工与企业在同一个目标基础上形成趋同的价值观，相互比较信任，员工已融入企业文化之中，认同组织的价值观念和行为规范，对组织的忠诚度较高。

（5）组织效率。内部员工对企业的现有人员、业务模式和管理方式非常熟悉，易于沟通和协调，因而可以更快地进入角色，学习成本更低，有利于发挥组织效能。

2. 内部招聘的弊端

（1）由于新的岗位总是有限的，内部员工竞争的结果必然是有人欢喜有人忧，有可能影响员工之间的关系，甚至导致人才的流失，这是企业很不愿意看到的。

（2）企业内部长期的“近亲繁殖”“团体思维”“长官意志”等现象，不利于个体创新和企业的成长，尤其是对中小型企业。

（3）由于是在企业内部选拔，所以可能存在候选人数量不足和缺乏才能的缺点。

二、外部招聘

外部招聘是根据一定的标准和程序，从企业外部的众多候选人中选拔符合空缺职位工作要求的人员，其招聘流程见表 2－8。

（一）外部招聘的条件

（1）组织为了获取内部员工不具备的技术、技能等。

（2）组织出现职位空缺，内部员工数量不足，需要尽快补充。

（3）组织需要能够提供新思想、新观念的创新型员工。

（4）组织为了建立自己的人才库。

（5）和竞争对手竞争一些具有特殊性、战略性的人才。

（二）外部招聘的来源

一般而言，内部招聘的员工要比外部招聘的员工更能长期地服务于企业。只有当内部补充机制不能满足企业对人才的需求时，才考虑进行外部招聘。

外部招聘的来源主要有以下五种。

1. 各类大中专院校和职业技术学校

这是招收应届毕业生的主要途径。

2. 竞争者或其他公司

对要求有相关工作经验的职位来说，竞争者及同一行业或同一地区的其他公司可能会成为最重要的招聘来源。

3. 个体经营者

这类人员由于有自我经营的经历，通常具有组织内部各工作岗位所需的专业技能和管理经验，如他们愿放弃自我经营而去谋职，被录用的可能性较大。

4. 特殊群体人员

特殊群体人员是谋求职业有困难或处境不利的人员的统称。包括残疾人、少数民族人员、退伍军人、失业者及老年人等。

5. 行业协会

行业协会对行业内的情况比较了解，企业可通过其介绍或推荐而获得自己所需的员工。

表 2－8　公司外部招聘一般流程

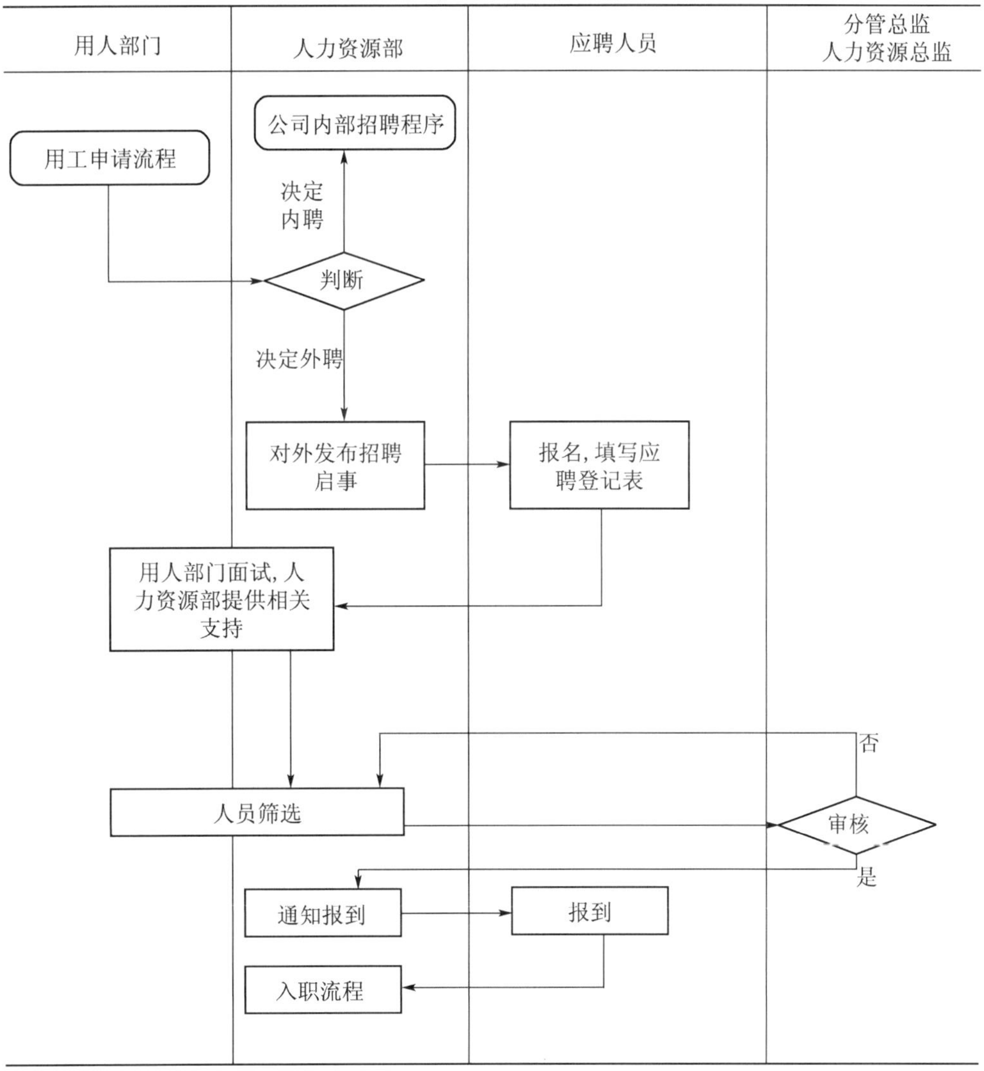

（三）外部招聘的方法

外部招聘主要包括广告媒介法、员工推荐计划、院校预定、中介机构、猎头公司、网络招聘六种形式。几种主要广告媒体招聘的比较见表2－9。

1. 广告媒介法

许多单位通过媒体以广告的形式获得所需的人选。好的广告一方面能吸引所需的人员前来应聘，另一方面扩大了本单位的知名度。广告媒介主要有报纸、杂志、广播电视、招募现场的宣传材料和网络等。

表2－9　几种主要广告媒体招聘的比较

类　型	优　点	缺　点	适用范围
报纸	广告大小可灵活选择；造价低廉，制作简便，便于自由选择阅读；便于保存和查阅；信息量大	容易被未来可能的求职者忽略；缺乏生动性和直观性，广告的印刷质量一般也较差；发行对象无特定性	招聘限定某一地区时；空缺职位短期急需时；招聘数量较大时
杂志	具有保存价值；阅读的有效时间长，重复阅读率高；指向性最为明确；印刷精美	出版周期较长，发行量和发行区域受到更大的限制，同时受众范围的限制性也更明显	所招聘的职位有专业要求时；招聘时间不急迫时；所招聘的职位无地域要求时
广播电视	受众面广；传真性强；影响面大；极富灵活性；传播速度迅速；成本低廉，享用方便	只能传达简短的信息，缺乏持久性；信息的储存性差，难以记录和查询；广播媒介只能传递声波信号，不能传送图像信号	需要迅速扩大影响；当职位空缺有很多种，而在某一地区有很多的求职者时；急需宣传企业和急需大量招聘时
招募现场的宣传材料	在求职者可能采取立即行动的时候，引起他们的兴趣，极富灵活性	作用有限；必须保证求职者到现场；有些宣传材料可能被人抛弃	在特殊场合比较适用，如招聘会、展示会等，适合与其他形式的招聘活动配合使用
网络	费用低；传播速度快、范围广；信息量大	受上网条件的限制；信息量大，容易被忽视	大范围的招聘

2. 员工推荐计划

一旦员工主动为公司推荐了一名优秀的求职人选，公司应对其进行嘉奖。对于成功的引荐，特别是当雇员介绍了一位公司急需的技术人员时，公司都应给雇员一定的经济奖励。但员工推荐必须有一个很明确的目标和规定，即这一计划必须为公司招募到具有特殊技术和资历的人员。

3. 院校预定

每年都有成千上万的学生从大中专院校毕业。有的单位已经与有关院校挂钩，预定本单位所需的人员。还有的单位甚至在相关院校设奖学金，为自己培养专业人才。这种有目的的预定方法，是与单位、企业的人力资源计划分不开的。

4. 中介机构

人才交流中心：随着经济的发展、社会的进步，人才流动的现象越来越普遍，越来越活跃。为了适应这种需求，许多城市出现了人才交流中心或职业介绍所等。这些机构常年为企事业用人单位服务。

人才招聘会：人才招聘会是一种比较传统的招聘渠道，它是一批组织共同举行的用以吸引大批求职者直接见面的人员招聘方法。招聘会可以分为专场和非专场两种类型。

5. 猎头公司

猎头公司本质上也是一种就业中介组织，但是由于它特殊的运作方式和服务对象，所以经常被看作是一种独立的招聘方式。猎头公司一般适用于高级人才的招聘。

6. 网络招聘

网络招聘，也被称为电子招聘，是指通过技术手段的运用，帮助企业人事经理完成招聘的过程。即企业通过公司自己的网站、第三方招聘网站等机构，使用简历数据库或搜索引擎等工具来完成招聘过程。网络招聘主要有两种方式：一是注册成为人才网站的会员，在人才网站上发布招聘信息，收集求职者资料，查询合适人才；二是在企业的网站上发布招聘信息，吸引人才。

（四）外部招聘的利弊分析

1. 外部招聘的优势

（1）有利于外部交流。新员工能够带给企业不同的经验、理念、方法以及新的资源，使得企业在管理和技术方面都能够得到完善和改进，避免了“近亲繁殖”带来的弊端。

（2）鲶鱼效应。外聘人才可以在无形当中给组织原有员工施加压力，形成危机意识，激发斗志和潜能。

（3）可以缓解内部竞争者之间的紧张关系。外部招聘可以使内部竞争者得到某种心理平衡，避免组织内部成员间的不团结。

（4）选择范围广。外部人才挑选的余地要比企业内部大得多，能招聘到更多优秀人才，包括特殊领域的专才和稀缺的复合型人才，可以为企业节省大量内部培养和培训的费用。

2. 外部招聘的弊端

（1）由于信息不对称，往往造成筛选难度大，成本高，甚至出现“逆向选择”。

（2）外聘员工需要花费较长时间来进行磨合和定位，培养成本高。

（3）外聘人员可能由于本身的稀缺性而提出较高的待遇要求，打乱企业的薪酬激励体系。

（4）外聘可能挫伤有上进心、有事业心的内部员工的积极性和自信心，或者引发内外部人才之间的冲突。

（5）外部人员有可能出现“水土不服”的现象，无法融入企业文化氛围之中。

三、选择招聘渠道

对于企业招聘来讲，是内部招聘优先还是外部招聘优先，对于不同层次的人才，不同环境和阶段的企业应采取不同的选择，必须视企业的实际情况而定。

（一）企业在选择招聘渠道时应遵循的原则

（1）快速成长期的企业，应广开外部渠道。

（2）企业文化类型的变化决定了选拔方式。如果企业要维持现有的强势企业文化，不妨从内部选拔，因为内部员工在思想、核心价值观念、行为方式等方面对企业有更多的认同，而外部的人员要接受这些需要较长时间，而且可能存在风险；如果企业想改善或重塑现有企业文化，可以尝试从外部招聘，新员工带来的新思想、新观念可以对企业原有的东西造成冲击，促进企业文化的变化和改进完善。

（3）高级管理人才选拔应遵循内部优先原则。在人力资本成为企业核心竞争力重要组成部分的今天，高级管理人才对于任何企业的发展都是不可或缺的。企业在高级管理人才的选拔过程中应当遵循内部优先的原则，这样高级管理人才才能够很好地为企业服务。

（4）外部环境剧烈变化时，企业必须采取内外结合的人才选拔方式。

（二）各种招聘渠道和方法的选取风险

企业需根据招聘计划所要求候选人的数量和类型来选择不同的招聘渠道和方法。每一种方式都有利有弊，在招聘进行之前，要进行权衡。

一般情况下，企业通过普通招聘渠道很难找到合适的人才，这是因为真正成熟的优秀人才一般都会被自己的老板重用，不会特别关注广告中的职位，也不会轻易到招聘会去找工作。一般被广告吸引的人才以及参加招聘会的人才可能有下列情况：

一是不够成熟的人才，虽然有潜力但是表现不充分，使用风险较大，不适合掌控大集团。

二是过于注重金钱的人才，只是因为较高的年薪吸引他们，这些人往往道德水准不够高，对企业的长远发展不利。

三是自视太高，自我评价不准的人才，多数善于用人的企业家都不会重用这些人，而他们却总是感叹伯乐不常有；即使有才华出众者，往往由于人际关系和能力较差、以自我为中心、难以与人合作等原因，频繁跳槽。这些人往往不是企业可以委以重任的人才，可能会给企业带来巨大的用人风险，不仅损失时间、工资福利，还会泄漏商业秘密，增加竞争对手。

>> 互动课堂

宝洁的校园招聘

曾经有一位宝洁的员工这样形容宝洁的校园招聘：“宝洁的招聘实在做得太好，在求职这个对学生比较困难的关口，宝洁让我带着理想进入了公司。”

宝洁的校园招聘首先开始于派送招聘手册，以达到吸引毕业生参加其校园招聘会的目的；然后邀请大学生参加其校园招聘会，以校领导讲话、播放招聘专题片、宝洁公司招聘负责人详细介绍公司情况为流程，使应聘学生在短时间内对宝洁公司有较为深入的了解和更多的信心；最后是网上申请阶段，应聘者通过访问宝洁（中国）的网站，点击“网上申请”来填写申请表并回答相关问题。

招聘渠道选择的影响因素有招聘渠道的目的性、招聘渠道的经济性、招聘渠道的可行性。招聘渠道分为内部招聘和外部招聘两种形式。内部招聘的途径有晋升选拔、人员重聘、内部公开招聘、岗位轮换、临时人员转正。外部招聘实施的方法则有广告招聘、院校预定、人才交流。

问题

请分析宝洁的校园招聘为何会取得成功。

四、内部招聘与外部招聘的比较

招聘人才的方式多种多样，各有所长，适应的条件各异。从内部招聘和外部招聘看，它们的利弊归纳如下：

（一）内部招聘

1. 内部招聘的优点

（1）对招聘的人员了解比较全面，有较长的实践观察，对人才能力的把握程度高。

（2）内部招聘容易形成一种竞争、激励的文化，激发员工的内在积极性。

（3）由于招聘人员来自组织内部，他们对组织文化、空缺职位的性质十分熟悉，进入岗位上手快。

（4）上岗人员对组织的培训、指导积累性好，衔接性强，组织对其培训的价值得到充分的体现。

（5）省去了一连串外部招聘的广告费、差旅费等招聘费用，招聘成本最低。

2. 内部招聘的缺点

（1）选择范围局限，可能造成职位的长期空缺。

（2）内部招聘事实上造成“近亲繁殖”，使组织缺乏活力。

（3）易受主观偏见的影响，不利于应聘者的公平竞争。

（4）如果内部招聘的人员水平有限，口碑不佳，容易引起内部矛盾，如果选拔标准不科学，其负面影响更大。

（二）外部招聘

1. 外部招聘的优点

（1）上岗人员来源极为广泛，是通过大样本的候选人选出的，有利于选到一流的人才。

（2）招聘上岗人员可以带来新的思路、新的工作方法和流程，创新机会多。

（3）可以回避“近亲繁殖”问题，防止内部拉帮结派。

（4）上岗的高素质一流人才，可以节省培训费用。

2. 外部招聘的缺点

（1）招聘费用高，成本大。

（2）上岗人员对招聘单位的情况不了解，或了解太少，需要较长时间的评估和适应。

（3）对招进人员的能力把握不准确，可能招错人，导致工作绩效上的损失。

（4）外部招聘容易造成“空降兵”占用内部人晋升机会的问题，影响内部员工的工作积极性。

由于企业内部招聘和外部招聘各有优缺点，所以大多数企业都实行内、外部招聘并举。如果一个企业的外部环境和竞争情况变化非常迅速，它既需要开发利用内部人力资源，又必须侧重利用外部人力资源。而对那些外部环境变化缓慢的企业来说，从内部提拔往往更为有利。

内部选拔的重点是管理人才，外部招聘的重点是技术人才。究竟是内部招聘还是外部招聘，必须充分分析考虑企业的战略计划、招聘的岗位、上岗的时间要求以及企业经营环境等因素。

内部招聘与外部招聘优劣比较，见表2－10。

表2－10　内部招聘与外部招聘优劣比较

招聘渠道	优势	劣势
内部招聘	（1）比较了解候选人的长处和弱点； （2）被提升的组织内成员对组织的历史和发展比较了解； （3）可以借此激励被提升的人员更加努力地提高自身工作水平； （4）可以激励组织内其他成员工作士气，使其有一个良好的工作情绪； （5）使组织内对成员的培训投资取得回报	（1）容易引起同事间的过度竞争，发生内耗； （2）容易造成“近亲繁殖”； （3）提升的数量有限，容易挫伤没有提升的人； （4）当组织内部对未来主管人员的供需缺口较大，且内部人才储备无法满足需要时，坚持从内部提升，会使组织既失去获得一流人才的机会，又会让不称职者据其高位
外部招聘	（1）较广泛的人才来源； （2）避免“近亲繁殖”，可以使组织带来新思想，防止僵化； （3）避免组织内部那些没有提升到的人的积极性受挫，避免组织内部成员间的不团结； （4）可以节省对管理人员的培训费用	（1）容易被应聘者的表面现象（如学历、资历等）蒙蔽，而无法清楚了解其真实能力； （2）如果组织内有胜任的人未被选用，而从外部招聘会使他感到不公平，容易产生与应聘者不合作的态度； （3）应聘者对组织需要有一个比较长的适应过程； （4）外部人员不一定认同企业的价值观和企业文化，可能给企业的稳定性造成影响

企业实例

张东民是一家汽车制造的大型民营企业老总，最近遇到了一件棘手的事情，在企业干了8年的生产部李经理突然申请辞职，这让他措手不及。李经理是他一手培养起来的，从最初的工人被一步一步提拔到生产部经理的位置。面对如此情况，张东民不免有点惋惜。企业经理会议上讨论新的生产部经理人选时，营销部和财务部的负责人产生了激烈争论，就招聘人员是从“外部引进”还是“本部制造”闹得不欢而散，最后不得不休会。第二天，张东民就要在企业经理会议上就此问题作出最终决策，在看了大量人力资源相关资料后，他陷入了沉思。

问 题

请站在张东民的角度，分析生产部经理的人选应通过哪种渠道产生并说明原因。

项目小结

1. 招聘需求分析可以用“6W1H”方法。

2. 招聘计划的内容包括人员需求计划表、招聘基准、招聘渠道、招聘时间进度、招聘经费预算等。

3. 制定招聘计划时要注意计划好招聘时间，选择合适的招聘广告及招聘渠道。招聘小组的人员分工与协作和招聘预算，要具体详细。

4. 招聘的原则有公开原则、竞争原则、平等原则、级能原则、全面原则和择优原则。

5. 员工招聘筹备工作主要有工作分析和人力资源规划。

6. 内部招聘来源主要有内部提升、工作调换、工作轮换和内部人员重聘。

7. 外部招聘的来源主要有各类大中专院校和职业技术学校、竞争者或其他公司、个体经营者、特殊群体人员和行业协会。

8. 外部招聘主要包括广告媒介法、员工推荐计划、院校预定、中介机构、猎头公司、网络招聘六种形式。

关键术语

招聘计划　招聘需求分析　工作分析　人力资源规划　招聘预算　招聘评估　招聘渠道　内部招聘　外部招聘

知识测验

1. 选择题

（1）企业在确定了招聘的岗位后，（　　），招聘部门要根据招聘的岗位需求编制招聘计划书。

A. 在开始招聘后　　B. 在开始招聘前

C. 招聘筛选时　　D. 录用后

（2）常用的确定招聘时间的计算公式为（　　）（　　）。

A. 招聘日期 = 用人日期 − 准备周期

B. 招聘日期 = 用人日期 − 培训周期 − 准备周期

C. 招聘日期 = 用人日期 − 招聘周期

D. 招聘日期 = 用人日期 − 培训周期 − 招聘周期

(3)(　　)是企业补充人力资源的最基本途径。

A. 培训　B. 招聘　C. 面试　D. 人力资源规划

(4)在员工招聘过程中要遵循的基本原则不包括(　　)。

A. 公开原则　B. 竞争原则　C. 量才适用原则　D. 级能原则

E. 择优原则

(5)内部招聘的来源不包括(　　)。

A. 工作调换　B. 人员重聘　C. 内部提升　D. 工作轮换

E. 人才市场

(6)内部招聘的方法主要有(　　)(　　)两种。

A. 广告媒介法　B. 中介机构

C. 工作张贴　D. 内部储备人才库

(7)外部招聘的方法不包括(　　)(　　)。

A. 广告媒介法　B. 中介机构

C. 工作张贴　D. 内部储备人才库

E. 网络招聘

(8)猎头公司一般适用于(　　)人才的招聘。

A. 初级　B. 中级　C. 高级　D. 外籍

(9)内部招聘的优势不包括(　　)。

A. 招聘成本低　B. 选择范围广

C. 认同企业文化　D. 易对员工激励

(10)外部招聘的优势不包括(　　)。

A. 有利于外部交流　B. 鲶鱼效应

C. 招聘成本低　D. 选择范围广

2. 简答题

(1)企业为什么要制定招聘计划?

(2)招聘计划包括哪些内容?

(3)招聘成本包括哪些方面?

(4)选择招聘人员时，需要注意哪些问题?

(5)影响人力资源需求的因素有哪些?

(6)招聘渠道选择的原则是什么?

(7)内外部招聘的途径分别有哪些?

(8)各主要招聘渠道的优缺点分别是什么?

(9)为什么说内部招聘可能会产生不稳定因素?

3. 论述题

试对各种招聘渠道进行比较分析。以一家企业为例，分析在员工招聘时需要考虑哪些影响因素。

案例分析

案例一　某设计院的选聘

某工业设计院是一家国有大型设计单位，拥有 800 多名工程技术人员，该院二室共有 15 名成员。室主任张池是位经验丰富的高级工程师，他手下有 3 名高级工程师和多名较年轻的工程师以及助理工程师。张池知识渊博，为人正派，在同事中享有极高的威信。在他的领导下，二室的同志团结协作，多次受到院部的表扬和嘉奖。

不久前，张池被市里调走了，二室主任一职待填补。二室有三位资深的高级工程师，但究竟哪一位将担此任呢?

王工：45 岁，在三人中最年轻，美国麻省理工学院的博士，业务能力很强，富有创新精神。回国 5 年多来，设计工作一直很出色，他设计的项目中有 3 项已获得部里颁发的优秀奖，有 1 项已获得市里的特等奖。他尊重同事，协作精神强，室里同事认为他是最理想的人选。

李工：46 岁，虽业务平平，但和院长私交颇深，他们是同乡，平时来往密切。

刘工：54 岁，来本院工作已近 30 年，业务能力尚可，但没有什么创造性。此人四平八稳，从不与别人争吵，是位有名的“老好人”，对各级领导都恭顺谦卑，在领导的眼里，是“听话”的人，但在室里引起不少人的非议。

一周后，设计院正式任命刘工为二室的主任。这实在大出室里同志们的意料，在室里引起了很大的震动，表示“不可理解，不可思议”。

过了几天，院长布置给二室一项为某省设计一家中型造纸厂的任务。该厂地处穷乡僻壤，刘工安排李工去。李工手头的任务虽快结尾了，但还有不少问题。于是，刘工又硬着头皮去找王工。王工说：“我手头的一项任务也是十分紧迫的，而且只干到一半，离不开。”

几天后，刘工宣布院长的一项新指示：“院长给我室一个新的项目，设备要从美国引进，项目开始和进行过程中都要到美国去，院长和我商量，决定由李工担当此任，并给李工专门配备一名外语学院毕业的英文翻译……”几个青年业务尖子再也按捺不住，纷纷提出质问：“王工业务能力最强，英语没话说，对美国又熟悉，如让他担此任务，出国不用翻译……”王工本人也感到不可理解，接着王工和几位较年轻的业务尖子均告病未来上班。

待王工和几位年轻的业务尖子来上班时，刘主任搬来了院长，院长不但不问他们的身体情况，反而劈头大声批评：“无论你们是真病还是假病，一律扣一个月的奖金……”不等院长说完，王工站起来说：“院长，不用扣奖金了，工资我不要了，这是我的辞职报告……”紧接着，几个业务尖子也纷纷递交了辞职报告。随后，他们去了一家乡镇企业，在那里心情愉快，均得到了重用，他们搞出的几项设计，让设计院二室望尘莫及。

资料来源：http://wenku.baidu.com/（有改动）

思考题：

1. 该设计院选聘人员的程序和标准是否规范？
2. 通过什么渠道和程序来选择二室的主任比较合适？为什么？
3. 该设计院在人力资源开发与管理中存在哪些问题？该如何解决？

案例二　小张的烦恼

小赵和小张一同在W公司的销售部门工作，小赵比小张先来公司三年。小张刚进入W公司工作时，小赵出于销售团队建设的考虑，给予小张无微不至的关怀和帮助。尤其是小张初来乍到，客户资源很少，销售业绩欠佳时，小赵主动给小张介绍客户并告诉他一些实战方面的营销技巧。小张对小赵感激不尽，经常请小赵吃饭。一来二去，两个人就成了非常要好的朋友。由于小张的不断努力和小赵的帮助，很快二人的销售业绩旗鼓相当，而且小张的业绩发展趋势有超过小赵的迹象，但由于两人关系密切，对此小赵并无防范和嫉妒之心。

然而，一件意想不到的事情打破了这个美好的局面。公司的销售主管突然被人高薪"挖"走，公司高层震惊不已，要求销售经理尽快在销售队伍中采取内部招聘的方式招聘一名销售主管，人力资源部门负责协助工作。于是，销售经理和招聘主管马上发布了此消息。小张和小赵由于近些年来出色的业绩，通过层层选拔成为此次招聘的热门人选。销售经理对两人的档案和近三年的销售业绩进行全面衡量，认为小张的发展潜力更大，决定提拔小张为销售主管。在得知这一消息后，小张显得非常高兴，而小赵却感到很沮丧。在接下来的一个月里，小赵一直在这种沮丧与压抑的情绪中度过，最后决定离开公司，寻求新的发展。小张也过得并不快活，由于管理能力不足，资历又浅，很难管理好一个销售队伍，每天身心疲惫地工作着。

资料来源：http://wenku.baidu.com/（有改动）

思考题：

1. W公司提拔小张为销售主管的决策是否正确？为什么？
2. W公司招聘渠道的选择是否合理？如何选择适合公司的招聘渠道？

实训训练

实训一

1. 实训目的

通过本项目的实训训练，进一步理解招聘计划在招聘中的重要性，了解招聘计划的内容，熟练招聘计划方案的设计。

2. 实训内容与要求

（1）由学生查找或调查一家正在招聘的真实企业，了解招聘的企业和招聘岗位，完成各组招聘岗位需求表。

××班级各组招聘需求表

组　别	组　员	招聘公司	招聘岗位	招聘人数	任职要求
第 1 组					
第 2 组					
第 3 组					
第 4 组					
第 5 组					
第 6 组					
第 7 组					
第 N 组					

（2）根据企业的招聘需求表，制定可行的招聘计划。

3．实训组织方法及步骤

（1）将全班平均分为 N 个小组，每个小组 5 人左右。

（2）以小组为单位查找并调查一家正在招聘的真实企业，收集数据。

（3）整理资料、分析数据，撰写招聘计划。

（4）小组轮流进行情景模拟，小组之间进行效果互评。

4．实训时间

本实训资料查阅与调查实施可让学生利用周末时间进行，课堂演示与评析占 4 个课时。

5. 招聘计划

请严格按照招聘计划的格式撰写，内容包括企业简介、招聘目标、信息发布时间和渠道、招聘小组成员、选拔方案及时间安排、招聘费用预算、招聘工作时间表等。计划的可行性强。

6. 实训成绩评定

（1）实训成绩按优秀、良好、中等、及格、不及格5个等级评定。

（2）成绩评定参考准则：

①企业信息的真实性，招聘岗位与专业的相关性；

②招聘计划的完整性；

③招聘计划的可行性；

④计划书的文字是否简练、清楚，无明显的错误；

⑤方案是否具体、可行、有针对性；

⑥学生的参与度、实训态度、实训前准备及遵纪情况；

⑦课堂讲解、讨论、分析等实训环节占总成绩的40%，招聘计划占总成绩的60%。

项目三　招募与筛选

学习目标

学习目标包括知识目标、技能目标、素质目标。

知识目标

1. 理解不同发布途径对招聘广告撰写的要求及其特点
2. 了解应聘申请表的内容、设计
3. 了解人力资源管理信息化的用途、功能
4. 了解履历分析的方法
5. 了解笔试的作用

技能目标

1. 针对不同的发布途径的特点撰写招聘广告
2. 设计应聘申请表
3. 掌握人力资源管理信息化建立、管理的方法
4. 掌握履历分析的方法及技巧
5. 运用所学笔试评判相关知识，分析笔试试题

素质目标

1. 具有诚信、守法、公正、客观、实事求是的职业操守
2. 沟通能力强，具有创新思维与工匠精神
3. 具有招聘管理相关岗位的良好职业素养与职业规范

内容架构

- 项目三　招募与筛选
  - 任务1　撰写招聘广告
    - 一、招聘广告的目的
    - 二、招聘广告中常见的问题
    - 三、招聘广告设计的原则
    - 四、广告的内容
    - 五、媒介的选择
  - 任务2　设计应聘申请表
    - 一、应聘申请表和求职简历的区别
    - 二、应聘申请表存在的必要性
    - 三、应聘申请表一般包含的项目
    - 四、应聘申请表的设计、填写的原则
  - 任务3　构建“eHR”
    - 一、人力资源管理信息化的含义
    - 二、人力资源信息库内容
    - 三、如何提升企业人力资源信息化水平
  - 任务4　履历分析
    - 一、履历分析的含义
    - 二、履历分析的特点
    - 三、履历分析与筛选要点
  - 任务5　开展纸笔考试
    - 一、认识纸笔考试
    - 二、纸笔考试在招聘中的优、缺点
    - 三、纸笔考试的内容与结构
    - 四、纸笔考试题目设计原则

情境任务设计

A省博方生物工程有限公司是一个集科研、生产和销售为一体的高科技企业，由心血管肿瘤研究所和香港国际好时药业公司合作创办。

公司创立以来，以A省名医张圣手的家传效方和现代中医理论为基础，以早期发明并先后获得国际大奖的心血管通片为龙头，借鉴和采用香港国际好时药业先进的管理和质量保证体系，先后推出了一系列优秀产品，并同时培养了大批技术人才和销售精英，创建和完善了完整的市场管理制度。

随着产品线及人才队伍的壮大成熟，博方公司已成为一家独具竞争力的企业。为了配合公司新药研制和开发业务量不断增大的发展趋势，公司决定招聘数十名医药销售代表。

训练任务

1. 假如你是该公司人力资源部的招聘专员，请问你会选择什么招聘渠道，请为 A 企业设计一份招聘广告与招聘申请表。
2. 假如你是该公司人力资源部的招聘专员，你会如何进行简历筛选呢?
3. 请收集 3 ～ 4 个你认为比较好的招聘广告，并与大家分享其中的优缺点。

训练目标

理解招募、筛选的含义，熟悉招募、筛选的内容及流程，掌握招募、筛选的主要方法。

训练要求

学生分组，每个小组设计一份招聘申请表并收集 3 ～ 4 个招聘广告案例，制作成 PPT 并上台演示。

训练考核

每组派出一位代表与教师组成评委团，对各小组的 PPT 文件和演示进行综合评价，老师和各小组代表评分各占 50% 。

项目学习任务

1. 根据所学知识，撰写招聘广告。
2. 根据所学知识，设计招聘申请表。
3. 根据模拟职位，撰写个人简历并互相进行简历筛选。
4. 以小组为单位，在网上搜集一份企业招聘试题，并进行试题分析。

任务1　撰写招聘广告

引例1

以下是A房地产公司在某招聘网站上发布的一则网络招聘广告：

A房地产公司成立于2003年5月，主要经营房地产开发经营与配套工程。现有员工89人，其中大专以上学历占98.1%，中级以上职称占88.6%，并配有专职注册会计师、注册建造师。

本公司本着“信誉第一、服务至上、开拓进取、回报社会”的经营理念，结合“一业为主，多种经营”的指导思想，在做好房地产开发经营的前提下，利用公司丰富的人力资源和雄厚的资金基础，先后成立了多家贸易公司、俱乐部等，在本地区取得了良好的品牌效应和经济效益。

公司成立以来，业绩突出，效益明显。公司全体员工本着“厚德载物、守正于坚”的企业理念，愿和新老朋友共创美好的明天。

招聘职位

1. 设计经理

电子邮箱：××××××@sina.com　　工作地点：北京市

招聘人数：1　　学　　历：本科

工作年限：五年以上　　薪酬范围：面议

职位描述：

工民建、建筑学等相关专业本科及以上学历，45岁以下，工程师及以上职称，五年以上房地产行业工作经验。

2. 土建主管

电子邮箱：××××××@sina.com　　工作地点：北京市

招聘人数：1　　学　　历：本科

工作年限：五年以上　　薪酬范围：面议

职位描述：

工民建、建筑学等相关专业本科及以上学历，40岁以下，工程师及以上职称，五年以上相关工作经验。

引例2

××商贸公司在中华英才网（ChinaHR.com）发布的一则招聘广告：

公司规模：500～999人

公司性质：中外合营（合资、合作）

公司行业：交通、运输、物流，娱乐、运动、休闲，贸易、进出口

招聘职位信息：

职位名称：咨询顾问

性质：全职	招聘人数：若干
工作经验：不限	学历要求：不限
语言能力：不限	简历语言：中文
职位月薪：3000～3999元	工作地点：北京

职位描述：

（1）在项目经理的带领下，参与撰写咨询报告；

（2）支持市场营销工作，同客户沟通，回答客户对部门和产品方面的咨询，面访关键客户；

（3）参与咨询项目，进行项目实施和项目汇报；

（4）为项目经理提供项目方面的支持；

（5）必要时独立完成项目。

公司介绍：

我公司成立多年，是一家有实力的多元化贸易公司，主要从事商业批零业务，已形成相对固定的产品体系并取得区域代理权；拥有固定的批发客户群。五年内周转资金突破200万元，经营方式由目前的批零兼营转变为以批发为主，公司有强大的销售网络及物流配送能力，区域销售渠道建设完善，目前已与国内数百家大中型酒店、超市、娱乐场所和特殊经销渠道建立了长期稳定的供货关系，并拥有成熟的分销网络和批发流通渠道，具有较强的终端操作能力和市场控制能力。据此可以为新客户提供最便捷的销售市场，以最快的速度、最低的费用帮助客户的产品进入终端销售网络。同时将配合客户进行市场调研、市场策划、市场促销，以全面提升品牌形象，不断提高对终端的控制力，迅速增强品牌产品的市场综合竞争力。坚持与国际接轨的规范化运作模式，与国内外知名企业、知名品牌强强联手，在改革开放的浪潮中共同发展，为您提供良好的培训和广阔的发展平台。

联系方式：

E-mail：××××××@tom.com

注：请在邮件中注明应聘职位的名称或编号，并注明该招聘信息来源于ChinaHR.com。

问题

1. 分析上述两个引例，谈谈招聘广告的目的。
2. 请分析招聘广告应该包含的要素。
3. 招聘广告撰写需要注意什么？

一、招聘广告的目的

招聘广告主要指用于公开发布企业招聘信息的广告，可为应聘者提供一个获得更多信息的平台。招聘广告是企业员工招聘的其中一种重要工具，招聘广告设计得好与坏，直接影响到应聘者的素质和企业的竞争力。

一份好的招聘广告至少要达到两个目的：

一是吸引企业所需要的优秀人才；

二是为企业价值观与形象做宣传。

二、招聘广告中常见的问题

（1）没有招聘单位名称，无法直观地了解招聘企业的业务范围，一定程度上降低了应聘者对招聘企业的信任度。

（2）没有关于招聘职位的相关信息，即没有交代清楚所招聘岗位的主要职责与任务。

（3）对招聘对象的自然属性进行了限制，如对性别、身高、婚育状况等内容提出了过细的要求，有歧视倾向。

（4）能力要求过于笼统、宽泛。例如：出众的中英文书写及沟通技巧，“出众”一词过于模糊。社会关系良好，具卓越领导才能，其中“社会关系良好”是指关系融洽还是关系广泛，没有明确定义；还有“卓越领导才能”，没有进行详细描述。

（5）令应聘者产生不愉快的用词或用语，例如：谢绝来电与来访等。

三、招聘广告设计的原则

招聘广告也是广告的一种类型，其设计的原则与其他广告基本相同，即需符合 AIDAM（Attention，Interest，Desire，Action，Memory）原则，也就是引起注意原则、产生兴趣原则、激发愿望原则、采取行动原则和留下记忆原则。

1. 引起注意原则

好的招聘广告必须能吸引应聘者的眼球，这就要求在设计招聘广告时结合发布的渠道，运用其独特的、与众不同的格式、篇幅、标题、字体、色彩或图案进行创作。

2. 产生兴趣原则

如果发布的招聘广告仅引发了应聘者的关注，但没有诱发其继续阅读招聘广告的兴趣，也就失去招聘广告本身的意义。要想让应聘者产生继续了解招聘广告的兴趣，就应该设计出让人产生兴趣的点或面，比如语言的表述要力求生动形象，有时还需带些幽默感。

报纸广告也有很多精彩的例子，如：“精彩，与您共演绎”“与您携手共进，共创辉煌未来；未来永远属于富有理想和激情的年轻一代!”，等等。

3. 激发愿望原则

人的愿望大多来自内部需要和外部刺激，内部需要是他们是否想找我们能提供的工作或职位，外部刺激就是能触动应聘者应聘的闪光点。

例如：在广告中加入员工能够得到的薪酬福利与培训发展机会、挑战性的工作与责任、自我实现的可能等内容。

4. 采取行动原则

招聘广告的其中一个目的就是吸引优秀人才，要想在发布招聘广告后能收到大量符合条件的申请信与简历，就需要在广告上注明投递应聘资料的简便的方式、方法，以便让应聘者利用他们习惯的方式与你联系。

5. 留下记忆原则

招聘广告的另一个目的就是为企业做宣传，因此不管看到广告的人是否采取了行动，都要能使企业在他们记忆中留下深刻印象。

互动课堂

招聘广告

RP 公司是一家主营石油、化工及能源的大型集团。2022 年，RP 公司与嘉联等多家公司合并，为满足公司在中国业务发展的需要，我们诚邀高素质、能够自我激励的人力资源专员加盟公司石油贸易部！

人力资源专员（广州）

任职者将负责广州地区办事处的人力资源及行政工作，支援华南地区的招聘、培训、社会福利缴纳、员工沟通及其他相关人事行政工作。

要求：大学本科学历，两年以上人力资源工作经验，有跨国公司工作经验者优先，有出色的沟通技巧及团队合作精神，成熟、独立、社会责任心强、能自我激励，熟悉电脑操作，良好的中英文书面及口头表达能力。

我们提供有竞争力的薪酬待遇及良好的职业发展机会。热忱欢迎你的加盟！

有意应聘者请于两周内将本人履历、学历证书及身份证复印件、目前期望的薪水、联系方式等情况寄往：

广州市 888 号恒隆广场 29 层

RP 公司人力资源部

邮编：200040（请在信封上注明应聘职位）

联系人：王小姐

电话：63868888

问 题

根据广告设计原则，请对该招聘广告进行修改，并谈谈如何设计一则具有吸引力的招聘广告。

四、广告的内容

一般而言，一份有效的招聘广告至少应该包括下列内容或信息：

1. 企业价值观或使命

尤其要体现企业对人才的态度，即用人理念。例如：为您提供一个没有天花板的发展空间；以人为本；本公司注重应聘者的人品和能力，尤其是对贡献社会、成就自我的认同感等。

当然，绝对不要把那些做不到或根本不可能做到的口号写出来。

2. 企业所从事业务（包括企业的商标与标识）

简要介绍企业主要业务，如果有企业网站，可给出网址，但切忌长篇大论。如：公司由一批留学归国人员创建，是一家以网络平台运营、软件开发和系统集成等为主的高科技企业。现诚邀各界精英加盟，共创网络事业。

3. 招聘岗位信息

（1）岗位名称。岗位名称一定要规范，即使用行业通用名称。例如：英语口语翻译、客户服务部经理、财务经理、软件开发工程师等。

（2）岗位目标。即此岗位在企业中的定位，目的是让应聘者明确岗位对求职者的期望、要求。如，某食品生产厂肉食生产主管的岗位目标是：按工厂确定的生产计划，按时、保质、保量地完成肉食生产任务。采购部主管的岗位目标：保证以公道的价格，按时、足量、保质地提供生产所需要的原料。

（3）主要职责与任务。岗位在企业中主要负责的工作、须完成的任务等，列出主要的三到五项即可。例如，某公司品牌管理人员的主要职责为：参与公司品牌管理工作；参与公司品牌计划的调研、制定工作；参与公司品牌的打假、维权工作；负责商标申请注册、续展、备案等日常工作；沟通内外总关系。

（4）岗位要求。可按照职位说明书中的任职条件拟定，但需要从应聘者的受众角度进行修饰。如果企业还没有职位说明书或招聘岗位为新增岗位，则应当在招聘前对上述内容进行界定，然后起草招聘广告。一般包括基本知识、能力、技巧、其他特质等。

在大量招聘广告中，一般都会提到对基本知识、能力和技巧的要求，但对其他特质（即决定了一个人在工作中的思维、感觉和行为方式）的要求不多，而这一点恰好是应聘者能否很好履行岗位职责的重要因素。

其他特质大致分为三类：精神品格、思维方式和交往特征。例如，酒店行业的服务员工除了需要具备相关知识、能力与技巧，还需要具有亲切感、性格稳定等个性特质；市场营销人员必须具备敏锐的市场触觉、良好的创意、很强的判断力和不怕困难的精神以及很强的交往欲望等个性特质。

4. 应聘者须提供的材料

一般，在招聘广告中会明确应聘者需提供的个人信息资料，包括简历（如果工作中需要用到外语，则应当要求中英文简历）、学历和学位证书的复印件、相关资格证书的复印件、身份证复印件、照片等。

5. 招聘时间节点的信息

招聘广告中应当明确广告的截止时间与安排面试的大概时间，以便应聘者掌握应聘的时间节奏。

6. 联系方式、方法

一般包括联系部门、联系人、联系方式（电子邮件、通信地址、联系电话、传真等）。

五、媒介的选择

随着发布渠道的不断增多，可供选择的广告宣传媒介也是越来越多，如报纸、杂志、电视、网络、猎头公司、户外建筑外墙、现场招聘会、散发印刷品等。

上述的媒介各有优、缺点，在选择时应考虑以下几个方面因素：

1. 媒介的受众与招聘对象是否吻合

选择在招聘对象关注最多的媒介上发布广告效果最佳，这需要仔细分析各类媒介的受众情况，分析包括教育水平、年龄结构、专业领域、职业划分或所从事行业等因素。

2. 选择同行业或竞争对手通常采用的媒介

同行业或竞争对手招聘的目标对象通常也是本企业招聘的目标人群，因而选择这类媒介，有利于提高应聘人员与岗位的匹配度。

3. 可以选择两种或两种以上媒介相结合的方式

每种媒介都有自身的优缺点，能同时在多种媒介上发布广告，以互补的形式弥补彼此的缺点，从而提高招聘的效率。

任务2　设计应聘申请表

引 例

尽管填写应聘登记表是面试前的常规操作流程之一，却引来了求职者的诸多困惑与不解。

不解之一：除了居住地，还要填户口地址，调查户口吗?

不解之二：凭什么要填身份证信息，个人信息会被泄漏吗?

不解之三：填写家庭成员及他们的工作单位，这有必要吗?

不解之四：血型、星座、崇拜的人、人生格言……这是同学纪念册还是明星档案?

不解之五：是否有亲戚/朋友在本公司任职，公司设置这样的问题目的何在?

……

大多数求职者不是不想填写应聘登记表，而是疑惑一张表单满满三十几个选项，真的都必须填吗? 对于很多选项，求职者不知如何填写，或者说担心填写后反遭面试官的误解。

问 题

1. 请分析应聘申请表是否确有必要存在?
2. 应聘申请表应该包括哪些填写项目?
3. 求职者是否可以选择性填写应聘登记表的选项?

一、应聘申请表和求职简历的区别

应聘申请表是招聘企业为了收集应聘者与应聘岗位相关的信息而专门设计的一种规范

化的表格，它是企业根据招聘岗位需要而进行设计的、给应聘者填写的，反映应聘申请者基本情况的表格。求职简历是求职者给招聘单位发的一份个人情况的简要介绍。

综上所述，求职简历是求职者个人基本情况的一个通用的材料，用于推荐自我，突出个人的应聘优势。应聘申请表则是各个企业根据自身的实际需要设计、使用的表格，侧重于企业对求职者所需要了解的信息点。

二、应聘申请表存在的必要性

1. 简明扼要填写个人资料，节省考官了解应聘者信息的时间

一般设计的应聘申请表的格子的空间不大，这就需要应聘者用很少的字去回答问题，让答案尽可能变得精简，如此面试考官在翻阅应聘者资料时会很省力，花最少的时间得到考官最想要的信息，从而节省面试所需要的时间，把更多精力投入到重点问题上去。

2. 应聘申请表有可能把应聘者求职简历中回避的内容呈现出来

求职简历是应聘者自己写的，一般都是避重就轻地把自身的应聘优势展示出来。应聘申请表则不同，它会规定应聘者按照设计的项目内容填写完整，把一些应聘者本来不想在求职简历中暴露出来的东西也写上去。

3. 企业通过应聘者填写应聘申请表，在某种程度上能据此维护自身的权益

《中华人民共和国劳动合同法》第三条：“订立劳动合同，应当遵循合法、公平、平等自愿、协商一致、诚实信用的原则。”第八条：“用人单位有权了解劳动者与劳动合同直接相关的基本情况，劳动者应当如实说明。”因此，一般在应聘申请表的最后都要求应聘者署上自己的大名，以确认填写的真实性，而企业也能据此维护自己的权益。

三、应聘申请表一般包含的项目

表 3-1 星巴克应聘申请表

应聘申请表　　　　　　　　　　　　　　　　　　　　星巴克伙伴资源部
Job Application Form　　　　　　　　　　　　　　　　Partner Resources

申请职位 Position Applied：（□全职　　□学生兼职）________

申请日期 Date Applied：________

期望税前薪金 Expected Gross Salary：________

到职日期 Date Available：________

您是如何了解到星巴克在招募伙伴的？□招聘网站 □星巴克主页 □门店招聘窗贴 □门店招募海报
□报纸广告 □公司伙伴介绍，伙伴姓名________
□其他途径，请指明________

1. 个人基本情况 Personal Profile

姓名： Name：		性别： Gender：		出生日期： Date of Birth：	
户口所在： Location of Residence Card：		身份证号码： ID Card No.：			
婚姻状况： Marital Status：	未婚 Single　已婚 Marriage　离异 Divorced			子女数目： No. of Children：	
家庭住址： Home Address：				邮编： Post Zip：	
户口住址： Residence Address：				邮编： Post Zip：	
家庭电话： Home Telephone：		手机号码： Mobile Phone：			

2. 教育情况 Education Background

受教育程度 Education Level	学校名称 Name of School	所学专业 Major	学习期间 Period	所获学位 Degree

3. 语言/技能 Language Skill/Special Skills

英文水平 English Level	听 Listen	说 Speak	读 Read	写 Write
一般 Ordinary				
良好 Good				
精通 Excellent				
电脑技巧 Computer Skill	Word	Excel	PowerPoint	Access
其他技能 Any other skill（s）				

4. 职业经历 Employment History

您是否曾受雇于星巴克公司？　　有　　无

Have you been worked in Starbucks Coffee Company?　　Yes　　No

如果有，请具体说明：If yes, please specify:

市场 Market	城市 City	部门/门店 Department/Store	职位 Occupation

其他工作经历：Any other employment history:

期间 Period	公司名称及地址 Name/Address of Employer	职务 Position	工资 Salary	离职原因 Reason for Leave

您是否曾因个人行为或工作不佳而被解雇？　　有　　无
Have you been fired due to poor performance or negative behavior?　　Yes　　No
如果有，请具体说明：If yes, please specify:
5. 见证人 Character Referees:

姓名 Name	职业 Occupation	联系方式 Contact Way	关系 Relationship	认识年数 Year (s) Know

特别说明：您所提供的见证人其中至少有两位是您最后工作的直接主管以及人力资源部的同事。
Remarks: At least two referees should be your direct supervisor and HR colleague in your last working company.

6. 您有在本公司工作的亲戚或朋友吗？　　有　　无
Is there any your relative (s) or friend (s) working in our company?　　Yes　　No

如果有，请具体说明：If yes，please specify：

姓名 Name	部门 Department	职务 Position	关系 Relationship

7. 您是否曾因违反法律而被捕或被检控？ 有 无
Have you been under arrest or indicted because of lawbreaking? Yes No
如果有，请具体说明：If yes，please specify：
（学生兼职申请者适用）请填写您的可工作时间段（比如7：00—14：00/全天）。

周一	周二	周三	周四	周五	周六	周天

本人现谨声明，此申请表内所填写之资料全部属实，并同意如任何一项经查失实，贵公司有权解除本人日后可能受聘之职务。

I declare that the particulars given in this application are true and correct. I hereby agree that to verify the above statements, and understand that if any of the particulars supplied by me are proved untrue, the Company shall be entitled to terminated any engagement that may have been offered to me.

申请人签名：______________________ 日期：______________________
Signature of Applicant： Date：

备注：

如果您需要收到未录用通知，请在此填写您的邮寄或 E - mail 地址 ______________________，我们将在承诺的日期内给予您书面答复。否则，无通知将会视为未被录用。

表 3 - 2　招商银行应聘登记表

<table>
<tr><td colspan="9">个人基本信息</td></tr>
<tr><td>姓名</td><td></td><td>性别</td><td></td><td>出生年月</td><td></td><td>民族</td><td></td><td rowspan="5">照片</td></tr>
<tr><td>籍贯</td><td colspan="3">省　　　县（市）</td><td>户口地</td><td></td><td>身高</td><td></td></tr>
<tr><td>政治面貌</td><td></td><td>学历</td><td></td><td>身份证号码</td><td colspan="3"></td></tr>
<tr><td colspan="2">本行有无亲属</td><td></td><td>婚姻状况</td><td></td><td colspan="2">参加工作时间</td><td></td></tr>
<tr><td colspan="8"></td></tr>
<tr><td colspan="9">毕业院校及专业</td></tr>
<tr><td colspan="2">联系地址及邮编</td><td colspan="7"></td></tr>
<tr><td>E-mail</td><td colspan="3"></td><td>联系电话</td><td colspan="4"></td></tr>
</table>

续上表

紧急联系电话		联系人	
应聘部门及职位			
学习经历			
起止时间	在何学校或机构	职务	学习形式
工作经历			
起止时间	在何单位工作	职务或岗位	证明人及联系方式
个人能力简介（可根据个人情况选择填写本人持有的职业资格证、所获荣誉、个人特长、历经培训等）			

续上表

<table>
<tr><td colspan="8">家庭成员信息</td></tr>
<tr><td rowspan="2">配偶</td><td colspan="2">姓名</td><td colspan="2"></td><td>工作单位及职务</td><td colspan="2"></td></tr>
<tr><td>年龄</td><td></td><td>籍贯</td><td></td><td>毕业学校及专业</td><td colspan="2"></td></tr>
<tr><td rowspan="6">其他亲属</td><td colspan="2">姓名</td><td>性别</td><td>年龄</td><td>关系</td><td>工作单位</td><td>职务</td></tr>
<tr><td colspan="2"></td><td></td><td></td><td></td><td></td><td></td></tr>
<tr><td colspan="2"></td><td></td><td></td><td></td><td></td><td></td></tr>
<tr><td colspan="2"></td><td></td><td></td><td></td><td></td><td></td></tr>
<tr><td colspan="2"></td><td></td><td></td><td></td><td></td><td></td></tr>
<tr><td colspan="2"></td><td></td><td></td><td></td><td></td><td></td></tr>
<tr><td colspan="8">注：招行系统内如有亲属，须将该亲属信息一并填入本栏。</td></tr>
<tr><td colspan="8">填写声明：
本人承诺以上提供信息完全属实，如有不真实信息，本人愿意承担一切责任和由此引起的一切后果。

填表人签名：
填写日期：</td></tr>
<tr><td>资格审查意见</td><td colspan="3">签署：____________</td><td>面试意见</td><td colspan="3">签署：____________</td></tr>
<tr><td colspan="4">人事部门意见</td><td colspan="4">银行领导意见</td></tr>
<tr><td colspan="4">签署：____________</td><td colspan="4">签署：____________</td></tr>
</table>

表 3－3　新东方教育科技集团应聘申请表

新东方教育科技集团

应聘申请表

请仔细地填写此申请表，以便我们慎重和全面地考虑您的申请。所填资料将视为机密，未得到您的同意，不会向第三者泄露。

<table>
<tr><td colspan="12">个人信息</td></tr>
<tr><td colspan="2">应聘机构</td><td colspan="2"></td><td>应聘职位</td><td colspan="2"></td><td colspan="2">可到职日期</td><td></td><td>期望薪金</td><td></td></tr>
<tr><td colspan="2">英文姓名</td><td colspan="2"></td><td>中文姓名</td><td colspan="2"></td><td>民族</td><td></td><td>婚姻状况</td><td></td><td>身份证号码</td></tr>
<tr><td>性别</td><td></td><td>籍贯</td><td></td><td>健康状况</td><td></td><td>户口所在地</td><td colspan="2"></td><td>个人档案挂靠处</td><td colspan="2"></td></tr>
<tr><td colspan="2" rowspan="3">住址及邮编</td><td colspan="6" rowspan="3"></td><td>家庭电话</td><td colspan="3"></td></tr>
<tr><td>手机号码</td><td colspan="3"></td></tr>
<tr><td>电子邮件</td><td colspan="3"></td></tr>
</table>

家庭成员情况

姓名	称谓	工作单位	职务	联系电话

紧急情况下的联系方式：
联系人姓名：
联系电话：
关系：

教育程度（请按时间倒序，从最近阶段开始填写）

从何时至何时	学校名称	学历	主修科目

曾受培训或获得的专业资格证书：

你是否正在进修？是否有计划在将来进修？如有，请说明。

续上表

招聘信息来源				
□ 参阅招募广告：______________________				
□ 由本公司在职员工推荐，推荐人姓名： 关系：				
□ 其他：____________________				
工作经历（请按时间倒序，从最近阶段开始填写）				
从何时至何时	任职公司名称	职位		薪金
是否存在当期的竞业限制协议：是□（签署竞业限制协议的公司名称： ） 否□				
咨询人（请至少提供以前供职的两个公司直属经理或人事部负责人的联系电话）				
姓名	任职公司名称	职位	工作关系	电话号码
本人证实以上所填资料均属事实，并了解如在填写或面试时若有任何不实 、虚报或蓄意隐瞒，将因此失去被聘用的机会或聘用后被解雇。 本人已阅读并完全理解以上条文的意义。 应聘人签署： 日期：				

表 3－4　某科技公司应聘登记表

个人资料：						
姓名				曾用名		照片
性别		出生日期		身份证号		
籍贯		民族		参加工作时间		
婚否		配偶姓名				
子女（出生日期、性别）						

政治面貌		入党（团）时间	
目前最高学历		毕业证书编号	
目前最高学位		学位证书编号	
户口所在地			
档案所在地			

联系方式：	
家庭住址、邮编	
个人联系电话	
紧急联系人、电话	
个人性格及专长：	

教育经历（从高中起填写）和工作经历：			
起始年月	学校、专业或工作单位、部门职务	毕（结、肄）业	证明人及电话

获得证书及奖励（含外语水平）：			
证书名称	获得时间	证书编号	备注说明

续上表

学术活动：

论文/课题项目	主要指导老师	获何奖励

相关人员联系方式：

系　　办	联系人		联系电话	
	传真			
	姓名		联系电话	

其他入职培训（社会招聘人员填写）：

家庭主要成员：

姓名	与本人关系	政治面貌	职务	工作单位

其他情况：

回答下列问题：

1. 何时能来工作？是否考研、考博？请说明。
2. 你有没有亲戚/朋友在本公司工作？如有，请提供姓名及关系。
3. 你曾因违纪被学校记过/被公司解雇吗？如有，请说明原因。
4. 你有否因触犯法律而被捕或法院定罪或抵押？如有，请说明原因。
5. 近三年你是否患过严重疾病？有无任何残疾或患有慢性疾病？如有，请说明。
6. 你是否参与过国家划定的邪教组织（如法轮功等）？如有，请说明。

续上表

薪酬要求（社会招聘人员填写）：
原月工资（含奖金，税后）：
期望月工资（含奖金，税后）：
其他要求：
我在此声明：本申请表中我所提供的情况是正确的、属实的。我同意并接受贵公司对表中的内容进行调查。如发现虚假信息，贵公司可终止与我的劳动合同，且不负任何赔偿责任。 填表人签名：　　　　填表日期：

1. 从上述4个不同行业的应聘申请表中可以归纳、总结出以下共同点

（1）应聘岗位信息：包括应聘职位名称、编号、填表日期等。

（2）个人信息：一般应聘申请表都要求填写姓名、性别、出生年月、民族、身高、毕业院校、学历、婚育状况、联系方式等个人基本信息。

（3）教育经历：受教育的经历。

（4）社会活动（社会实践）经历、工作经历：招聘社会人员一般填写工作经历，校园招聘一般要求填写在校的社会活动、社团活动等。

（5）技能、爱好：主要指个人具有的技能，包括语言、电脑等方面的技能，或者兴趣爱好的填写。

（6）其他信息：根据企业自身的行业特点和企业实际情况需要了解的信息，如家庭

情况、获奖情况等。

2. 从上述4个不同行业的应聘申请表中可以归纳、总结出以下差异点

（1）外企、国企与私企在收集应聘者的个人信息方面有差异。

（2）外企更加注重应聘者的英语能力，希望自己的员工德才兼备，兼顾公平。

（3）不同行业都有自己本行业的行业特点，各个企业在招聘中都对求职者技能有不同要求。

（4）部分企业关注应聘信息来源。

四、应聘申请表的设计、填写的原则

（一）企业设计应聘申请表的原则

（1）申请表设计应简洁明了，语言明晰，体现企业自身对应聘者所需要的基本要求和特殊要求。

（2）制作上，注重企业文化、行业岗位特点。

（3）过程上，注重公平，关注求职者性格倾向、法律意识、道德素质。

（4）申请表填写的项目、内容以适用、够用为原则，不要变相成为收集个人隐私的手段。

（二）应聘者填写原则

（1）填写内容应真实。

（2）填写的信息应尽可能简明扼要。

（3）求职意向针对性强。

任务3　构建“eHR”

引例

中信泰富（中国）投资有限公司是中信泰富有限公司全资子公司，拥有多元化业务，以特钢制造、铁矿开采和在中国内地开发房地产为主营业务。在激烈的市场竞争中，中信泰富通过自身规模化扩张以及适应市场的自我调节，始终保持着企业的高速发展。快速的规模化扩张以及企业增长方式的转变都对中信泰富的管理能力提出了更高的要求。作为企业的核心资源，专业化的人才队伍以及高效率的人力资源管理也成为企业发展中不可忽视的重点，然而当前基础性工作严重制约了中信泰富人力资源管理能力的提升。人员信息更新快、人员流动性大、人员调整频繁、跨地域管理，员工信息管理却仍处于手工作业阶段，员工信息不全面、不准确，使得总部不能实时掌握人员信息，从而影响了人员晋升、管理的决策。在深入分析了当前面临的问题之后，中信泰富决定通过人力资源管理信息化建设来提高工作效率、优化管理，在全集团范围内建立一个先进、实用的集中管控式的人力资源管理基础资源数据库，以此数据库为平台，实现部分人力资源管理事务的规范化、流程化，提高人力资源管理效率，同时便于进行人力资源管理相关工作的统计分析，为领导在招聘、晋升、培训、员工管理等方面的决策提供支撑和服务。

问题

1. 什么是人力资源管理信息化?
2. 人力资源管理信息化对企业人力资源管理有什么作用?

在当今社会，互联网的发展给人们的工作和生活带来了极大的便利，信息化、电子化已经成为节约运营成本、提高工作效率的首选。但是当前仍有很多企业的员工管理尚处于手工作业阶段，不但效率低下，还常常因为管理的不慎而出现纰漏。越来越多企业意识到人力资源管理信息化对于企业的管理、发展有着极其重要的作用，人力资源管理信息化正在成为企业管理的热门话题。

一、人力资源管理信息化的含义

人力资源管理信息化即“eHR”（electronic Human Resource），是新经济时代人力资源管理发展的趋势，是以网络技术的成熟与运用为基础，以 ERP、ASP（Application Service Provider，应用程序服务提供商）等概念的出现和具体实施为存在和发展的环境，以人力资本开发和增值的迫切性为终极原因，将先进的软件配上高速的硬件运用于人力资源管理，为企业建立的一种基于 Internet 的人力资源服务网络系统。企业人力资源管理信息化主要包括以下三个方面：

（1）基于互联网的人力资源管理流程化与自动化。“信息化”把有关人力资源的分散信息集中化并进行分析，优化人力资源管理的流程，实现人力资源管理全面自动化，与企业内部的其他系统进行匹配。

（2）涵盖员工全方位的信息。从员工应聘开始，其应聘材料、面试考核情况、背景调查，到入职后定岗定酬、参加过的培训、考核情况、晋升考察情况、奖惩情况等任职经历情况，以及个人兴趣、爱好、家庭状况等。企业通过掌握员工全方位的信息，便于做出人力资源管理的决策。

（3）实现企业内部自助服务。让员工和部门经理参与企业的人力资源管理，体现人力资源管理部门视员工为内部顾客的思想，建立员工自助服务平台，开辟全新的沟通渠道，充分达到互动和人文管理。

拓展阅读

人力资源招聘、人才雇佣、面试、简历筛选等业务，在电子商务模式日趋成熟化的今天，以往的陈旧人力资源管理工作模式和传统的工作手段已使 HR 主管们耗费太长时间在行政业务处理的琐事上。要想实现高效管理，人力资源管理必须借助信息化技术，打造新的信息化管理模式，节省精力和时间用于更加重要的职能。目前市场上也呈现出了多种多样的人力资源管理信息系统平台，如招聘平台、人才测评系统平台、猎头管理软件平台等。

网络技术的创造和发展对人类生活的影响与变革无处不在，并且逐渐延伸到人们思想的深处。“e”，代表时尚与前沿，是开启管理智慧、变革管理思想和提升管理水平的“精灵”。

“e-HR”，是新经济时代下人力资源管理的趋势，网络技术的成熟与运用是其基础，ERP、CRM、SCM 以及 ASP 等概念的出现和具体实施是其存在和发展的大环境，由于人力资源是企业经营诸要素中的第一位的资源，因此对于人力资本开发和增值的迫切性是其终极原因。“e-HR”不仅可以实现企业的人力资源管理自动化，实现与财务流、物流、供应链、客户关系管理等系统的关联和一体化，而且整合了企业内外人力资源信息，可以更好地与企业的人力资本经营高效匹配，使 HR 从业者真正成为企业的战略性经营伙伴。

“e-HR”的“e”体现在以下三个方面：

1. 基于互联网的人力资源管理流程化与自动化。

2. 实现人力资源管理的 B2B。

3. 实现人力资源管理的 B2C。

问 题

请列举一个企业案例，谈谈“e-HR”在企业中的应用情况。

二、人力资源信息库内容

人力资源信息库可包括人员信息数据库（包括新员工入职台账、员工离职台账、员工转岗台账）、人员招聘储备信息库等内容。

1. 员工信息数据库

包括员工姓名、民族、籍贯、政治面貌、出生年月、联系电话、入职时间、离岗时间、毕业院校、毕业时间、专业、学历、签订合同时间、户口所在地、身份证号、调岗时间、相关离职手续办理情况等信息。

（1）新员工入职台账内容。包括提出申请时间、计划到岗时间、目前招聘状况、实际到岗时间、试用期时间、联系方式、试用期评价结果、是否转正、试用期间绩效等级、培训时间及内容等信息。

（2）员工离职台账内容。包括离职人员岗位、离岗时间、离职原因、离职手续、是否办理完毕离职手续、离职后联系方式、离职人员入职时间、入职年限、签订合同时间等信息。

（3）员工转岗台账内容。包括姓名、原职务、现职务、到岗日期等信息。

2. 人员招聘储备信息库内容

在招聘过程中，应聘人员留下的资料是非常宝贵的。包括人员姓名、年龄、性别、工作年限、薪资要求、推荐部门、推荐岗位、通讯地址、联系方式、邮箱、籍贯、毕业院校、学历、专业等相关信息。

三、如何提升企业人力资源信息化

1. 领导要认识到人力资源管理信息化的紧迫性与必要性，大力支持企业人力资源管理信息化建设

（1）彻底更新观念。作为企业的领导者，必须树立现代观念和超前意识，充分认识人力资源管理信息化发展的新趋势，不能认为信息服务仅仅是预算中的一项开支而舍不得对其进行人力、物力和财力的投资。

（2）参与信息化建设。作为企业的高层领导者，应参与到人力资源管理信息化建设中去。企业信息化建设，并非只要保证足够的资金供给、人员安排和设备配备就可以了，而是要企业高层领导者积极参与人力资源管理信息化的设计、规划和实施过程。

2. 规范企业的基础管理，是企业实施人力资源管理信息化的必备条件

人力资源管理信息化的实现需要具备两方面的条件：一是企业自身人力资源管理水平的高度；二是企业人力资源管理信息化手段的实现程度。两者之中，人力资源管理水平对于现今中国的大多数企业而言更为重要，只有管理水平达到一定高度后，信息化的手段才能真正与之结合，从而进入通过信息化的手段提高企业绩效的阶段。

企业管理水平的提高，有赖于做好规范的基础管理工作，规范的基础管理是企业人力资源管理信息化的必备条件。规范的基础管理主要包括：

（1）基础数据管理。如员工履历、考勤、薪酬等都要准确无误。

（2）基本业务流程设计及相关事务处理管理，主要是人力资源管理部门的内部业务要程序化。如员工招聘工作，从发布招聘公告、面试到培训上岗都要按规定的程序进行。

（3）内部控制及其实施过程管理。

（4）工作人员和员工的行为规范管理等方面。

3. 有效调整组织结构和规范人力资源管理部门的业务流程

随着信息时代的到来，公司的管理层次大大减少，扁平式、矩阵式的组织结构将成为多数公司的组织形式。作为信息时代的人力资源管理，必须调整组织结构，以适应新的时代和新的价值体系。人力资源管理信息化项目的实施不可避免地会使原有业务流程发生变化，同时也会影响到人员岗位和职责的变化，甚至引起部分组织结构的调整。

4. 提高人力资源管理者的IT应用能力和员工素质

人力资源管理信息化，是完善人力资源管理体系的重要环节，它绝不是一个纯粹的项目，也不是传统人力资源管理咨询与IT技术的简单迭代，而是利用信息技术实现对人力资源管理业务体系的承载，优化甚至再造的过程，这就要求人力资源管理信息化项目的主要参与人员既要对现代人力资源管理有深刻的理解，也需要具备丰富的IT经验。

人力资源管理信息系统得以顺利运行，还有赖于全体员工素质的提高。实施和运用人力资源管理信息系统，企业各级人员尤其是管理人员需要从事更具有创造性、更有难度的工作。企业在享受政府支持政策的同时，应给予员工适当的教育和培训，以协助员工转变价值观，适应组织目标。让企业员工接受新经济、新思想、新理论的培训教育，以帮助他们适应系统变化，促使人力资源管理信息系统应用的深入开展。

任务4　履历分析

引例

背景资料：国内H家电品牌公司，总部在青岛，主要经营空调产品，经过多年的快速发展，在同行业内，市场占有率非常高，市场飞速发展的同时，公司发现人力资源管理的相关政策存在缺陷，各地分公司落地缓慢，执行力较差，并且总部在制定人力资源政策时，与分公司的沟通不够，在一定程度上造成总部制度与分公司管理脱节。

于是，总部决定增设一名集团人力经理，负责与各省分公司人力资源经理对接，一方面了解各分公司状况，制定有针对性的人力资源管理策略，另一方面也可以监督和跟踪相关政策的执行和落地。

职位发布之后，简历纷纷而至，其中一份如下：

X先生，2001年毕业于国内某本科院校，具体工作履历为：

2001—2002年，A集团（国内某零售家电集团）下属分公司（武汉）

任职：货品主管

主要职责：产品销售状况分析、货品调配及部分家电类产品知识培训。

2002—2007年，A集团下属分公司（武汉）

任职：行政部经理

主要职责：制定人力规划及组织结构设计、组织人员招聘、培训计划设定及常规通用课程的授课、完成人事管理相关工作、常规行政事务、组织公司文艺活动。

2007—2011年，A集团下属分公司（沈阳）

任职：行政主管

主要职责：人员招聘面试、培训基础课程开发、薪资核算、人事流程拟定、人力资源各项费用预算及人事数据的分析。

2011—2012年初，A集团下属分公司（武汉）

任职：人力资源经理

主要职责：根据总部的相关制度和标准，完成人员招聘、培训计划拟定及组织实施、绩效管理落地、薪酬管理落地及员工关系管理等工作。

2012年初至今，B公司（国内某男装品牌）（武汉）

任职：终端培训经理

主要职责：培训系统搭建及标准建立、组织课程开发及实施、费用预算、各项终端活动的策划组织及实施。

问题

1. 在面试前如何了解X先生是否符合招聘条件？
2. 履历筛选是什么？如何进行履历筛选？

如何从大量的简历中筛选出企业所需要之人才是招聘专员必备的技能之一，这也是把好企业人员关口的第一个环节，虽然未曾谋面，但是从简历中也是能够“识人”的，特别是从简历的表面信息中可以窥一斑而见全豹。

一、履历分析的含义

履历分析，也称为简历分析或资历评价技术，是通过分析应聘者的个人背景、工作与生活经历等方面的内容，对应聘者与应聘岗位进行适应性预判的一种人才评估方法，是相对独立于心理测试技术、评价中心技术的一种独立的人才评估技术。

履历分析起源于个人经历分析，诞生于第二次世界大战期间，著名的美国心理学家吉尔福（J. P. Guilford）与同事在进行阿尔法测验测试时，开始根据个人经历来预测军事训练的成功率，该种预测方法相当成功。“二战”结束后，该种经历调查的方法就被民用部门移用了。在后来大量研究和应用的基础上，逐步发展为人事测评和预测的一种重要的技术方法。

2006 年以来，履历分析在中国才逐步开始使用，但其一经采用就受到了人力资源管理部门的重视，在人才招聘、选拔等人力资源活动中起到十分重要的作用。

二、履历分析的特点

履历分析是基于对应聘者过去的表现、成就、成绩来预测其今后的工作表现，与传统的人事选拔方法不同，具有自己明显的特点。

1. 依据的真实性

履历分析是以应聘者个人过去的经历作为评价依据，由此进行分析，预测其在未来的岗位上的行为倾向或成就，而这种经历通常是可以核实的、确认的。

2. 评价的普遍性

履历分析根据应聘者提供的信息进行分析，其分析结果与应聘者的多种行为（效标）之间往往有比较大的关联性，如工作绩效、教育经历、培训经历等等，因而可以用于对应聘者行为的多维预测。

3. 评价的准确性

履历分析方法是通过应试者过去的工作经历、工作表现来预测其未来的表现，其方法论原则体现的是整体主义和历史主义，是一种全面的系统的评价技术。

三、履历分析与筛选要点

一般而言，简历是招聘单位与应聘者之间第一次的接触，而筛选简历的过程就是企业对应聘者的第一次过滤的过程。如何从简历中获得有效信息，如何能够透彻地解读应聘者的简历，这既要能识别简历中的虚假信息，同时也要能对重要内容进行再确认，以便接下来的面试能更有效、更有针对性地开展。

（一）认识简历的结构

一般来说，应聘简历主要包含以下几个部分：

（1）应聘者个人基本情况，包括姓名、性别、年龄、籍贯、婚育状况、政治面貌、健康状况、爱好与兴趣、联系地址、联系方式、专业技术资格、职业资格等内容。

（2）应聘者的教育经历，包括学习的起止时间、教育类型、学科专业、所学主要课程及学习成绩，在校期间曾担任的职务，在校期间参加过的社会实践活动，在校期间所获得的各种奖励和荣誉。

（3）工作经历，若有工作经验，最好详细列明，首先列出最近的资料，然后对曾任职的单位、任职日期、任职岗位职务、工作性质等内容进行详尽的叙述。

（4）应聘岗位意向，即求职目标或个人期望的工作职位，表明应聘者个人的意愿，如希望得到什么样的工种、职位，以及个人的奋斗目标，亦可与个人特长等结合起来。

（二）履历筛选的要点

互动课堂

HR 在阅读简历前应快速浏览招聘岗位的《招聘需求表》或者《岗位说明书》，确定在简历中要寻找的任职资格和能力要求等硬性条件，迅速搜索相关主要信息，淘汰不合格简历。

硬性指标一般包括：

（1）对个人基本信息要求：例如年龄、性别等，例如前台岗位一般要求为女性。

（2）对教育背景的要求：最高学历、所学专业等相关要求，有些岗位对技术和专业要求较高，例如法务岗位，常规要求法学相关专业本科以上学历。

（3）对工作经历的相关要求：对工作年限及管理年限的要求，比如管理岗位，常规要求要有相关岗位工作经验，持有专业资格证书等。

HR 在逐份阅读简历时，脑海中要有以上相关基本信息框架，首先挑选重要信息浏览，根据硬性指标进行组合筛选。

例如某前台岗位要求：①性别：女；②年龄：18 ～ 32 周岁；③工作经验：1 年以上相关工作经验。招聘人员根据要求形成筛选器依次过滤，若不合适即可淘汰。

经过硬性指标淘汰和认真审核筛选后的简历，HR 可把简历分成三组：

①非常匹配，可以安排求职者尽快面试；

②比较匹配，如第一类的求职者都不合适时可考虑；

③较不匹配，可将这类简历储备或删除。

问题

分小组讨论，招聘人员在对简历进行筛选时需要关注哪些关键信息？

简历主要包括上述 4 个部分，进行简历筛选也主要针对上述 4 个部分逐一展开分析，筛选有用的信息和初步判断简历信息的真伪。

1．年龄

年龄可以视为一个重要参考，可作为应聘者所应聘岗位中的经验要求的一个重要参照指标。通过比对应聘者的年龄与工作经历，即可初步判断应聘者所述的经验是否存在明显冲突。

一般而言，应聘者不会虚报年龄，而会在工作经历上造假。从年龄着手，推敲应聘者参加工作的时间是否合理，是否存在未成年就业的问题，年龄是否与教育经历时间吻合等。

2．教育经历

（1）招聘专员在进行简历筛选时，应对国内外的教育制度、教育学制有一定认识与了解。《中华人民共和国教育法》规定："国家实行学前教育、初等教育、中等教育、高等教育的学校教育制度。国家建立科学的学制系统。学制系统内的学校和其他教育机构的设置、教育形式、修业年限、招生对象、培养目标等，由国务院或者国务院授权教育行政部门规定。"依据该法的这一规定，由各级政府或教育行政部门依法批准或登记注册的学校及其他教育机构所实施的教育为国民教育系列。国民教育系列区别于党校和军事院校举办的教育形式。这里提到的"学校"是指由政府或教育行政部门依法批准或登记注册的、以实施学制系统内各阶段学历教育为主的教育机构，包括小学、初级中学、高级中学、各类中等专业学校、技工学校、普通高等学校、具有颁发学历证书资格的成人学校等。"其他教育机构"指教育行政部门或其他主管部门批准或登记注册、实施非学历教育的教育机构。

一般而言，在填写应聘申请表或个人简历时，所提及的教育经历一般为个人的学习经历，即学历情况，也就是在上述的"学校"中经过学习并根据个人学习的情况颁发相应级别的证书（即毕业证、结业证）以证明其受教育的程度、水平。在我国，按照学历层次可划分为初等教育（小学）、中等教育（初中、高中、中职）、高等教育（大专、本科、硕士研究生、博士研究生）等三大层次。与学历证书相对应的还有学位证，是标志被授予者的受教育程度和学术水平达到规定标准的学术称号。学位和学历不能画等号，学位是学术称号，学历是学习经历。有某种学位，不一定有某种相应的学历；同样，有某种学历，并不一定有相应的学位。

境外其他国家的高等教育一般实行学位教育，如证明专业知识和技术水平已达到相应水平则会授予相应的学位证书。

（2）招聘专员有必要通过各种渠道了解应聘者教育经历的情况以及查询、鉴定所获得的证书真伪。目前鉴定毕业证、学位证的方法主要是：

①国家教育部门授权的学历学位鉴定机构；

②中国高等教育学生信息网，是教育部指定的学历查询网站；

③到就读院校进行实地调查。

（3）关注高等教育学历中的第一学历还是后学历的问题。学历是第一学历和后学历的问题，尤其是后学历教育在上述证书真伪问题上更需慎重。如果是后学历的话，还要看应聘者何时开始、何时获得后学历的，这可以看出应聘者的学习能力和接受挑战的心态。

（4）和学历相关的是专业问题。一般岗位说明书中都对专业做了规定。如果应聘者具有多个学历，那么对其不同学习阶段专业的分析可以得出其在知识的系统性和广度方面的基本判断，还可以从不同专业的相关性中获得其个人规划的能力。

3. 家庭住址

如果应聘者是跨城市应聘的，尤其是针对一些年龄较大的应聘者，他们的应聘动机是什么，因为他们将面临非常现实的一些问题，比如生活成本增加、生活环境变化等问题，这些都将影响其进入企业后的工作状态。

4. 工作经历

工作经历的分析也是招聘专员在进行简历筛选时的一个重点，可以从以下几方面着手进行分析。

（1）是否存在工作变换频繁问题。频繁变换工作，一方面说明应聘者经历丰富，但也可能说明应聘者工作稳定性较差。

（2）当应聘者存在非常频繁地变换工作的情况时，需要对他们每次工作变换的原因进行分析。当然频繁地变换工作也并非绝对存在问题，关键是为什么变换工作。如果每项工作相关性不大，而且工作时间不长，那么就需要高度注意了。

（3）工作是否有间断，间断期间在做什么。

（4）目前是否在工作，这关系到应聘者劳动关系的现状问题，也关系到应聘者何时能到职，当然为什么离职也是很重要的。

（5）对应聘者整个工作经历轨迹的把握，应聘者是否比较深入系统地从事过某一项工作或与应聘岗位相关的工作。

（6）要对应聘者每个工作阶段所负责的主要工作内容和业绩进行审查。

（7）应聘者的经验与岗位要求是否匹配，如果已经达到一个相对较高的职位而来应聘一个较低的职位，需考虑应聘的动机。

综上所述，在进行简历筛选时，首先要把握简历的整体印象以及简历的结构是否完整；其次应先把简历读透，审查简历中的客观内容，判断是否符合岗位技术和经验要求，特别是对简历中存在交叉部分的内容进行重点分析，是否存在逻辑性问题，这样才能获得应聘者更完整和全面的信息，同时才能发现其中的亮点和疑点。对于亮点和疑点，都不应作为最终判断标准，还必须通过进一步的甄选进行确认。

拓展阅读

雇佣学习型动物 。“招聘时，不要太看重应聘者掌握了多少知识，而要重视他们尚未开发的潜力。”亨利·福特说过，“不管你是 20 岁还是 80 岁，只要停止学习，就说明你老了。”因为坚持学习的人永远年轻。

经验和技能都是固定的。唯有不断学习，才会增加你更多的智慧，才会有源源不断的创造力和可能。爱学习的人，好奇心强，会善于利用身边的资源，谦虚求教。万事万物都处于变化之中，唯有不断学习，才能拥抱变化，工作时如鱼得水。

问 题

企业为何喜欢学习型人才？谈谈你的看法。

任务5　开展纸笔考试

引 例

世界知名跨国公司怎样进行笔试

许多世界知名跨国公司在聘人时，都要对应聘者进行笔试，只有通过了笔试，才能进入面试。了解世界知名跨国公司进行笔试的有关情况，无疑有利于我们取得笔试的成功。那么，世界知名跨国公司是怎样进行笔试的呢?

柯达：笔试是面试的程序之一

柯达公司的面试过程是这样的：首先由人事部门根据简历介绍的情况安排面试，主要是针对简历的内容，进一步核实有关信息，并考察应聘者的综合素质。对于其中面谈较满意者，进行笔试测验。通过笔试后，进入第二轮面试。在这一过程中，笔试是一个必经的程序。

微软：很多考题没有标准答案

在微软，如果是技术支持中心招人，一定会先进行笔试，比如招应届毕业生，微软都是在报名之后先统一进行笔试。考卷分为两类，A类考卷面对非计算机专业学生，其中逻辑思维方面的考核占70%，B类考卷面对计算机及相关专业的学生，技术方面的考核占70%。而招销售部人员，由于对工作经验的要求高于对学校教育背景的要求，一般不会先笔试。研发中心和研究院招研发人员，因为此类人在他们各自的领域内已有相关文章或报告发表，也不用再笔试了。

微软有一个专门的题库数据库，有关于微软产品的测试，有英文测试，有IQ（智商）的测试。

微软笔试的题目一般来说是填空题和选择题，要求写的字不是很多，字写得好坏对笔试结果没有什么影响，除非进行英文表达，要求写一段话的时候，可能会有影响，但主要还是看内容。一般到微软应试的人都会写得很认真，因为人人都看重这次机会。

微软笔试的题目是从IQ、算法、应用程序、谜语四个方面进行考核的。人们在网上曾经看到过的一些非常经典的题目，如“下水道的盖子为什么是圆的”之类，都属于笔试的题目。微软希望招到更多开放型思维的人，因此考的很多题目其实都没有一个标准的答案，比如说解释一下为什么电脑的屏幕是方的而不是圆的，你认为北京有多少公共汽车站，你可以随便给出答案，比如说5家或者5000家，但你得有理由，比如根据报告，北京的人口是多少，收入阶层中有百分之多少是需要乘坐公共汽车的，假设每个人一天坐多少次，按照里程来算……有一套自己的思维方式，就算是一个很好的答案。总之，对这类问题的回答，主要看应试者怎么考虑问题，怎么得出这个答案，看他考虑的过程能不能支持他的答案。

惠普：全用英语答题

在惠普，原来英语是要笔试的，现在为了简化程序，而且来惠普应聘的人英语都不错，所以只要有CET 4级以上的证书就可以，英语不作专门笔试。

关于技术或其他方面，有些是有笔试的，例如上海软件开发中心要招软件开发人员，有的是用C语言来写程序，有的是用java来写程序，笔试全用英语作答。惠普没有像IQ或逻辑能力之类的笔试。

IBM：笔试用中文

IBM笔试的设计思路主要是考查人的逻辑推理能力，对于编程之类的工作，公司比较倾向做笔试。笔试并不是过关的唯一条件，只是作为参考，公司会看应聘者的经验，再加上他面试的结果，综合起来考虑他是否适合这个职位。但是在对大学生的招聘中，公司则希望他有一定的逻辑推理能力，所以笔试会常用一些逻辑推理题目，作为一个初选条件。

IBM的笔试有一个题库，就是IBM全球统一使用的数据处理测试（data procession）。最初几年是用英文测试的，近年来开始翻译成了中文。公司认为这套试题的设计就是为了考逻辑推理的，如果用英文，可能对一个人逻辑推理能力的判断就不够客观和完全，所以就把它翻译成了中文，笔试有四五十分钟。

NEC：要求字迹清楚、整齐

NEC的笔试主要是看答卷的成绩，但是如果字迹较乱，肯定会给人不好的印象。在一次招聘中，一个应聘者虽然回答得还可以，但是字迹很乱，很难辨认，招聘经理决定在面试时更多地留意他，结果面试时他的服装和举止都很不得体，最终没有录用他。因此，应聘者在笔试时应尽可能地把字写清楚，写整齐。

P&G：进行解难能力测试和英语水平考试

解难能力测试是一个65分钟的书面测试，主要是考查一个人的逻辑思维能力和判断能力。

P&G的英语考试始于2000年，它侧重考查毕业生在跨国企业工作中的基本沟通能力，掌握英语能帮助新员工在以后的工作中很好地与人沟通。不单在与外方经理沟通时需用英语，公司中还有一些说粤语的香港同事，与他们交流，也需用英语。

问 题

1. 请从上述案例分析，这些世界知名跨国公司为何要使用笔试？
2. 在人才测评技术不断发展的当今社会，笔试在其中的作用、意义何在？

一、认识纸笔考试

纸笔考试，也称为笔试，是一种与面试对应的测试，是用以考核应聘者特定的知识、专业技术水平和文字运用能力的一种书面考试形式。这种方法可以有效地测量应聘人的基本知识、专业知识、管理知识、综合分析能力和文字表达能力等素质及能力的差异。

纸笔考试这一概念，可以从以下两个方面来理解：

（1）纸笔考试是一种书面的考试形式。这种考试是通过书面纸质的试卷形式出现，应聘者须亲笔书写完成试卷作答。

（2）纸笔考试的内容是有针对性的。通常，纸笔考试的内容是根据特定的岗位工作所需要的基础知识、专业知识等内容进行设计，跟岗位要求紧密结合。

（3）纸笔考试是人才测评方法中的一种。美国著名心理学家麦克利兰于1973年提出了一个著名的素质冰山模型，他把人的素质分为六个层面，分别是知识（Knowledge）、技能（Skill）、社会角色（Social Roles）、自我概念（Self - Concept）、特质（Traits）以及动机（Motives），把个体素质形象地描述为表面的“冰山以上部分”和深藏的“冰山以下部分”。

“冰山以上部分”即漂浮在洋面上的冰山，知识和技能是属于裸露在水面上的表层部分，这部分通常被认为是对任职者基础素质的要求，因此也被称为基准性素质（Threshold Competence）。该部分素质容易被测量和观察，因而也是容易被模仿的。

“冰山以下部分”即潜藏于水下的深层部分冰山，社会角色、自我概念、特质和动机就属于该部分，这部分被称为鉴别性素质（Differentiating Competence）。该部分素质不太容易通过外界的影响而得到改变，同时它们对人的行为与表现起着关键性的作用。

人才测评就是通过一系列科学的手段和方法对人的基本素质及其绩效进行测量和评定的活动，纸笔考试就是其中一种方法。

二、纸笔考试在招聘中的优、缺点

纸笔考试是人才测评方法中最古老而又最基本的一种测评方法，至今仍是企业或组织经常采用的选拔人才的重要方法。其受欢迎的原因主要在于纸笔考试的优点：

（1）在大规模的员工招聘中，其经济性的特点凸显。纸笔考试可有效地实现在同一时间内安排大批量的应聘者进行测试的目的，时间短但测评效率高。

（2）考试内容涵盖的范围比较广、容量比较大。一份纸笔考试的试卷往往可以出几十道甚至上百道不同类型的题目，可以测试出应聘者的基本知识、技能以及逻辑分析、书面表达、综合分析等方面能力的深度和广度。

（3）相对其他人才测评方法而言，纸笔考试的评价标准和结果相对客观、公平。考前考卷是密封的，评卷时有标准答案作为评价依据，考试材料可以保存备查，较好地体现了客观、公平、公正的原则。

（4）应聘者能正常发挥的概率比较大。相对于其他人才测评方法，纸笔考试对应聘者而言，心理压力相对较小，容易发挥正常水平，基本能考出应聘者的真实水平。

但是纸笔考试也有其自身的缺陷，主要表现在纸笔考试主要考核的是应聘者的知识、技能部分，偏重机械记忆方面的内容，是个人素质表层的部分，不易考查到个人素质中的其他部分。纸笔考试不能全面考查个人的工作态度、品德修养、口头表达能力、实际操作能力等方面的素质。因此，纸笔考试必须结合其他测评方法，以补其短。

三、纸笔考试的内容与结构

1. 表现形式

作为传统的人才测评方法，纸笔考试已形成其特定的模式，常见的表现形式主要包括选择题（含多项选择和单项选择）、是非题、匹配题、填空题、简答题、论述题、小论文等，每一种形式都有各自的优缺点。在同一份试卷中，应尽可能多种形式并存，以形成互补的效果。

2. 内容的分类

在招聘过程中，纸笔考试的内容一般包括岗位所需的专业知识、岗位所需的通用性知识、性格测试和智商测试等方面。根据纸笔考试内容，以下分为“技术性”和“非技术性”两大类。

（1）技术性的纸笔考试内容。主要指岗位所需的专业知识。在招聘岗位中，如果对专业知识有比较高的要求，在纸笔考试的题目中就会出现与岗位相适应的专业知识内容。一般而言，如研发型、技术类职位或是财会类等专业性或技术性要求比较高的岗位的招聘，都会在考试内容中拟定相关的专业性知识、技术性操作等问题。而如要顺利通过这类型内容的测试，就要求应聘者必须有扎实的专业基础。

（2）非技术性的纸笔考试内容。这类纸笔考试一般来说相对更为常见，对于应试者的专业背景的要求也相对宽松。这类纸笔考试的考查内容可以设置得非常广泛，可以包括常见的职业道德素养、行为规范、规章制度，也可以是英文阅读和写作能力、逻辑思维能力、数理分析能力，还可以涵盖时事政治、生活常识、情景演绎、智商测试等。

拓展阅读

经典笔试题目

1. 烧一根不均匀的绳，从头烧到尾总共需要 1 个小时。现在有若干条材质相同的绳子，问如何用烧绳的方法来计时一个小时十五分钟呢？

2. 你有一桶果冻，其中有黄色、绿色、红色三种，闭上眼睛抓取同种颜色的两个。抓取多少个就可以确定你肯定有两个同一颜色的果冻？

3. 如果你有无穷多的水，一个 3 公升的桶，一个 5 公升的桶，两个桶形状上下都不均匀，问你如何才能准确称出 4 公升的水？

4. 一个岔路口分别通向诚实国和说谎国。来了两个人，已知一个是诚实国的，另一个是说谎国的。诚实国的人永远说实话，说谎国的人永远说谎话。现在你要去说谎国，但不知道应该走哪条路，需要问这两个人。请问应该怎么问？

5. 12 个球一个天平，现知道只有一个球和其他的球重量不同，那么怎样称才能三次就找到那个球？若改为 13 个球呢？

6. 在 9 个点上画 10 条直线，要求每条直线上至少有 3 个点，请画一画。

7. 在一天的 24 小时之中，时钟的时针、分针和秒针完全重合在一起的时候有几次？都分别是什么时间？你怎样算出来的？

四、纸笔考试题目设计原则

在设计纸笔考试的试题时，要注意以下一些原则：

（1）目的清晰、目标明确。试卷的试题设计要始终围绕着应聘岗位的任职需要，设计的内容应有针对性，能筛选出符合要求的应聘者，这样才能达到筛选人才的效果。

（2）多种题型和多种知识考试类型相结合。纸笔考试的优点是考试范围可以比较广、容量可以比较大，那么在设计题目的时候就要尽可能使考查范围比较广、题型比较丰富，这样才便于在同样时间和条件下较全面地了解应试者各方面的水平。

（3）尽可能创造条件考核应试者的知识运用能力，而非简单的机械记忆能力。在很多时候，企业招聘员工更多地需要员工能灵活运用知识解决实际问题，因此，在设计试题时，应充分考虑招聘岗位日常所遇到的困难、问题，这样有利于考查应试者运用知识解决问题的能力。

项目小结

1. 招聘广告是企业为了招聘员工而发布的一种广告，这种广告既有一般广告的特性，也有其自身的特殊性；此外，招聘广告也是展示企业形象、进行企业宣传的另一种形式。

2. 应聘申请表是企业为了自身招聘需要而设计的表格，便于企业招聘人员快速筛选出符合岗位要求的人员，注意应聘申请表和求职简历之间的异同之处。

3. 人力资源管理信息化（“eHR”）是人力资源管理与信息化结合，运用信息化技术进行人力资源的管理是未来的发展方向，人力资源管理的理论、规范是基础，信息化技术是手段，构建“eHR”体系需要立足于企业的人力资源管理体系。

4. 履历筛选是企业招聘人员的第一环节的筛选，根据岗位任职要求及条件进行筛选，辨别其中信息的真伪、亮点，是招聘专员的一项重要技能。

5. 纸笔考试是一种与面试相对应的考试，目的都是为了筛选符合招聘岗位任职要求的人才，其具有自身的优缺点，需要与其他人才测评方法结合使用。

关键术语

招聘广告　应聘申请表　履历筛选　纸笔考试

知识测验

1. 选择题

（1）一份好的招聘广告至少要达到两个目的：（　　）（　　）。

A. 吸引企业所需要的优秀人才　　B. 为企业价值观与形象作宣传

C. 广告设计新颖　　D. 广告花费低廉

（2）下面不属于招聘广告设计原则的是（　　）。

A. 引起注意原则　　B. 产生兴趣原则

C. 激发愿望原则　　D. 能位适应原则

E. 留下记忆原则

(3)(　　)、(　　)和(　　)是一份有效的招聘广告至少应该包括的内容或信息。

A. 薪酬待遇　　B. 企业价值观或使命

C. 招聘岗位信息　　D. 企业所从事业务(包括企业的商标与标识)

(4)(　　)是招聘企业为了收集应聘者与应聘岗位相关的信息而专门设计的一种规范化的表格，它是企业根据招聘岗位需要而进行设计的、给应聘者填写的，反映应聘申请者基本情况的表格。

A. 应聘申请表　　B. 求职简历　　C. 推荐信　　D. 个人介绍

(5)应聘申请表的填写原则包括(　　)、(　　)和(　　)。

A. 填写内容应真实　　B. 可随意填写信息

C. 填写的信息应尽可能简单扼要　　D. 求职意向针对性强

(6)企业人力资源管理信息化主要包括三个方面：(　　)、(　　)和(　　)。

A. 基于互联网的人力资源管理流程化与自动化

B. 涵盖员工的全方位的信息

C. 实现企业内部自助服务

D. 全体人员可自主上网

(7)人力资源信息库包括(　　)、(　　)。

A. 员工信息数据库　　B. 员工绩效考核数据库

C. 员工培训数据库　　D. 人员招聘储备信息库

(8)(　　)是通过分析应聘者的个人背景、工作与生活经历等方面的内容，对应聘者与应聘岗位进行适应性预判的一种人才评估方法，是相对独立于心理测试技术、评价中心技术的一种独立的人才评估技术。

A. 工作分析　　B. 招聘分析　　C. 履历分析　　D. 绩效分析

(9)履历分析的特点不包括(　　)。

A. 依据的真实性　　B. 评价的普遍性

C. 评价的准确性　　D. 学历高优先选择

(10)纸笔考试题目设计的原则不包括(　　)。

A. 目的清晰、目标明确

B. 多种题型和多种知识考试类型相结合

C. 题目应尽量设计得容易些

D. 尽可能创造条件考核应试者的知识运用能力

2. 简答题

(1)什么是招聘广告？招聘广告与其他广告的异同点在哪里？

(2)应聘申请表的作用是什么？与求职简历的区别在哪里？

(3)设计应聘申请表时须注意什么？

(4)如何构建“eHR”？构建的基础是什么？

(5)如何进行履历筛选？

(6)履历筛选时需要注意什么？

(7)什么是纸笔考试？纸笔考试的设计原则是什么？

3. 论述题

设计一份个人简历，并以某一企业为例，如果你是招聘官，谈谈如何对简历进行筛选。

案例分析

案例一　某外资SP公司招聘行政助理

位于北京东方广场的某外资SP公司因发展需要，从外部招聘新员工。其间先后招聘了两位行政助理（女性），结果都失败了。具体情况如下：

第一位A入职的第二天就没来上班，没有来电话，上午公司打电话联系不到本人。经她弟弟解释，她不打算来公司上班了，具体原因没有说明。下午，她本人终于接电话，不肯来公司说明辞职原因。三天后又来公司，中间反复两次，最终决定不上班了。她的工作职责是负责前台接待。入职当天晚上公司举行了聚餐，她和同事谈得也挺愉快。她自述的辞职原因：工作内容和自己预期不一样，琐碎繁杂，觉得自己无法胜任前台工作。HR（公司人事部门）对她的印象：内向，有想法，不甘于做琐碎、接待人的工作，对批评（即使是善意的）非常敏感。

第二位B工作十天后辞职。B的工作职责是负责前台接待、出纳、办公用品采购、公司证照办理与变更手续等。自述辞职原因：奶奶病故了，需要辞职在家照顾爷爷（但是当天身穿大红毛衣，化彩妆）。透露家里很有钱，家里没有人给人打工。HR对她的印象：形象极好、思路清晰、沟通能力强，行政工作经验丰富。总经理对她的印象：商务礼仪不周，经常是小孩姿态、撒娇的样子，需要进行商务礼仪的培训。

招聘流程：

（1）公司在网上发布招聘信息，如下：

本公司是负责为电信营运商提供技术支持的外资企业，因业务发展需要，现诚聘若干名行政助理。

招聘条件如下：年龄28岁以下，大专或以上学历，专业不限，形象良好，有相关工作经验者优先。

有意应聘者请于××××年××月××日前把个人简历发送至×××@sohu.com。

（2）总经理亲自筛选简历。筛选标准：本科应届毕业生或者年轻的，最好有照片，看起来漂亮的，学校最好是名校。

（3）面试：如果总经理有时间就总经理直接面试。如果总经理没时间，HR进行初步面试，总经理最终面试。新员工的工作岗位、职责、薪资、入职时间都由总经理定。

（4）面试合格后录用，没有入职前培训，直接进入工作。

公司背景：

本公司是一国外SP公司在中国投资的独资子公司，主营业务是为电信运营商提供技术支持，提供手机移动增值服务及手机广告。本公司所处行业为高科技行业，薪水待遇高于其他传统行业。公司位于北京繁华商业区的著名写字楼，对白领女性具有很强的吸引力。总经理为外国人，在中国留过学，自认为对中国很了解。

被招聘的员工背景：

A 23 岁，北京人，专科就读于北京工商大学，后专升本就读于中国人民大学。2004 年 1 月到 12 月做过少儿剑桥英语的教师。

B 21 岁，北京人，大专学历，就读于中央广播电视大学电子商务专业。上学期间曾在两个单位兼职：一个为拍卖公司，另一个为电信设备公司。职务分别为商务助理和行政助理。2004 年曾参加瑞丽封面女孩华北赛区复赛，形象气质均佳。

思考题：

1. 本次招聘失败是偶然现象还是存在问题，如果存在问题，出在什么地方呢？
2. 案例中的招聘广告有不足之处吗？如有，请重新为其设计符合要求的招聘广告。
3. 如果你是这家公司的 HR，你会对总经理提一些什么建议呢？

案例二　外资企业在中国招聘遭遇的失败

N 公司是一家以体育器材生产为主的韩国公司，看准了中国广阔的市场，乘着奥运、亚运、足球亚冠赛等比赛的东风，仅仅三四年的时间，N 公司便从一家不知名的私人企业发展成了亚洲最大的体育产业集团。集团在北京、上海都设有销售机构，为了降低生产成本，公司决定把韩国本土的生产基地转移到中国的一个县级市的开发区。

2014 年 7 月距离韩国仁川亚运会还有一段时间，但是，N 公司有多项体育器材产品已稳握亚运会的入场券。同时，中国国内各省的省运会的订单也似雪片一样不断飞来，各生产车间是一片热火朝天的繁忙景象。工人们每天加班加点，但是订单任务仍旧很重，为此有不少产品采取了外协加工的方式。

最后，公司高层决定扩大生产规模，首先是加工车间，新上两个车间。截至 7 月 18 日，新车间已完工，只等待新设备购进后安装调试投产，预计到 8 月中旬新设备可全部到位。同时，在 7 月 18 日这一天，公司高层召集各部门召开了例会，决定要新招 150 名技术工人，其中焊工 100 人，车工、钳工、打砂工、喷涂工和剪板机操作工各 10 名。

会后，公司人力资源部根据例会的决定，制定如下招聘计划：采取在周围 5 个县的电视台以电视广告的形式发布招聘信息。招聘信息明确说明了招聘的工种、人数，并且就薪资也简要说明如下：工资实行计件工资，每月不低于 1000 元。7 月 19 日晚上，招聘广告在周围 5 县电视台同时播出。

7 月 20 日，人力资源部的电话便开始成了热线，一个接一个，几乎全部是外县人员的咨询电话，而咨询的内容也大致相同，一般包括以下几个问题：

（1）你们公司主要生产什么？

（2）你们公司在什么地方？

（3）一天上班几个小时，食宿如何处理？

……

同时，现场报名的人员也是络绎不绝，全是本市县的人员。由于报名人员太多，而车间又忙于生产任务，没法进行实操测试，只能询问一下有几年的工作经验，然后介绍一下公司产品以及作息时间后，如果应聘人员感觉可以，就为其办理正式录用手续。

接连七八天，每天电话咨询、现场报名人员不少于 20 人。截至 7 月 27 日，办理手续的人员已有100多人，并且90%都是本县人员。

工作人员每天忙得嘴都上火了，本以为可以稍微休息一下。但是，另一种情况又发生了。

每天都有新招进来的员工来抱怨，要求离职。当询问原因时，所得到的回复，无非就是以下几条：

(1) 你们招聘的是技术工，为什么我们在车间里只做一些零活？

(2) 你们不是说计件工资吗，我们做零活如何计件？

(3) 你们广告上不是说工资不低于1000元，为什么老员工们都说新来的员工月工资是400元钱，并且他们5月份的工资到现在还没有发？

(4) 工作环境太差劲，适应不了。

(5) 技术要求太高，做不了。

……

就这样，仅两三天的时间，新招的人员走了一半以上，7月31日，仅49个人留下，全部是本县人员。

一看这个情况，人力资源部感觉不妙，便与车间联系，给新员工召开了一个座谈会。

会上，相关负责人向新工人说明了相关情况，其内容如下：

这一次招聘的新工人是为新车间储备的，但是目前新车间设备尚未购进，所以，你们只能先在一车间暂待一下，做些零活，等新车间设备一到，马上把你们调入新车间，从事你们的专业工作。为此，第一个月，也就不能按计件工资了，但是，工资绝对不会是400元钱。我们会尽快对你们进行测试，然后根据技术水平，给你们定级别，保证让你们拿到满意的工资数。同时，从下个月开始，工人工资每月15日之前一定打到你们的卡上，你们现在还没有拿到工资，一定不要听车间工人乱说……

到8月10日时，车间对新聘人员进行了测试，结果，真正能达到技术要求的却少得可怜，情况反馈给人力资源部，人力资源部只能再做广告，继续招聘。

本次招聘所花人力、物力不计，仅广告费用就花了12 000元。留住的49人中，有20多人不能胜任技工岗位，而转为不需要技术的包装岗位。

思考题：

1. 根据上述材料，请问这次招聘主要存在什么问题？
2. 在招聘的招募、筛选阶段，哪些环节出现了问题？
3. 请根据上述材料，为该公司重新拟定招聘广告。
4. 该案例给我们什么启示？

实训训练

1. 实训目的

通过本项目的实训训练，进一步理解招募、筛选阶段在员工招聘过程中的应用，熟练招聘招募、筛选过程中招聘广告的设计、简历筛选的操作、笔试筛选的设计等。

2. 实训内容与要求

调查当地一家企业，了解其招募、筛选的招聘过程，以“××公司的招聘”为题，写成调查报告，分析该公司使用了哪些招聘渠道、招聘广告，如何进行简历筛选、有无进行笔试筛选等，招募、筛选过程中是否存在问题，并为其重新设计一套招募、筛选方案。

3. 实训组织方法及步骤

（1）将学生分成若干小组，以4～6人为一组。

（2）小组实施调查，收集数据。

（3）整理资料、分析数据，撰写调查报告。

（4）老师组织学生对调查报告进行分析、评议。

4. 实训时间

本实训资料查阅与调查实施可让学生利用周末时间进行，课堂讲解与评析占2个课时。

5. 调查报告

请严格按照调查报告格式写：调查目的、调查对象 、调查内容 、调查方式（一般可选择问卷式、访谈法、观察法、资料法等）、调查时间、调查结果、调查体会（可以是对调查结果的分析，也可以是找出结果的原因及应对办法等）。

6. 实训成绩评定

（1）实训成绩按优秀、良好、中等、及格、不及格5个等级评定。

（2）成绩评定参考准则

①是否理解招聘广告的特点，不同的招聘渠道使用的招聘广告是否略有不同。

②是否掌握社会调查的方法。

③是否独立撰写调查报告和招募、筛选方案，真实度如何。

④调查报告是否记录了完整的实训过程，文字是否简练、清楚，结论是否明确，体会是否客观，方案是否具体、可行、有针对性。

⑤是否积极参与实训，实训态度、实训前准备和遵纪情况如何。

⑥课堂讲解、讨论、分析等实训环节占总成绩的50%，实训报告占总成绩的50%。

项目四　面试与甄选

学习目标

学习目标包括知识目标、技能目标、素质目标。

知识目标

1. 理解面试的内涵与目标
2. 掌握面试的基本程序和面试的方法
3. 掌握面试问题的设计与提问的技巧

技能目标

1. 能做好面试的准备工作
2. 能实施面试工作
3. 能运用测评技术筛选应聘者

素质目标

1. 具有诚信、守法、公正、客观、实事求是的职业操守
2. 具有较强的组织协调与沟通能力、敏锐的反应和处理业务能力
3. 具有招聘管理相关岗位的良好职业素养与职业精神

内容架构

- 项目四　面试与甄选
  - 任务1　认知面试准备
    - 一、面试的内涵
    - 二、面试准备
    - 三、面试环境的布置
  - 任务2　设计面试步骤
    - 一、面试的目标
    - 二、面试的基本程序
  - 任务3　认知面试方法与技巧
    - 一、面试的方法
    - 二、面试问题的设计
  - 任务4　开展人才测评技术
    - 一、心理测试
    - 二、运用心理测试法的基本要求
  - 任务5　开展评价中心技术
    - 一、无领导小组讨论
    - 二、角色扮演
    - 三、公文处理模拟法

情境任务设计

星期一刚上班，在上海的MJ公司（中国）总部的一间办公室里，负责人力资源管理的副总经理佛朗西斯正考虑着一会儿要进行的招聘高级研究人员的一些事项。他的办公桌上放着三个人的材料，包括个人简历、相关证书以及一些素质测评的结论。这三个人是从107名应聘者中选拔出来的，每个人都有独到之处。

A，男性，29岁，应届博士生，毕业于名牌大学。其毕业论文关于“氟化玻璃的硬度与纯度”的研究与公司下一步的技术开发方向十分吻合。去年，A曾到MJ公司在中国的有力对手 BK 公司的一个实验室里实习过一个月。佛朗西斯派人了解过他的情况，那个实验室的人高度评价了 A 在专业方面的悟性和工作能力，但对他的高傲自大颇有微词。“有才华的人总免不了有些骄傲的。”佛朗西斯心想。

B，女性，35 岁，硕士。目前的身份是一家省级科学院的副研究员，在新型材料的市场调研和应用研究方面是专家。到上海的 MJ 公司就职主要是为解决夫妻两地分居的问题。

C，男性，33 岁，硕士。自由职业者，有着关于氟化玻璃的两项专利。

MJ 公司是一家化工类的大型跨国公司。其在中国的分公司主要业务之一就是新型材料的研制与开发。MJ 公司推崇“求稳求实，团结协作，持续创新”的企业精神，要求员工奉行“公司至上、团队至上”的文化理念。近一年来，MJ 公司在技术开发和市场开发两方面都受到了竞争对手的有力挑战，所以他们需要高层次的人才。这也是佛朗西斯亲自主持这次面试的原因之一。从目前的情况看来，佛朗西斯对三个人的简历和专业情况都很满意，已经做过的几个测评项目对他们的仪表、智力、反应能力、语言和文字表达能力及解决问题的能力等也得出了不错的结论。今天，佛朗西斯打算着重对他们在责任感、团队协作、敬业精神以及克服困难的情况等方面做一番研究，希望他们能符合企业文化的要求。如果顺利的话，佛朗西斯愿意将他们三个都留下。

10 分钟后，佛朗西斯和其他四位专家一起开始了对 A、B、C 三个人的面试交谈。谈话中，除了一些话题与个人情况密切相关外，有几项重要的提问对三个人是相同的，但是回答却大相径庭。

现在，面试结束了，佛朗西斯面对这几项相同问题的不同回答的记录，陷入了沉思。

面试主要内容记录如下：

问：为什么要做氟化玻璃这个项目的研究？

A：无所谓，是导师帮助定的，定了我就做。其实换个题目我照样能做得好，我有这份信心。

B：这是当前和今后几年里市场上的热点项目，技术上处于领先地位，获利是很高的。

C：我做是因为我喜欢，我喜欢研究那些透明的晶体。目前我们国家的技术与国外比还是不行，你注意到了吗？国产氟化玻璃总是有杂质，肉眼看上去就很明显。

问：能否比较一下本公司与你以前工作过的单位？

A：没法比。我实习过的那家公司糟透了，无论人员素质还是技术水平都太落后，我的才能只有在 MJ 这样的大公司里才能发挥出来。

B：差不多，贵公司的技术条件和我们研究所差不多，资金实力还是要雄厚一些。

C：没法比较，我没有属于过哪家公司。但贵公司可以提供给我继续做研究工作的资金和场所仪器，所以我们还应该就待遇问题进一步谈谈……

问：你觉得愿意和什么样的人相处？

A：什么样的都行，反过来，什么样的都不行。说实话，我不认为与什么人相处能对我的工作有所帮助，因为别人不可能帮得了我。我的工作主要靠我自己的努力。

B：我希望与不太自私的人共事。因为这样大家才能协作得好，也才有利于组织目标的实现。越是大公司越应注意这一点。但不必担心，就我个人来说，一般情况下都能和大家合作好的。

C：我……说实话，与别人共事时不是经常能够融洽的，但我希望与我共事的人能以工作为重，否则我会很气愤。这会影响工作的。

问：能否评价一下你现在的（或者前期）领导，你与领导的关系怎样？

A：我的领导就是我的导师，就是个糟老头，又小气又刚愎。但是他对我很不错。但是我很看不上他做的那些事。

B：我的领导就是我们室主任，我们相处得很好。我们性格差距很大，他是一个原则性很强、严谨得一丝不苟的人，做事显得迂腐。

C：当年，我就是因为与我们主任闹翻才辞职单干的。现在看来，原因不在那位领导，而是体制问题，在那种体制下，我只有单干才能不受约束地搞我的研究。但今天我发现，只靠我一个人的力量也很难继续研究下去。我想我会有意识地去搞好个人关系的。

问：如果你的研究项目失败了，你会怎样？

A：再换一个就是。我说过，不论做什么我都会成功的。

B：多找一找原因，从技术上、市场上、材料、仪器等，还需要研究有无做下去的必要。如果有前景，有市场，当然应该做下去。

C：我研究过了，这个项目的前景非常好。我会不遗余力地做下去，我不怕失败，不怕困难。

训练任务

1. 请分析面试过程，完整的面试应有几个步骤？

2. 案例中采用了什么面试方法？这种方法有何优势？请为 MJ 公司设计面试提纲与面试评分表。

3. 如果由你来执行该面试任务，如何操作？

训练目标

理解面试的含义，熟悉面试的流程，掌握面试的方法，能够开展面试实施。

训练要求

学生分组，每个小组制定 MJ 公司的面试实施策划方案（包括面试提纲、面试评分表、面试环境布置），制作成 PPT 并上台演示。

训练考核

每组派出 1 位代表与教师组成评委团，对各小组的 PPT 文件和演示进行综合评价，老师和各小组代表评分各占 50%。

项目学习任务

1. 布置面试环境
2. 根据所学知识，设计面试问题
3. 运用16PF问卷测评
4. 实施无领导小组讨论

任务1　认知面试准备

引例1

司机面试

华源公司准备以高薪雇用一名小车司机，经过层层筛选之后，只剩下3名技术优良的竞争者。主考官问他们："悬崖边有块金子，让你们开着车去拿，你们觉得距离悬崖边多近才不至于掉落呢?"

"2米。"第一位说。

"半米。"第二位很有把握地说。

第三位说："我尽量远离悬崖，越远越好。"

结果这家公司录取了第三位。

引例2

失败的面试经历

一天早上，技术部的小王正在专注于自己的工作，人事部打来电话请他赶到小会议室，参与技术人员招聘面试工作。由于事先小王对此事一无所知，所以在面试过程中，他总是在不断翻阅应聘人员的资料，低头阅读简历，然后提出相应的问题，之后又忙于了解下一名应聘者的情况。就这样一上午过去了，6名应聘者的面试结束了，小王的任务也完成了。

问 题

1. 请分析上述两个引例，谈谈面试的目的是什么?
2. 面试的准备工作包括哪些?

一、面试的内涵

实际的招聘过程中，企业无法通过人员资格审查和初选来对应聘者进行深层次的了解，个人也无法得到关于用人单位的更为全面的信息，因此需要通过面试使用人单位与个人各自得到所需要的信息，以便用人单位做出录用决策，同时，个人做出是否加入该单位的决策。

面试是双向选择的一个重要手段。在面试过程中，代表用人单位的面试考官与应聘者直接交谈，根据应聘者对所提问题的回答情况，考查其相关知识的掌握程度，以及其判断、分析问题的能力；根据应聘者在面试过程中的行为表现，观察其衣着外貌、风度气质以及现场的应变能力，判断应聘者是否符合应聘岗位的标准和要求。

二、面试准备

1. 制定面试指南

面试指南是促使面试顺利进行的指导方针，一般以书面形式呈现，主要包括如下内容：

（1）面试团队的组建。规定面试团队的人数、成员来源、具体负责人等内容。如面试由面试评价小组负责，小组由主考官、副考官、考官组成。

（2）面试准备。在面试之前，应规定准备面试的内容，以及面试要达到的目的。一般可以按照结构完整的面试步骤加以准备，准备面试题目及答案、面试的评分标准，以及面试的地点等内容。如面试之前，面试评价小组成员应对面试题目、评价标准等进行讨论，取得一致意见。

（3）面试提问分工和顺序。规定面试员工的提问内容和顺序。如面试开始后，主考官负责组织面试过程，并针对综合能力的考查进行提问，专业知识和技能方面的问题由熟悉业务的副考官、考官发问。

（4）面试提问技巧。规定面试提问的方式，如面试提问可考虑两种方式：第一，针对应聘者答辩的内容随机发问，不事先准备；第二，分别由熟悉业务的考官出题，讨论后列入面试问题提纲。

（5）面试评分办法。制定面试评分标准，给所有考官以参考答案，避免失去面试打分的公正性。如面试过程中，评价小组成员分别打分，评价结束后进行汇总，求出加权平均分，以加权平均分作为面试成绩，并排列应聘者面试成绩的名次。

2. 准备面试问题

准备面试问题，可以帮助招聘考官获得求职者是否具备合格的岗位才能方面的信息。

（1）确定岗位才能的构成和比重。首先，分析该空缺岗位所需要的才能有哪些；其次，分析专业技能与综合能力各占多少比重；再次，分析综合能力包括哪些内容，各自占多少比重等；最后，用图表的方式将面试才能项目以及相应的权重列出。

（2）提出面试问题。根据才能分析和评价要素权重，准备问题形式和数量，可以将所提问题列表给出。

3. 评估方式确定

完整的评估方式，是对面试中所收集到的信息按工作岗位需要的标准进行评估的体系。

（1）确定面试问题的评估方式和标准。在面试问题准备的基础上，还必须确定相应的评价标准，尽可能给出统一的答案或者参考答案，以客观评价应聘者。

举例：如果你发现你的一个同事背着你在上司面前说你的坏话，你该怎么办？

参考答案：不与这个同事计较，利用各种机会多与上级沟通，使上级对自己有一个正确的认识和评价。

回答与参考答案相似，评定为优秀；听之任之或与同事发生冲突，评定为差；其他回答评定为良好或一般。

（2）确定面试评分表。面试评分表（见表4－1）是考官对应聘者表现的评价记录，以便尽可能客观公平地评估应聘者的每一项才能，做出综合评价。需要强调的是，最好给出评价的标准，以免不同考官对同一应聘者的评分出现过大的差异。

表4－1　面试评分表

<table>
<tr><td colspan="2">姓　名</td><td colspan="2"></td><td>应聘岗位</td><td colspan="2"></td></tr>
<tr><td colspan="2">用表提要</td><td colspan="5">请面试人员根据应聘者面试表现，在空格内画√。</td></tr>
<tr><td colspan="2" rowspan="2">评分项目</td><td colspan="5">赋　分</td></tr>
<tr><td>1</td><td>5</td><td>4</td><td>3</td><td>2</td></tr>
<tr><td colspan="2" rowspan="2">仪容　礼貌　精神
态度　整洁　衣着</td><td>极佳</td><td>佳</td><td>平实</td><td>略差</td><td>极差</td></tr>
<tr><td></td><td></td><td></td><td></td><td></td></tr>
<tr><td colspan="2" rowspan="2">体格、健康</td><td>极佳</td><td>佳</td><td>普通</td><td>稍差</td><td>极差</td></tr>
<tr><td></td><td></td><td></td><td></td><td></td></tr>
<tr><td colspan="2" rowspan="2">领悟、反应</td><td>特强</td><td>优秀</td><td>平平</td><td>稍慢</td><td>极劣</td></tr>
<tr><td></td><td></td><td></td><td></td><td></td></tr>
<tr><td colspan="2" rowspan="2">对其工作各方面及
有关事项的了解</td><td>充分了解</td><td>很了解</td><td>尚了解</td><td>部分了解</td><td>极少了解</td></tr>
<tr><td></td><td></td><td></td><td></td><td></td></tr>
<tr><td colspan="2" rowspan="2">所具经历与本公
司岗位的符合程度</td><td>极符合</td><td>符合</td><td>尚符合</td><td>未尽符合</td><td>未能符合</td></tr>
<tr><td></td><td></td><td></td><td></td><td></td></tr>
<tr><td colspan="2" rowspan="2">前来本公司
服务的意志</td><td>极坚定</td><td>坚定</td><td>普通</td><td>犹疑</td><td>极低</td></tr>
<tr><td></td><td></td><td></td><td></td><td></td></tr>
<tr><td rowspan="3">外文能力</td><td>区分</td><td>极佳</td><td>好</td><td>平平</td><td>略通</td><td>不懂</td></tr>
<tr><td>英文</td><td></td><td></td><td></td><td></td><td></td></tr>
<tr><td>日文</td><td></td><td></td><td></td><td></td><td></td></tr>
<tr><td>总评</td><td colspan="3">☐ 拟予试用
☐ 列入考虑
☐ 不予考虑</td><td colspan="3">面谈人：

日期：　　年　月　日</td></tr>
</table>

4．培训面试考官

面试是一项复杂的工作，面试考官必须掌握一定的面试技术，才能保证面试过程的有效实施，保证面试结果的科学性和客观性，因此需要对面试考官进行培训。培训内容包括提问的技巧、追问的技巧、评价标准的掌握等。

三、面试环境的布置

面试的环境应该舒适、适宜，利于营造宽松气氛。握手、微笑、简单的寒暄、轻松幽默的开场白、舒适的座位、适宜的照射光线和温度，以及没有令人心烦意乱的噪声，这些都有利于营造舒适、宽松的气氛。

面试的环境必须是安静的。许多面试者喜欢选择自己的办公室作为面试的场所，但难免遇到意外的电话、工作方面的干扰等。因此，一些小型的会议室也是不错的面试场所。

在面试的环境方面，值得注意的是面试中面试考官与被面试者的位置如何安排。

面试中有如下四种常见的位置排列，如图 4－1 所示。

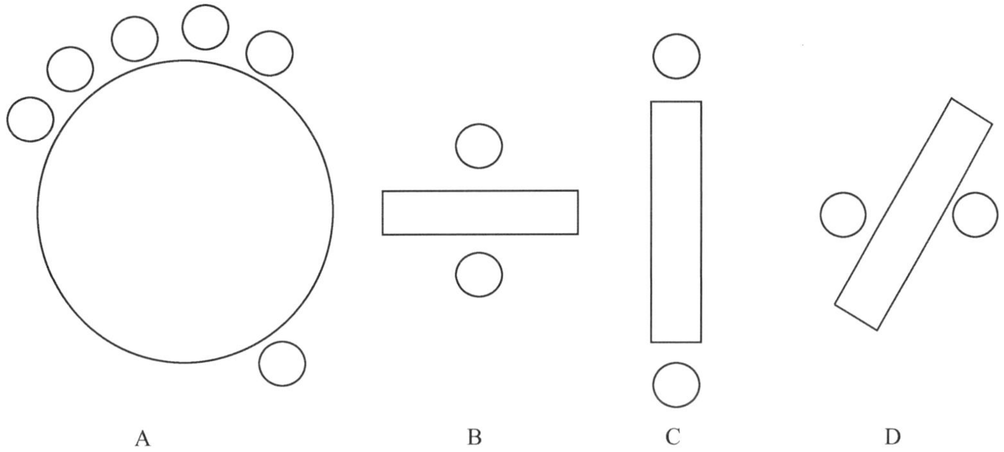

图 4－1　面试座位图

A 为一种圆桌会议的形式，多个面试考官面对一个应聘者。

B 为一对一的形式，面试考官与应聘者相对而坐，距离较近。

C 为一对一的形式，面试考官与应聘者相对而坐，距离较远。

D 为一对一的形式，桌子按一定斜度排列，面试考官与应聘者相对而坐，距离较近。

在面试中，如果采用 B 的形式，招聘者与应聘者面对面地相视而坐，眼睛直视对方，会给对方造成一种心理压力，使应聘者有一种被质问的感觉，更加紧张而不能自如地发挥出应有的水平，当然如果主考官想特意考察应聘者的压力承受能力时可采用此种方法。

采用 C 的排列形式，面谈双方相距甚远，不利于招聘者从对方的表情、言语中获得信息，而且由于空间的距离而造成心理上的远距离，从而不利于双方更好地合作。

采用 D 的排列形式，招聘者与应聘者斜坐着，视线形成一定角度，这样可以缓和紧张气氛，在心理上避免冲突，因而招聘中宜采用这种形式。如果采用 A 圆桌型的排列，同样能达到这种效果。因而，应采用 A、D 这两种位置排列，这样有利于更好地进行面试。

互动课堂

坐在第一排被录用了

小付是快要毕业的大学生，得知一家电缆厂在招销售人员，小付认真准备了简历来到了面试现场。“那次面试是在一个大教室，来了很多人，但同学们进教室后都选择离讲台较远一些的后排坐下了，随后就开始和旁边的同学或者与自己一起来的同学聊了起来。”小付回忆说。这时前排空荡荡的，而对于平时就喜欢坐在第一排听课的小付来说，在这样的场合要勇敢坐到第一排也算是个挑战，但她还是决定坐到第一排去。理由很简单：“这样面试老师提出的问题我能听得清楚些。”此时的教室“坐阵”形成了两个极端，第一排一个人，后面直到第四排才开始有同学坐并且也没坐满。

正当大家都在窃窃私语等待面试开始时，面试官说话了，“第一排这位同学，你被录取了。”这让大家都感到有些惊讶甚至不解。宣布录取之后，面试官告诉现场的同学：“求职者的积极性非常重要，尤其是销售岗位的人员，更应该主动接近我们的目标客户，在面试现场，我们就是求职者的目标客户。”就这样，小付顺利进入了这家公司。

思考题

1. 请对该电缆厂面试官行为做出评价。
2. 招聘销售人员应着重考查应聘者的什么素质?
3. 小组讨论，设计3～4个销售员面试问题。

颜色也会影响人的情绪、意识及行为。某些颜色使人有舒适的感觉，另外的颜色却有相反的效果。有些颜色使人心情放松，有些颜色则令人感觉烦闷，有些颜色会降低心智的活动，使人思维缓慢。

目前，招聘环境中的颜色布置还没有引起招聘者的注意，桌椅、地板、四壁等都趋向单色化，有的甚至就是一张破桌子旁边散落几张椅子，让人有一种随便感及不适感。因此，在面试过程中，一定要注意桌子、椅子、墙壁、天花板的布置，甚至地毯及装饰品的图色都应当相互协调。

由于人员资格审查与初选不能反映应聘者的全部信息，用人单位不能对应聘者进行深层次的了解，个人也无法得到关于用人单位的更为全面的信息，因此需要通过其他的选择方法使用人单位与个人各自得到所需要的信息，以便用人单位做出人员的录用决策，个人对工作岗位做出取舍。

任务2　设计面试步骤

引例

一个应聘者的面试经历

考虑到以后的发展，我最近开始物色新的工作，昨天收到一个面试电话，邀我今天面试。于是今天下午我欣然前往。这是一家地产策划公司，当我看公司第一眼的时候，就开始有轻视这家公司的感觉，原因如下：公司地址不好；职员穿戴一般；职员公然在我的面前玩QQ游戏。

这家公司面试之前是笔试，问题果然变态，现在摘录两题。

(1) 请用现代诗歌的形式描述一下自己。

我回答：

上一秒钟我想我已经死了，

因为在看到你之前，生命对我毫无意义。

这一秒钟我确定必将永生，

因为在看见你的时候，世界有了颜色。

下一秒钟我依然选择死亡，

因为在习惯你之后，我开始怀疑真理。

我从来不知道我是谁。

(2) 问题：两个人共同步入房间。其中一个左右走，另一个人右左走，这是怎么回事？请以“边缘型思考”法创作出你自己的问题及解答。(必须有独创性)

回答：这两个人为伊朗窃贼和他的看守，共同步入法庭。他们各自的左右腿上分别戴上了锁链。为什么呢？因为罪犯已经犯了两次罪，伊朗法庭由此判罚砍断其两只手。因此无法给他上锁链。(我都没看懂这题是咋回事)

这里我想说的是我面试的是销售，实在想不出来，考我这些有什么用？笔试完毕，明显看出面试官对我的回答很满意。第一个让我面试，此时我的心里已经打定主意，这家公司我是不会来，所以就有了下面面试的对话。

面试官：简单介绍一下自己吧？

我说了没超过五句，回一句：过去不代表现在的我。

面试官明显一愣，没想到我这么说。

面试官：你的文笔不错。

我：谢谢，不过我面试的是销售，没看出来这能考验我什么销售能力，同时我觉得你们的第二题出得不好，一般人看不懂，不如用我的吧。

面试官脸色依然挂着笑容，但明显变得僵硬，这里我必须恭维他一下，他的这种职业精神还是值得赞扬的。

面试官：你是怎么理解销售的，你的销售理念是什么？

我：本人曾经在外企做过，接受过传统的销售理念，但很可惜我认为是错的。真正的销售应该是吸引—专家—洗脑这样的过程。所以直接让客户买都不是高明的销售理念。首先，我们要不停地展示我们的价值，然后引诱对方有需求，这就是吸引。第二步是专家，只有我们销售说的话是专家的劝告，顾客才能信服我们。最后就是洗脑，让顾客觉得我们的规则才是对的规则，让顾客心甘情愿地去遵守。

面试官：你的销售观念很新颖呀。

我：不新颖了，大公司都已经明白了。而且我也觉得现在的市场调研，根本没用。

面试官：为什么这么说？

我：真正的调研应该是调研竞争对手，而不是客户。客户看似有需求，但这样的需求根本就不是真的，就算你按照客户的需要做出了产品，到时候你还是卖不掉。

面试官：那你如何看待万科、中海这些公司每年的市场调研？

我：浪费钱，他们从战略上就是错误的，顾客至上很愚蠢。苹果公司从来不在乎他们的客户。一个公司想发展，更应该重视的是战术，根本就不是战略。沃尔玛低价本来就是个战术，只不过它被提升到战略的高度去做了，所以它厉害了。

这时的面试官明显哑口无言，拿着我的简历，看了半天说了一句：你听说过我们公司么？

我：没听过。

面试官：你有什么问题问我？

我：我就一个问题，什么时候能上班？

面试官：如果可以的话，一周之内你会接到通知。

我：谢谢。

有用的面试对话大致就是这些，其他的这里略过不表。你可能注意到了，我处处打压，没有给对方一点机会，因为我根本不在乎这家公司，最后我留给这家公司一个潇洒的背影离开了。我知道我不会有下次机会了。但我肯定我给他的印象相当深刻。我之所以这么做，是因为我根本就没看好这个公司，而且特别讨厌他们这样的面试方式，这样的公司根本配不上我。

问 题

1. 案例中的面试主要存在什么问题？
2. 完整的面试流程应是什么？

一、面试的目标

由于面试是考官与应聘者双方相互交流的过程，因此，面试涉及双方的目标。

（一）面试考官的目标

对面试考官而言，其作为单位的代表，行使单位赋予他的考评、挑选的权利，为了使面试活动成功完成，一般应明确以下目标：

（1）创造一个融洽的会谈气氛，使应聘者能够正常发挥自己的实际水平。

（2）让应聘者更加清楚地了解应聘单位的现实状况、应聘岗位的信息和相应的人力资源政策等。

（3）了解应聘者的专业知识、岗位技能和非智力素质。

（4）决定应聘者是否通过本次面试等。

（二）应聘者的目标

对应聘者而言，应聘者虽然在选择环节处于弱势地位，但他也有挑选的权利，他希望通过面试进一步了解用人单位、了解应聘岗位，最终做出自己的决定。一般来说，应聘者应明确以下目标：

（1）创造一个融洽的会谈气氛，尽量展现出自己的实际水平。

（2）有充分的时间向面试考官说明自己具备的条件。

（3）希望被理解、被尊重，并得到公平对待。

（4）充分的了解自己关心的问题。

（5）决定是否愿意来该单位工作等。

从面试考官和应聘者双方的面试目标可以看出：

首先，面试考官和应聘者的面试目的并不完全相同，这是由双方所处的位置决定的。

其次，面试考官和应聘者之间是双向选择的关系，双方最终都会做出自己的判断和决策。

最后，在面试活动中，由于面试考官始终处于主导地位，因此，考官在安排、组织和实施面试的过程中，除了要达到预定的面试目标，还要帮助应聘者顺利完成预定的面试程序。

（三）围绕面试目标应进行的必要说明

面试开始，作为主考官，应当向应聘者做一下简要说明，这有利于应聘者了解面试的目的和程序。

例如，对面试进行文字记录或录音，可以做如下解释说明："面试过程中我们要做一些记录，为的是不遗漏你告诉我们的任何信息。所以，当我们低下头时，不要以为这是不感兴趣，我们只想确保记住你的谈话内容。"

再如，为了保证面试的顺利进行，必须考虑速度问题，可以这样向应聘者说明："由于面试要考查的内容较多，为确保你有机会回答所有的问题，有时我们可能会打断你的谈话，然后提出下一个问题，希望你能够正确理解我们的做法和目的。"有时面对非常健谈的应聘者，即使要多次打断他的谈话，也要确保面试的正常进行，掌握好面试的速度，因为完成整个面试过程是人员招聘中最重要的环节之一。

二、面试的基本程序

面试是一种操作难度较高的测评形式，随意性较大，一般的人难以掌握，或者说由于不了解面试的程序和缺少面试的技巧，而达不到面试应有的效果。为了改进这一点，使面试能够被一般水平的人操作，提高面试的质量与可比性，在实施中应掌握面试的程序和技巧。

（一）面试前的准备阶段

本阶段包括确定面试的目的、科学地设计面试问题、选择合适的面试类型、确定面试的时间和地点等。面试考官要事先确定需要面试的事项和范围，写出提纲，并且在面试前要详细了解应聘者的信息，发现应聘者的个性、社会背景及对工作的态度、是否具有发展潜力等。

（二）面试开始阶段

面试时应从应聘者可以预料到的问题开始发问，如工作经历、文化程度等，然后再过渡到其他问题，以消除应聘者的紧张情绪。只有这样，才能营造和谐的面谈气氛，有利于观察应聘者的表现，以求全面客观地了解应聘者。

（三）正式面试阶段

采用灵活的提问和多样化的形式，交流信息，进一步观察和了解应聘者。此外，还应该察言观色，密切注意应聘者的行为与反应，对所提的问题、问题间的变换、问话时机以及对方的答复都要多加注意。所提问题可根据简历或应聘申请表中发现的疑点，先易后难逐一提出，尽量营造和谐自然的环境。

（四）结束面试阶段

面试结束之前，在面试考官确定问完了所有预计的问题之后，应该给应聘者一个机会，询问应聘者是否有问题要问，是否有要加以补充或修正之处。不管录用还是不录用，均应在友好的气氛中结束面试。如果对某一对象是否录用有分歧意见时，不必急于下结论，还可安排第二次面试。同时，要整理好面试记录表。

（五）面试评价阶段

面试结束后，应根据面试记录表对应聘人员进行评估。评估可采用评语式评估，也可采用评分式评估。评语式评估的特点是可对应聘者的不同侧面进行深入的评价，能反映出每个应聘者的特征，但缺点是应聘者之间不能进行横向比较。评分式评估则是对每个应聘者相同的方面进行比较，其特点正好与评语式评估相反。

企业实例

滕云公司是一家互联网综合服务提供商之一，也是中国服务用户最多的互联网企业之一。成立十年多以来，公司一直秉承“一切以用户价值为依托”的经营理念稳健发展。公司的招聘面试评分表与评价表如下：

招聘面试评分表（评分式）

<table>
<tr><td colspan="6">某企业招聘面试评分表</td></tr>
<tr><td colspan="2">姓　　名</td><td></td><td>性　　别</td><td></td><td>编　　号</td><td></td></tr>
<tr><td colspan="2">报考部门</td><td colspan="2"></td><td>报考工种</td><td colspan="2"></td></tr>
<tr><td colspan="2">志　　愿</td><td colspan="5">1.　　　　2.　　　　3.</td></tr>
<tr><td colspan="2">评分等级</td><td colspan="5">1. 优　　2. 良　　3. 中　　4. 差</td></tr>
<tr><td colspan="2">项　　目</td><td colspan="2">第一次面试</td><td colspan="3">第二次面试</td></tr>
<tr><td colspan="2"></td><td>评　分</td><td>评　语</td><td>评　分</td><td colspan="2">评　语</td></tr>
<tr><td colspan="2">外貌/仪表</td><td></td><td></td><td></td><td colspan="2"></td></tr>
<tr><td colspan="2">性格/个性</td><td></td><td></td><td></td><td colspan="2"></td></tr>
<tr><td colspan="2">礼貌/态度</td><td></td><td></td><td></td><td colspan="2"></td></tr>
<tr><td colspan="2">灵活性/反应</td><td></td><td></td><td></td><td colspan="2"></td></tr>
<tr><td colspan="2">自 信 心</td><td></td><td></td><td></td><td colspan="2"></td></tr>
<tr><td colspan="2">智慧/判断力</td><td></td><td></td><td></td><td colspan="2"></td></tr>
<tr><td colspan="2">工作知识</td><td></td><td></td><td></td><td colspan="2"></td></tr>
<tr><td colspan="2">健康状况</td><td></td><td></td><td></td><td colspan="2"></td></tr>
<tr><td rowspan="2">外　语</td><td>英语</td><td></td><td></td><td></td><td colspan="2"></td></tr>
<tr><td>其他</td><td></td><td></td><td></td><td colspan="2"></td></tr>
<tr><td colspan="2">面试意见</td><td colspan="5">□录取/推荐部门　　□推荐第二次面试/笔试
□可以考虑　　□不接受</td></tr>
<tr><td colspan="2">主考签名

日期</td><td colspan="2"></td><td>人力资源部意见

日期</td><td colspan="2"></td></tr>
</table>

面试评价表（评语式）

日期	面试人	面试评价

任务3 认知面试方法与技巧

引例1

一次成功的招聘

香港某集团控股公司在广州开发区新上一个项目，于2011年5月上旬投产，需要于2011年4月底前招聘一批管理人员和生产人员。其中销售经理等中层管理职位的招聘由集团安排给控股的广州某公司人力资源部完成。广州某公司人力资源部接到任务后，马上分析应聘岗位对应聘者的素质要求，确定录用标准，选择合适的招聘渠道发布招聘信息等。其中在人才测评上，如何从通过初步筛选的10多名应聘者中挑选出1名符合录用标准的应聘者呢？人力资源经理通过分析比较，综合考虑测评的效度、公平程度、实用性和成本因素，最终采取了结构化面试，对这10多名应聘者，用同样的语气和措辞、按同样的顺序、问同样的问题、按同样的标准评分，组织了面试小组。通过两天紧张而有序的结构化面试后，终于从10多名应聘者中甄选出3名初试合格者，再借助其他人才测评手段，又从3名应聘者中选出1名合格者，其他两名进入公司储备人才库。从公司半年多的销售业绩来看，录用的销售经理工作期间，公司新上项目的营销不仅打开了局面，并且根据按单生产现已达产70%以上，取得了良好的业绩。实践证明，这次招聘是成功的，所采用的结构化面试是正确的，为集团的发展做出了相应的贡献，也体现了该公司人力资源部的价值。

引例2

面试经典案例

一是随手关门引起面试官注意。在人力资源面试的时候，有些考官往往会很注重细节，就在前几年就有这么一个面试经历，而且是主考官亲自讲的，就是有一次他在给一个公司进行面试的时候，很多的人在进房间的时候不会随手关门，这就引起了面试官的反感，面试官也知道这件事情，故意不说，看有没有人主动关门的，结果有一个女孩进来之后轻轻地把门关上，并向面试官行了一个礼，在面试完了的时候，同样把门轻轻关上，这就引起了面试官的注意，这个人正好是面试官要找的，也因此当时就她一个人入选。

二是捡起地上的垃圾赢得面试。有一次，面试官故意将一张干净的餐巾纸揉了一下扔在了地上，目的就是看有没有人捡起来，其实在面试过程中，很多人都没有意识到这是面试官出的一个题目，但是后面还是有一个人把这张纸捡起来放在了垃圾篓，后面也被入选了。在人力资源面试的时候有时很注重这个问题，考验的就是面试人员有没有这样的习惯。

三是给面试官送饮料博得面试官喜欢。在人才市场，空气是很闷热的，而且人非常多，有些面试官来的时候可能比较匆忙，没有备好水或者说早就喝完了。其实细心的人会送水给面试官，曾经就有这样的应聘者，买了一瓶水送给面试官，结果面试官简历都不看直接录用。

四是面试官故意将凳子放一边。还有些面试官在人力资源招聘的时候先将一把凳子靠墙放，进来的考生一般是要搬凳子坐的，然后面试完了之后要将凳子搬回原处，这是正确的做法。

问题

1. 引例 1 面试中用到了哪种面试方法？请举一个实践中运用的例子。
2. 从面试角度分析，引例 2 说明了什么问题？

一、面试的方法

面试官应根据应聘者的应聘岗位的不同，进而选择和开发恰当而有效的面试方法。通常，面谈的种类有如下：

1. 非结构化面谈

非结构化面谈是指没有标准答案的面试提问，一般而言，非结构化面谈可靠性和有效性较低。不过，非结构化面谈具有开放性，可考察求职者的思路和视野，比较适用于高层管理层级的职位。例如，“请你谈一下你在营销管理工作方面的心得。”

2. 结构化面谈

结构化面谈是指有标准答案的面试提问。其可靠性、针对性较高，其缺点则是使应聘者无法发挥和表现其个性。例如，“薪酬设计应符合五个原则，你能否谈一下具体是哪五个原则？”

3. 情景面试

情景面试是指在面试过程中给求职者一个假定的情景，请他做出相应的回答。情景面试的可靠性和有效性较高。

4. 行为描述面试

行为描述面试是指面试官提出一系列与工作相关的行为，以预测应聘者的工作表现。其可靠性和有效性较高。

5. 小组面试

小组面试是指由一组人员对应聘者进行面试。小组面试可由不同专业的面试官组成，从不同的角度考察应聘者，从而得出对应聘者的综合评价。由于参与人数较多，面试成本相对较高。主要适用于重要职位的人员的面试。

企业实例

谷歌的面试选拔流程

谷歌作为世界领先的科技公司，以其严格的面试和选拔流程而闻名。他们采用多轮面试和综合评估来确定最适合的人才。其面试选拔流程的主要步骤如下：

1. 初步筛选：通过简历和应聘信筛选出潜在候选人。

2. 技术面试：候选人接受多轮技术面试，包括算法、数据结构和系统设计等方面的问题。

3. 文化适应性面试：候选人与团队成员进行面谈，以评估其与谷歌文化的契合程度。

4. 行为面试：通过模拟场景和问题，评估候选人沟通和解决问题的能力。

5. 综合评估：综合考虑各轮面试的结果，包括技术能力、适应性和文化匹配度。

6. 最终决策：根据综合评估结果，确定录用与否，并向候选人发出录用通知。

谷歌的面试选拔流程强调技术能力、问题解决能力、适应性和团队合作能力。他们注重候选人的综合素质和文化匹配度，以确保招聘到最优秀的人才。

问 题

请分析谷歌的面试选拔流程是否科学合理？为什么？

二、面试问题的设计

（一）面试问题设计技巧

在面试之前，面试考官需要准备一些基本的问题。这些基本问题的来源，主要是招聘岗位的工作说明书以及应聘者的个人资料。通过回顾工作说明书，会对岗位的职责和任职资格有所了解，并且会考虑到该岗位所需要的主要能力，由此可以准备一些用来判断应聘者是否具备岗位所要求的能力的问题。另外，通过筛选应聘者的简历或申请表，一定也会发现对某些问题感兴趣，也可以准备一些有关应聘者过去经历的问题。

（二）面试问题举例

（1）你为何要申请这项工作？（了解应聘者的求职动机）

（2）你认为这项工作的主要职责是什么？或：如果你负责这项工作你将怎么办？（了解应聘者对应聘岗位的了解程度及其态度）

（3）你认为最理想的领导是怎样的？请举例说明。（据此可了解应聘者的管理风格及行为倾向）

（4）对你来应聘你家庭的态度怎样（了解其家庭是否支持）？

（5）你的同事当众批评、辱骂你时，你怎么办？（了解其在现场处理棘手问题的经验及处理冲突的能力）

（6）你的上级要求你完成某项工作，你的想法与上级不同，而你又确信你的想法更

好，此时你怎么办？（困境中是否冷静处理问题）

互动课堂

宝洁的面试分两轮。第一轮为初试，由一位面试经理对一个求职者进行面试，一般都用中文。面试人通常是有一定经验并受过专门面试技能培训的公司部门高级经理，一般也是被面试者所报部门的经理，面试时间一般 30 ～ 45 分钟。

通过第一轮面试的学生，宝洁公司将出资请应聘学生来广州宝洁中国公司总部参加第二轮面试，也是最后一轮面试。为了表示宝洁对应聘学生的诚意，除免费往返机票外，面试全程在广州最好的酒店或宝洁中国总部进行。第二轮面试大约需要 60 分钟，面试官至少是 3 人，为确保招聘到的人才真正是用人单位（部门）所需要的，复试都是由各部门高层经理来亲自面试。如果面试官是外方经理，宝洁还会提供翻译。

宝洁的面试过程主要分为以下四个部分：

第一，双方相互介绍，创造轻松的交流氛围，为面试的实质阶段做铺垫。

第二，交流信息。这是面试中的核心部分。一般面试人会根据既定的 8 个问题进行提问，要求每位应试者能够对他们所提出的问题作出一个实例的分析，而实例必须是应试者亲自经历过的。这 8 个问题由宝洁公司的高级人力资源专家设计，无论应试者是否如实回答，都能反映其某一方面的能力。宝洁希望得到每个答案的细节，高度的细节要求让个别应试者感到难以适应，没有丰富实践经验的应试者很难很好地回答这些问题。

第三，讨论的问题逐步减少或合适的时间一到，面试就引向尾声。这时面试官会给应试者一定的时间，由应试者向主考人员提出自己关心的几个问题。

第四，面试评价。面试结束后，面试人立即整理记录，根据应试者回答问题的情况及总体印象作出评定。

问 题

请对宝洁公司的面试环节进行分析评价。

三、面试提问的技巧

面试技巧是面试实践中解决某些主要问题与难点问题的一些技术，是面试操作经验的积累。在面试中，“问”“听”“观”“评”是几项重要而关键的基本功。在此，我们重点讨论面试提问的技巧。就“问”而言，无论哪种面试，都有导入过程，在导入阶段中的提问应自然、亲切、渐进式地进行，如“什么时候到的？家离得远吗？是怎么来的?”，等等；同时，面试考官的提问与谈话，应力求使用标准话及不会给应试者带来误解的语言，通俗、简明地表达自己的问题；并且，问题安排要先易后难，循序渐进，先熟悉后生疏，先具体后抽象，让应聘者逐渐适应、展开思路，并进入角色。当然，提问方式的选择以及恰到好处地转换、收缩、结束，扩展问题和问话，也有很多值得注意的技巧。

面试考官作为面试的召集者，也是面试的主持者，其提问的方式以及问题决定了从应聘者那里可以得到什么资料或多少资料。一般来说，面试考官应运用一些提问的技巧来影响面试的方向以及进度。主要提问方式有：

（一）开放式提问

开放式提问让应聘者自由地发表意见或看法，以获取信息，避免被动。一般在面试开始的时候运用，用以缓解面试的紧张气氛，消除应聘者的心理压力，使应聘者充分发挥自己的水平和潜力。开放式提问又分为无限开放式和有限开放式。无限开放式提问没有特定的答复范围，目的是让应聘者说话，有利于应聘者与面试考官进行沟通，如“谈谈你的工作经验”等问题。有限开放式提问要求应聘者的回答在一定范围内进行，或者对回答问题的方向有所限制。

（二）封闭式提问

封闭式提问即让应聘者对某一问题做出明确的答复，如“你曾干过秘书工作吗?”，一般用“是”或“否”回答。它比开放式的提问更加深入、直接。封闭式提问可以表示两种不同的意思：一是表示面试考官对应聘者答复的关注，一般在应聘者答复后立即提出一些与答复有关的封闭式问话；二是表示面试考官不想让应聘者就某一问题继续谈论下去，不想让对方多发表意见。

（三）清单式提问

清单式提问即鼓励应聘者在众多选项中进行优先选择，以检验应聘者的判断、分析与决策能力。例如，在回答“你认为产品质量下降的主要原因是什么?”的问题时，对所给出的各个选项，进行优先选择。

（四）假设式提问

假设式提问即鼓励应聘者从不同角度思考问题，发挥应聘者的想象能力，以探求应聘者的态度或观点。如“如果你处于这种状况，你会怎样处理”等。

（五）重复式提问

重复式提问让应聘者知道面试考官接收到了应聘者的信息，检验获得信息的准确性。如“你是说”“如果我理解正确的话，你说的意思是……”等。

（六）确认式提问

确认式提问鼓励应聘者继续与面试考官交流，表达出对信息的关心和理解。如“我明白你的意思！这种想法很好！”等。

（七）举例式提问

这是面试的一项核心技巧，又称为行为描述提问。传统的面试往往集中问一些信息，十分注意求职申请表中所填的内容，加以推测分析。同时还询问应聘者过去做过的工作，据此来判断他将来能否担任此岗位，这是完全必要的。但有时应聘者也会编造一些假象。为了避免这一点，在考查应聘者的工作能力、工作经验时，可针对其过去工作行为中特定的例子加以询问。基于行为连贯性原理，所提问题应涉及工作行为的全过程，而不应当集中在某一点上，从而能较全面地考查一个人。当应聘者回答该问题时，面试考官可通过应聘者解决某问题或完成某项任务所采取的方法和措施，鉴别应聘者所谈问题的真假，了解应聘者实际上解决问题的能力。面试中一般可让应聘者列举应聘职务要求与其过去从事的工作相关的事例，从中总结和评价应聘者的相应能力。

任务4　开展人才测评技术

引例

江城公司选拔市场经理

因为对市场战略目标的意见不一，对营销人员薪酬发放的意见不一，当然，还因为一些其他事情，江城创业投资公司的市场部经理徐明辉一怒之下炒了老板的鱿鱼，带着几个心腹之人走得不知去向。这时，江城公司的新产品——一种新式的基于视窗环境的，在电脑上简单运行即可使用的办公软件——刚刚进入B城市场，与对手的竞争正处于胶着状态。这种软件集查阅、搜寻、翻译、编辑等文字处理功能为一体，可公用也可家用，用户反映很是不错，已经有几家同行盯上了这一市场，所以说，这时的市场正是千金一刻的时候。在这段时间里，公司最气恼的人是老板，最紧张的却是人力资源经理刘青。老板几乎是天天都在问为什么还没有找到徐明辉的接替者。

前几天，财务部的张璇向刘青推荐了她的堂兄张凯。“我的堂兄，毕业于北大，学信息科学的高才生。他是个奇才，有点洒脱不羁，但绝对能力超群。难得的是，他刚刚做过市场工作，现在正在失业，回头我把他的履历弄一份来。”从履历上看，这个张凯绝对是一个不安分的人。学的是计算机信息技术，毕业后却干了很多和信息技术联系不是很密切的事情，自己开过公司和开发软件，做过广告创作、电视台的技术总监，也推销保险和房地产，甚至做过酒店的大堂领班，毕业近10年来一直没有固定的工作。来此之前，他是南京的一家家电企业的销售经理，任职一年半，这也是他做得最长的一项工作。

按照江城公司一贯的“忠诚于企业”的用人原则，有着这样一份履历的人是不予考虑的，何况是市场部经理这样的一个重要职位。但刘青准备进一步考察这个张凯，原因有二：一是因为张璇的推荐。张璇是一个出色的财务专家，到公司不到四年，已经在好几个项目上以她的精打细算为公司节约了近1/4的成本，她出众的理财天赋和精确的核算得到了大家的认可。另外一个原因是张凯的出身。刘青注意到张凯出生于一个军人家庭，父亲是高级军官，母亲是军校的教授。一般情况下，这样出身的人有着严格的家教和良好的职业道德。他的频繁跳槽一定有着独特的原因。

“我应该请分管人事的赵总和张凯见上一面。”刘青对张璇说。出乎刘青的意料，张凯是这样一个文质彬彬的人，儒雅的形象和履历表给人的“浪子”般的印象完全对不上号。在持续的交谈中，刘青感觉到他在不经意间流露出一般人少有的睿智和锋芒。整整一个下午的交谈，他们谈得非常融洽。张凯表示他对这个职位很感兴趣，认为自己有条件得到这个职位。而刘青与赵总也得出了一致的结论：张凯是那种有能力、有理性、有远大抱负、有开拓精神的人，这也正是江城所一贯提倡的。他的能力之高，胜任市场经理这份工作应该是驾轻就熟，问题是他能否安定下来，真正投入工作？从履历上看，他似乎有着跳槽的爱好，他会不会因为钱而接受这个职务呢？

张凯对这个问题表现出真诚的惊讶：“我从来不为钱工作，尽管有时我很穷。我过去从事的每一份工作都不是为了钱，每一份工作我都投入全部的身心，而且做得都很好，你们完全可以去调查。”

“我是要做自己的事业的，我一直在寻找自己合适的位置。有很多时候，我在思考。”他这样解释自己丰富的经历。

刘青毫不否认自己对张凯的欣赏，但又确实拿不定主意是否该雇用他。这次的“徐明辉事件”已经让江城公司上上下下够不自在的了，同样的事件可不能再发生。“这样吧，我们需要从别的方面再考察一些情况然后再做决定。另外，按照江城公司选拔干部的程序，中层管理者签约以前，需要分别接受一系列的心理测验。我们正好等一下心理测验的结果。”所有的人都同意这个意见。

对张凯进行的心理测验分两部分：能力方面和个性方面的测验。能力测验根据相关职位包括了智力、社会适应能力、思维能力、语言使用能力、数字能力几个方面；个性测验采用了卡特尔16种个性因素测验、职业兴趣测验和投射反应测验。大多数是纸笔测验。张凯认真做完了所有测验，然后据他说，最满意的是自己的绘画本领，他在那项画树测验中，将一棵树画得枝繁叶茂、盘根错节。

不久，心理测验结果出来了。能力方面的测验表示，张凯此人充满智慧，具有极强的社会适应能力和思维判断能力，语言能力也超出平均水平。适合从事需要特别的思维判断、人际和语言关系能力的人文系统职业，如社会科学研究、推销、管理与策划、公关等。个性测试方面的结果显示张凯在个性方面的突出特征是非常聪慧、好强、执着、敢作敢为、责任心强，但感情偏脆弱，在处事果断方面有所欠缺，具有鲜明的技术/职能型职业锚、社会与管理型双重职业兴趣和人格倾向。

问 题

1. 根据以上资料，你认为张凯能否得到市场经理这个职位？
2. 作为市场经理的候选人，张凯接受心理测验项目是否适当？
3. 在江城公司选拔干部的程序中，心理测验起着什么样的作用？

一、心理测试

心理测试是指通过一系列的心理学方法来测量被试者的智力水平和个性方面差异的一种科学方法。通过心理测试，可以了解一个人所具有的潜在能力，了解一个人是否符合该企业某一岗位的需要。

1. 智力测试

招聘过程中的智力测试不同于一般的智商水平测试。智力测试是对应聘者的数字能力和语言能力进行测试。它主要通过词汇、相似、相反、算术计算等类型的问题来进行。一般在智力测试中成绩较好的人，在今后的工作中具有较强的能力关注新信息，善于找出主要问题，其业绩也不错。

2. 个性测试

个性是一个人能否施展才华，有效完成工作的基础，某人的个性缺陷会使其所拥有的才能和能力大打折扣。毋庸置疑，对组织而言，一个干劲十足、心理健康的员工，远比一个情绪不稳定、积极性不高的员工更有价值。人员选拔中的一项工作就是将应聘者个性与空缺职位员工应具备之个性标准相比较，选拔二者相符的员工。当然，具有特定个性的人并不是就一定能够从事特定的工作或只能从事特定的工作；同样，特定的工作也不是只能由特定个性的人来胜任。只不过，特定的工作需要特定的员工个性。如会计、秘书均需具备心细的品格特征，而市场营销人员则需要有强烈的创新、开拓的意识。很显然，心细的人不一定就能当好秘书，也绝非只能当秘书；有强烈创新、开拓意识的人不一定能干好市场营销工作，也不是只能从事市场营销工作。另外，由于人往往具有多种个性特质，使得人对工作的选择余地更多一些。

个性测试可以更好地了解应聘者的个性特点，如性格、气质等，帮助企业进行人员选拔。好的个性测试应准确反映出一个人的个性特征。英国学者的调查研究表明，在 20 世纪 80 年代中期，65% 的企业从未用过个性测试，而 20 世纪 90 年代初，该数字下降到 36%，有 27% 的企业在超过半数的招聘活动中均使用了个性测试。另外，在一项深入调查中发现，在雇员超过 2000 人的企业中有 50% 使用了个性测试，74% 的企业使用了能力测试，而对规模较小的企业，这两个数字分别为 41% 和 62%。

在企业中用得较多的个性测试主要有两类：一类是自陈式测试，如卡特尔 16 种个性特征问卷等多维度综合个性测试工具以及某些单维的、密切结合某类职业特点的个性测试工具等；另一类为投射测试。

（1）自陈式测试。卡特尔 16 种个性特征问卷由美国伊利诺伊州立大学卡特尔教授于 1963 年发明。此工具 20 世纪 80 年代初引入我国。该测试主要测定人的个性中 16 种主要特征。该测试由 187 个问题组成，最后可得出个人的个性特征剖面图，还可进一步分析个人的心理健康、专业有无成就、创造力、成长能力等状况。

卡特尔 16 种人格因素测验由卡特尔美国伊利诺伊州立大学人格及能力研究所开发。卡特尔教授采用系统观察法、科学实验法及因素分析统计法，经数十年研究，确定出 16 种人格特质，据此编成问卷量表。

特点：该测验为自陈量表。优点是高度结构化，实施简便易行，记分解析较客观；缺点是定义困难，情景误差及反应定势和风格影响大。

功能：有普遍的应用性。可以用来了解应试者环境适应、专业成就和心理素质等表现，预测应试者工作稳定性、工作效率及承受力等个性特质。

构成：量表共由 16 个分量表（每个因素一个）和 187 道题（每量表 10 ～ 13 题）组成；量表试题以对应 16 个因素的 16 题为一组轮流排序，每题有 3 个备选答案。

16 个因素的名称为：乐群性、聪慧性、稳定性、恃强性、兴奋性、有恒性、敢为性、敏感性、怀疑性、幻想性、世故性、忧虑性、实验性、独立性、自律性、紧张性。

（2）投射测试。可以探知个体内在隐蔽的行为或潜意识的深层的态度、冲动和动机。该测试采用图片测试的方法，避免了文字测试中常用的社会赞许反应倾向性，即不说真心话而投测试者所好。在人员选拔上，往往用投射测试来了解应聘者的成就动机、态度等。

3. 心理健康测试

企业通过让内部员工和应聘者完成心理健康测试来了解和认识其心理健康状态，为心理保健和心理治疗提供基础。能有效用于心理测试的工具有罗夏墨迹测试、默里的主题统觉测试、明尼苏达多相人格量表（即 MMPI）等。

4. 职业能力测试

这是用于测定从事某项特殊工作所具备的某种潜在能力的一种心理测试。由于这种测试可以有效地测量人的某种潜能，从而预测他在某职业领域中成功和适应的可能性，或判断哪项工作适合他。这种预测作用体现在：什么样的职业适合某人；为胜任某职位，什么样的人最合适。因此，它对人员选拔配置有重要意义。在人员选拔过程中运用这种测试时，只需将测试结果即应聘人员潜能与空缺职位所期望能力相比较，就可判别他能否胜任该职位，或找出最适合他的职位。

能力倾向测试的内容一般可分为：

第一，普通能力倾向测试。其主要内容有思维能力、想象能力、记忆能力、推理能力、分析能力、数学能力、空间关系判断能力、语言能力等。

第二，特殊职业能力测试。它是指那些特殊的职业或职业群的能力。测试职业能力的目的在于：测量已具备工作经验或受过有关培训的人员在某些职业领域中现有的熟练水平；选拔那些具有从事某项职业的特殊潜能，并且能在很少或不经特殊培训就能从事某种职业的人才。

第三，心理运动机能测试。其主要包括两大类：一是心理运动能力，如选择反应时间、肢体运动速度、四肢协调、手指灵巧、手臂稳定、速度控制等。二是身体能力，包括动态强度、爆发力、广度灵活性、身体协调性与平衡性等。在人员选拔中，对这部分能力的测试一方面可通过体检进行，另一方面可借助各种测试仪器或工具进行。

美国劳工部曾花数十年的时间，编制了《一般能力倾向成套测试》，该测试主要测定九种职业能力倾向：一般智力、言语能力、数理能力、书写知觉、空间判断力、形状知觉、运动协调、手指灵巧度、手腕灵巧度。该测试同时分析了 13 个职业领域 40 种职业的能力倾向模式，它既可作为职业指导的依据，也可帮助招聘单位做出人员选拔的决策。目前，该测试已有中文版，并已得到应用，效果良好。

由于不同的职业对能力的要求不同，人们设计了针对不同职业领域的能力倾向测试，用于人员的选择、配置与职业设计。以我国公务员考试所采用的行政职业能力测试为例，它是专门用来测量与行政职业有关的一系列心理潜能的考试，包括知觉速度与准确性、判断推理能力、语言理解能力、数量关系与资料分析能力五方面，可以预测考生在行政职业领域多种职位上成功的可能性。深圳市政府公开招聘公务员时，就采用了能力倾向测试的方法。又如我们使用《一般能力倾向成套测试》可测出人的手指灵巧度这一能力倾向，对于缺乏用手指准确操作细小东西的能力的人来说，是不宜从事涉及手指活动的一系列职业的，如打字员、银行出纳员、会计等。

5. 职业兴趣测试

职业兴趣测试了人们想做什么和他们喜欢做什么。如果当前所从事的工作或欲从事的工作与其兴趣不相符合，就无法保证他会尽职尽责、全力以赴地去完成本职工作。在这种情况下，不是工作本身，而更可能是高薪或社会地位促使他们从事自己并不热衷的职业。然而，一个有强烈兴趣并积极投身本职工作的人与一个对其职业毫无兴趣的人相比，二者的工作态度与工作绩效是截然不同的。如果能根据应聘者的职业兴趣进行人职合理匹配，则可最大限度地发挥人的潜力，保证工作的圆满完成。例如，把一个喜欢计算机操作与维护的人员安排到营销部门显然就不合适。进行有效的职业兴趣测试可以保证企业招聘到“志同道合”的人员，并为他们的岗位安排提供重要的参考依据。

6. 情商测试

情绪智商，即情商（Emotional Quotient，EQ），是20世纪90年代由美国心理学家提出的新概念。在日常生活中，人们对智商（Intelligence Quotient，IQ）非常熟悉，但人们也发现许多IQ很高的人不一定能够获得成功，而IQ不高的人却有很多获得了成功。美国心理学家经研究发现，人的EQ对成功起到了关键性的作用。EQ包含了五个方面的内容：

（1）自我意识——认识自身的情绪，这是EQ的基石，要求人们在一种情绪刚露头时就能辨识出来。在工作中，会有各种各样的因素影响人们的情绪，显然，有自知之明的人能更好地把握自己，做好本职工作。

（2）控制情绪——妥善管理情绪。人在工作与生活中好情绪与坏情绪交替出现，关键是如何控制使它们保持平衡。情绪管理必须在自我认知的基础上，学会如何自我安慰，摆脱焦虑、灰暗或不安。这方面能力较匮乏的人常处于情绪低落之中，工作毫无积极性，当然也不可能有高绩效。

（3）自我激励。要激励自己在工作上取得成就，首先要为自己树立明确的目标，要有良好的工作动机，要有乐观、自信的工作态度与饱满的工作热情；其次，要善于在困境中激励自己努力拼搏，要善于将情绪专注于目标，将注意力集中在目标上。再者，无论出现何种局面，要能克制冲动，切忌凭一时冲动而做出不理智的决策。

（4）认知他人的情绪。管理是通过他人把事情办好。要借助他人的力量，就必须注意他人的情绪，关注他人的需要，否则，只凭管理者自身的愿望与努力不可能实现预期的目标。

（5）人际交往技巧。人在工作中离不开与他人交际，在交际过程中要特别注意他人的情绪变化。人际交往技巧是管理他人情绪的一门艺术，一个人的领导能力与之有密切的关系。

一个高IQ者可能是一个专家，而高EQ者却具备综合与平衡的才能，可能成为杰出管理者。EQ是企业领导人所必须具备的基本能力。目前，西方各大企业的人员选拔与配置过程中非常重视选拔与配置对象的EQ，但遗憾的是，至今仍无人开发出精确而有效的EQ测量工具。许多企业只是借助一些心理测试的方法来测定测试对象的EQ。

企业实例

HK航空集团公司是一家大型的航天航空国有企业集团。其业务除航空运输主业外，多元化拓展，投资业务涉及广告传媒、旅游、宾馆、金融、期货、进出口贸易、房地产、航空食品、机械设备制造等众多行业。在招聘企业中高层管理人员时，一般采取的人才选拔方法见下表：

HK航空集团公司人才测评方法体系

<table>
<tr><th colspan="2">测评方法</th><th>对应测评指标</th><th>权重</th></tr>
<tr><td colspan="2">笔试法+情境模拟测验法</td><td>人际交往能力、领导与管理能力、科学决策能力、工作经验</td><td>30%</td></tr>
<tr><td colspan="2">面试法</td><td>事业心、进取心、自信与开拓性、专业知识、综合分析能力</td><td>20%</td></tr>
<tr><td rowspan="3">评定法</td><td>学历、工作经历</td><td>学习能力、学历、专业知识、工作经验</td><td>15%</td></tr>
<tr><td>目标考核、过程考核</td><td>综合评定</td><td>20%</td></tr>
<tr><td>群体评议</td><td>人际交往能力、工作经验、积极主动性</td><td>15%</td></tr>
</table>

问 题

请分析HK航空集团公司的人才选拔测评方法体系是否合理？为什么？

二、运用心理测试法的基本要求

心理测试是一种比较先进的测试方式，在国外被广泛使用。它是指通过一系列手段，将人的某些心理特征数量化，来衡量应聘者的智力水平和个性方面差异的一种科学测量方法，其结果是对应聘者的能力特征和发展潜力的一种评定。在运用各种心理测试的方法时，应当注意以下几点基本要求：

（一）要注意对应聘者的隐私加以保护

应聘者的各项能力、人格特征和兴趣特征属于应聘者的个人隐私，在未征得应聘者同意之前，不能公布应聘者的心理测试结果。如果应聘者未通过心理测试，招聘人员应该将测试结果报告退还给应聘者。

（二）要有严格的程序

从心理测试的准备，到心理测试的实施，以至最后的心理测试结果的评判，都要遵循严格的程序来进行。负责人必须经过专业的心理测试培训，必要时，可请专业人员协助工作。

（三）心理测试的结果不能作为唯一的评定依据

这种评定结果根据单位的具体情况不同，在单位决策时，参考的程度不同。心理测试可以和面试、笔试等方式同时进行，结合多种方法，做出客观评价，不能将心理测试作为唯一的评定依据。

拓展阅读

中国人才测评机构的分类

人才测评在中国历史上有着辉煌而灿烂的篇章。就连西方的文官考试制度都是从中国的科举制中学过去的，不过晚了近千年。但现代人才测评在中国的发端则始于20世纪70年代末期，以高考制度的恢复作为标志。

经过数十年的发展，特别是市场经济的确立，我国的人才测评市场已经基本形成，人才测评作为一个行业正在向产业化方向过渡。目前在国内从事人才测评的机构众多，可分为三大类，即政府测评机构、国际测评机构和民间测评机构。

◆政府测评机构

我国由政府职能机构主办的测评机构主要有四大系统。一是以高考和自学考试为主要测评项目的教育考试系统，隶属于国家教育部；二是以专业技术资格（职称）考试和公务员录用考试为主的人事考试系统，由国家人事部管理；三是对劳动者的职业技能进行鉴定的职业技能鉴定系统，由国家劳动与社会保障部管理；四是以党政领导干部和国有企业领导人选拔考核为主要测评项目的组织部门的测评系统。除此以外，还有一些部委设立的专门进行行业专业人才测评的测评机构，如卫生部考试中心、财政部考试中心等等。这些测评机构在设立之初都以自己传统的管辖范围为服务对象，但随着社会的发展，他们也在寻找新的测评市场。比如，随着计算机的普及，计算机知识与技能对于现代人才来说是必不可少的，教育、劳动和人事三大部门的测评机构都开设了计算机水平测评项目。

◆国际测评机构

世界上最大的民间测评机构——美国教育测验服务中心（Educational Testing Service, ETS），很早就将英语水平考试（TOEFL、GRE 和 GMAT）输入到中国，成为中国人进入国际大循环必须取得的通行证。步其后尘，英国剑桥大学考试委员会的商务英语考试（Business English Certification，BEC）和英国伦敦工商会考试局（London Chamber of Commerce and Industry Examinations Board，LCCIEB）的职业资格考试也登陆中国。LCCIEB 是国际性的考试机构。它创办于1890年，在世界上约90个国家设有考试中心，它所颁发的证书和文凭在这些国家受到普遍承认，特别是在英联邦国家和东南亚国家一直享有“求职通行证”的美称。此外国外的一些大型电脑公司在中国开办的技术等级测评项目也很受欢迎，如 MICROSOFT、CISCO、NOVELL、IBM、LOTUS 等国际著名的计算机大公司的专业授证考试则成为专业 IT 业人士的首选。

◆民间测评机构

近年来，我国民间测评机构也有所发展。目前主要是一些科研机构、高校院所开办的测评机构，也有企业开办的测评机构（如上海通用汽车公司），该机构仅限于为企业内部提供服务，而以企业为投资主体的专业性的、社会化的测评机构相对较少，中国四达上海测评咨询中心则是其中之一。这些测评机构规模相对不大，一般依赖自己的专有技术开展服务，产业化的能力和机会有待提高。

资料节选自致信网，作者：苏永华

问题

通过查询资料，谈谈你对国内外人才测评机构的看法。

任务5　开展评价中心技术

引例

华为的集体面试

华为的集体面试是十几个应聘者同时面试，在一个小会议室里进行，有三个面试官，面试什么职位的人都有。进去之后，要求每个人用一张白纸做一个小牌子，写上自己的名字和应聘职位，这是应聘者要完成的第一步。

第二步：轮流自我介绍，内容包括自己的概况、优点、缺点、爱好。介绍完之后，面试官抽几个人问问题，问的问题有“你说你的缺点是内向，你觉得内向是缺点，对吗?”“你说一下刚才谁没介绍自己的优缺点?”等。

第三步：分组讨论。将所有面试的人分成两组，每组分别讨论唐僧、孙悟空、猪八戒、沙僧，谁最适合做销售员，并按照合适程度排序，说出理由，时间20分钟，讨论结束时每组必须形成一个该组的统一意见，选代表发言。

在讨论的20分钟里，3个面试官观察所有人。20分钟后，两组分别陈述该组的讨论结果。每个人都有发言机会，面试官会提出各种各样的反驳应试者观点的意见，并且会问比较尖酸刻薄的问题。其中很重要的一个问题是“有没有人与本组统一意见不同的?”，目的是考察成员对团队意见的一致性和合作能力。

第四步：彼此打分。讨论结束后，每个人被要求按照贡献水平给同组的成员（包括自己）打分并排序。并且把结果说给在场所有人听，并解释原因。

其间，面试官会问一些问题，如：

（1）你为什么把×××排最后?

（2）你觉得你比他强是吗?

（3）你觉得他最差是吗?

（4）×××把你排在最后你同意吗?

（5）被排在最后的是要被淘汰的，你仍然会把自己排在最后吗?

集体面试结束之后，所有人必须把用过的草稿纸、试题纸留在会议室，然后出去等通知。

问题

1. 请分析集体面试是否属于评价中心技术?
2. 华为的集体面试采用了什么面试方法?

3. 这种面试方法有什么特点？如何运用？

评价中心是指在相对隔离的环境中，以团队作业的形式进行一系列的活动，从而客观地评价个体能力的方法。评价中心的方法有很多，如无领导小组讨论法、公文处理模拟法、角色扮演、管理游戏、决策模拟竞赛法、面试法、访谈法、即席发言、案例分析法等。其中最常用的情境模拟方法主要有 4 种。

一、无领导小组讨论法

所谓“无领导”是指不指定谁充任主持讨论的组长，也不布置议题与议程，更不提要求，但却要发一个简短案例，即介绍一种管理情景，其中隐含着一个或数个待决策和处理的问题，以引导小组展开讨论。根据每人在讨论中的表现及所起作用，测评者（实际上也是教练员）沿既定测评维度予以评分。这些维度通常是主动性、宣传鼓励与说服力、组织能力、人际协调团结能力、精力、自信、出点子与创新力、心理压力耐受力等。应注意的是，这些素质和能力是通过被评者在讨论中所扮演的角色（主动发起者、组织指挥者、鼓动者、协调者等）的行为来表现的。小组通常由 4 ～ 6 人组成，引入一间只有一桌数椅的小空房中。即使冷场、僵局、争吵发生，测评者也不出面、不干预，令其自发进行。测评是依据闭路电视或录像进行的。测评者随时记录下所观察到的应注意的事项，以便评分时有事实依据。最后测评组开会，彼此交流记录与看法，经过讨论协商后得出集体评分与鉴定结论。

无领导小组讨论样题（指导语）示例如下：

指导语：现在我们要根据企业的要求开一个讨论会。在座的各位现在就组成一个专案工作小组。现在公司要对下列问题进行讨论、分析，并做出决定。

请大家充分讨论，并拿出小组意见来。讨论共有 35 分钟，请大家充分利用时间。讨论一旦开始，将不再回答你们的任何提问，也不干预你们的讨论。

样题：你认为什么样的领导是好的领导？以工作为导向还是以人为导向？

二、角色扮演

角色扮演法就是要求被试者扮演一个特定的管理角色来处理日常的管理事务，以此来观察被试者的多种表现，了解其心理素质和潜在能力的一种测试方法。例如，要求被试者扮演一个高级管理人员，由他来向下级作指示；或者扮演一名销售人员，向零售商推销产品；或者要求被试者扮演一名车间主任，请他在车间里直接指挥生产。在测试中要强调了解被试者的心理素质，而不要根据他临时的工作意见做出评价。有时可以由主考官主动给被试者施加压力，如工作时不合作，或故意破坏，以了解该被试者的各种心理活动以及反映出来的个性特点。

互动课堂

广州A公司是2000年上市的一家大型主营房地产业务的企业集团，当时整个集团公司从董事长到基层员工，都没有大型工程项目运作和管理经验。与此同时，公司最大的一个合同项目已达到15亿元。为了实现转型升级，A公司唯一的选择只有面向全国招聘专业人员、管理人员。通过媒体的宣传，原计划招聘100人，有4900多人前来应聘。A公司采用了最传统的方法：简历筛选+电话沟通+面试，通过第一轮的筛选，最后剩下448位。对于这448位应聘者中哪些能胜任项目经理、技术经理，哪些能胜任部门经理，A公司难以判断。

于是，A公司聘请了一家咨询公司来帮他们选拔人才。咨询公司增加了专业的人才评估过程。这一过程中，通过专家对应聘者进行综合分析评价，然后向A公司HR部门提交报告。

在对项目经理候选人的测评选拔中，使用到的测评与评价中心技术如下：

1. 人机测试。这种测试主要是以人机结合的方式进行的标准化测验，包括基本潜能、个性品质、核心能力等。

2. 评价中心（情景模拟）。主要是通过无领导小组讨论、角色扮演等方式来对候选人加以评估。

3. 投射练习。心理学认为，人的原动力都来自人的潜意识。高层次的职业经理人要有强烈的成就愿望和动机，积极和乐观的态度，这些素质通过面试等一般的方法是很难发现的。

4. 背景调查技术。主要调查候选人的社会背景、职业资历等。

首先，A公司把剩下的这448名应聘者都集中到了广州。咨询公司对这些应聘者进行了各种各样的测试，并对结果进行了分析。针对“这个人能不能用”“能用到什么岗位”“用到什么程度”的问题，根据招聘岗位的情况，将应聘者分成了5个等级。其中5级是所有应聘者中最优秀的，其比例为2%；4级为“比较优秀”，所占比例为8%，3级为“合格”，所占比例为45%，2级为“慎重使用”，1级则被淘汰。

问 题

咨询公司所采取的测评与评价中心技术对人才选拔起到了怎样的作用？

三、公文处理模拟法

公文处理模拟法又称公文筐测试，它是经过多年实践检验的、一种有效的管理人员的测评方法。具体步骤如下：

1. 发给每个被测评者一套文件汇编（由15～25份文件组成），包括下级呈来的报告、请示、计划、预算，同级部门的备忘录，上级的指示、批复、规定、政策，外界用户、供应商、银行、政府有关部门乃至所在社区的函电、传真及电话记录，甚至还有群众检举或投诉信等，这些文件经常会出现在管理人员的办公桌上。

2. 向应试者介绍有关的背景材料，然后告诉应试者，他现在就是这个岗位上的任职者，负责全权处理文件筐里的所有公文材料。要使应试者认识到，他就是管理者，要根据自己的经验、知识和性格在给定的时间内去处理和解决问题。他不能说自己将如何去做，而应真刀真枪地处理每一件事。因此，每个应试者都留下一沓笔记、备忘录、信件等，这是每个应试者工作成效的最好记录。

3. 最后，将处理结果交给测评组，按既定的考评维度与标准进行考评。通常不是定性式的给予评语，而是就某些维度逐一定量式的评分（常用五分制）。最常见的考评维度有七个，即个人自信心、企业领导能力、计划安排能力、书面表达能力、分析决策能力、敢担风险倾向与信息敏感性；但也可按具体情况增删，如加上创造思维能力、工作方法的合理性等。总之，应当将应聘者的岗位胜任能力与远程发展的潜质作为测评的重点。

为保证测试的有效性，这些文件的编写要逼真、准确，应从单位的存档文件、记录、函电、报告及现场调查收集的信息素材中提炼加工。这些素材有些是已经被实践证明了的经验和教训，有些则是各种信息和条件大部分具备或者完整具备，有待做出决策，并付诸实施的。依次编写的文件的处理难度与重要性也各不相同。同时，文件中应有足够信息，这样才能做出合理决策，一般还附有该企业单位结构系统图、有关人员名单及当月的日历等，以供参考。

下面是一个待处理公文的例子。

关于增加人事干部编制名额的请示

总经理：

经董事会批准，今后总公司、分公司两级的干部培训工作由人事部门负责。但是，在公司最初确定人事部门人员编制时没有培训工作这项任务。为了做好这项工作，需要给人事部门增加必要的编制名额，建议给人事部增加 3 人，每个分公司增加 1 ～ 2 人。

关于人事部增加的 3 个编制名额，请总经理审批；关于给分公司增加的编制名额，请批转各分公司从现有名额中调剂解决。

以上请示当否，请批示。

人事部

202 × 年 1 月

四、管理游戏

管理游戏是指由两个或更多的应聘者在遵守一定规则的前提下，相互竞争并达到预期目标的方法。游戏的形式取决于游戏的内容，通常游戏中含有竞赛和变革的内容。游戏只是手段，借助游戏可以发现应聘者个性特征。这种方法也可用于员工培训。

下面是一个团队方面的管理游戏示例：

团队游戏：红与黑

游戏规则

1. 目的：你队与另一队分别为 A 队、B 队，各自争取取得高分。

2. 程序：每轮你队有两种选择——红或黑，由工作人员了解你队每轮的选择并告知你们的得分，你队可根据上轮得分确定下轮选择。

3. 沟通：两队在第四轮选择后，征得双方同意，可进行第一次沟通，双方各派一名代表外出面谈，面谈时间为一分钟；两队在第八轮选择后，双方必须进行沟通，面谈时间为一分钟。

两队除按上述规则可召集的面谈外，禁止其他沟通。

4. 得分计算

(1) A队、B队均选红，各得1分；A队、B队均选黑，各减1分。

(2) 一队选红、一队选黑，选红者减3分，选黑者加3分。

(3) 第9轮与第10轮选择，得分乘以3后计入总分。

点评

1. 要取得长期利益，必须采取合作的态度。
2. 团体合作的基础是相互信任。
3. 信任来自顺畅的沟通。
4. 信任一旦失去，难以补救。

项目小结

1. 在面试过程中，代表用人单位的面试考官与应聘者直接交谈，根据应聘者对所提问题的回答情况，考查其相关知识的掌握程度，以及判断、分析问题的能力。

2. 面试是一种操作难度较高的测评形式，随意性较大，一般的人难以掌握，而达不到面试应有的效果。为了改进这一点，使面试能够被一般水平的人操作，提高面试的质量与可比性，在实施中应掌握面试的程序和技巧。

3. 面试官应根据应聘者的应聘岗位的不同，进而选择和开发恰当而有效的面试方法。

4. 通过心理测试可以了解一个人所具有的潜在能力，了解一个人是否符合该企业某一岗位的需要。

5. 评价中心是指在相对隔离的环境中，以团队作业的形式进行一系列的活动，从而客观地评价个体能力的方法。

关键术语

面试　面试步骤　面试方法　心理测验　评价中心

知识测验

1. 选择题

(1) 面试的环境应该舒适、适宜，(　　)。

A. 利于营造宽松气氛　　B. 环境优美

C. 利于营造严肃气氛　　D. 面试空间应尽量大

（2）圆桌会议方式的面试位置排列适用于（　　）。

A．面试考官与应聘者相对而坐，距离较远

B．桌子按一定斜度排列，距离较近

C．面试考官与应聘者相对而坐，距离较近

D．多个面试考官面对一个应聘者

（3）（　　）是考官对应聘者表现的评价纪录，以便尽可能客观公平地评估应聘者的每一项才能，做出综合评价。

A．应聘申请表　　B．履历分析表

C．面试评分表　　D．求职简历

（4）面试的基本程序不包括（　　）。

A．面试前的准备阶段　　B．面试开始阶段

C．面试提问阶段　　D．正式面试阶段

E．结束面试阶段　　F．面试评价阶段

（5）（　　）是指没有标准答案的面试提问，其可靠性和有效性较低。

A．结构化面谈　　B．非结构化面谈

C．情景面试　　D．行为描述面试

（6）在面试之前，面试考官需要准备一些基本的问题。这些基本问题的来源主要是（　　）和（　　）。

A．企业经营目标　　B．企业发展需要

C．招聘岗位的工作说明书　　D．应聘者的个人资料

（7）在面试过程中，（　　）是面试官几项重要而关键的基本功。

A．“问”“听”“观”“评”　　B．“问”“切”“观”“评”

C．“问”“听”“观”“珍”　　D．“嗅”“听”“观”“评”

（8）（　　）让应聘者自由地发表意见或看法，以获取信息，避免被动。

A．封闭式提问　　B．开放式提问

C．清单式提问　　D．假设式提问

（9）心理测试不包括（　　）。

A．智力测试　　B．个性测试

C．心理健康测试　　D．职业能力测试

E．职业兴趣测试　　F．无领导小组无讨论

（10）下面不属于评价中心的方法的是（　　）。

A．公文处理模拟法　　B．无领导小组讨论

C．角色扮演　　D．管理游戏

E．情商测试

2．选择题

（1）面试要准备什么工作？

（2）如何布置面试环境？

（3）如何开展面试工作？

(4) 面试的方法有哪些?

(5) 如何设计面试问题?

(6) 什么是心理测验? 在招聘中用到的测量问卷有哪些?

(7) 评价中心技术包括哪些方法?

3. 论述题

试分析心理测验与评价中心技术在招聘中的实际应用价值，并以一个具体企业为例进行分析。

案例分析

案例一　大学生求职面试

时间：1997 年 10 月 6 日上午 10 时至 10 时 20 分。

地点：深圳市国贸大厦渣打银行分行人事部。

人员：A，渣打银行深圳分行经理

B，香港渣打银行高级职员

C，深圳大学学生

(全过程均用英语交谈，气氛和谐礼貌。C 进入办公室，A、B 主动和 C 握手，坐下。)

A：C 小姐，很感谢你应聘渣打银行，我想知道你的家庭背景，请您介绍一下好吗?

C：当然，我家在广东，我本人也在广州居住了 18 年，直至我进入深圳大学。父亲是珠江电影制片厂一位导演，母亲是厂里的一名工作人员，负责印刷厂里的剧本、杂志等。我有弟妹各一个，仍在中学读书。

A：那么 C 小姐，您为什么要来深圳读大学呢? 广东的大学很多啊。

C：首先该学校是新办的，富有创新精神，深圳特区也对我充满了吸引力。

B：那么，您又为什么来渣打银行应聘?

C：说来这个机会也很偶然，有一天，我在学校就业指导中心看到贵行的招聘消息，于是我马上决定来应聘。因为我久仰渣打银行的大名，首先它是香港第二大银行，全世界每个角落均有渣打分行，业务遍布全球；第二，我认为自己有这个能力去角逐，我的英语水平和曾做过秘书工作的经验，让我对自己充满了信心。

B：(马上有兴趣) 您说您做过秘书，什么时候? 您能告诉我一些这方面的情况吗?

C：去年寒假我在深圳工商联合会当了几个星期的会长秘书，主要负责整理文件、处理书信、收集资料。

B：您觉得那里的工作如何?

C：最困难的是人际关系。秘书身处 Boss 和下属之间，有时很难处。

B：为什么? 您能给我们举个例子说明一下吗?

C：领导作决定，要下属去实现，但下属所做的事不那么符合领导的意图。

B：我希望您说得具体些。

C：有一次，快下班了，有人来洽谈，但职员要下班，便拒绝了他。然而这个人很重要，是会长请来的。事后，会长批评了他们，但他们责怪会长对他们太严。

B：您是说他们太懒了。

C：我认为他们的工作态度不合适。

B：但是，C小姐，秘书从不涉及人事关系，那是人事经理的事。秘书管的工作是什么？

C：我想是接电话、处理信件、接待来访。

B：还有提醒您的领导该干什么？

C：噢，秘书不属于人事管理人员，是领导的左右手，辅助领导履行职责。

B：有一个情况，您如何处理？刚好您的领导要开重要会议，不能走开，可又有一个重要电话只许他听。

C：我想应请示领导，如果他的确没有空，我可请对方晚一点再打过来。

B：我觉得您应该记下他的电话号码，由您的领导等一会再回过去，否则您很可能失去了一次重要的商业机会。这一点我们是极重视的。

A：我现在请您去约新公司的领导，可是我们不认识他的经理，您会如何进行？

C：我会写封商业信，只需公司的名称即可。

A：您觉得书信优于电话吗？

C：我觉得信比较正式，而电话更有效率。

B：但是您不知道电话号码。

C：我在电话簿上找，若电话簿上没有，再打114查询。

B：你不知道经理姓名。

C：但是我可以先找他的秘书。

B：如果他有几个秘书呢？

C：不管几个秘书，但只有一个经理。

B：这么一来会影响您的工作效率。您应向您的经理询问更多的情况，他是应该告诉您的，这是我们西方人的概念。

C：原来是这样，今天我有幸又学到了知识。

B：我希望您今天学的会对您有用。

C：谢谢。

A：您刚才说家住广州，为什么毕业后不回广州，我们在那儿也有分行，去那儿应聘不更好吗？

C：我喜欢在深圳，离家远一些，可不受家里影响，全身心地投入工作。

B：您喜欢这样？

C：我很喜欢生活自立，所以每一次放假我都找些假期工，挣点钱实践一下。

B：您一共挣多少？几百？几千？

C：当然没有几千那么多，不过我可以享受一次自立的快乐。

B：这么说你是想和家里分开过才到这里的？

C：其中有这样的因素。

A：我想这对于中国女孩子来说很特别。

C：是的，也许接触英文时间长，使我比较多的学习西方文化，接受一些西方人的思想。

B：您什么时候才能上班呢？

C：我想暑假，最快今年年底可以上班，那时只剩下论文未完成。

A：您觉得边工作边写论文可以吗？

C：当然，我的英语水平不是什么问题。

B：论文一般要写什么？

C：翻译，有关语言、文学等方面成果。

A：您在学校功课如何？

C：我在深圳大学就读外语系。四年期间每个学期均获奖学金，平时注意扩大知识面，选修了许多管理、法律、金融课程。

A：您什么时间来深圳？

C：1993 年。

B：今年多大？已婚还是未婚？

C：今年 21 岁，未婚。

A：会打字吗？

C：我自学的，可以试一下。

B：好的，我们谈了许多，很感激你对我行感兴趣，希望你在学校生活愉快。

C：谢谢，再见。(站起，握别)

A、B：谢谢，再见。

思考题：

1. 案例中用到的面试方法有哪些？或是属于哪类面试类型？
2. 请总结一下面试实施过程中沟通的技巧。

实训二　中兴通讯的招聘

目前，世界各国的通信企业都处于快速发展阶段，一方面，企业业务高度膨胀，市场份额不断扩大；另一方面，技术的更新换代持续加快。二者都需要快速补充合格的人才，也因此出现人力资源短缺的问题，成为限制业务拓展的主要障碍之一。

中兴通讯是一家能够保持人力资源扩张与企业快速发展相匹配的企业。中兴通讯一直非常重视招聘，并提出了“以一流的标准选聘和培训员工”的理念，将“一流员工”定位为“在某一个专业领域里的国内前 5%”。人力资源中心主任陈健洲认为，员工招聘就是从应聘者中挑选最适合特定岗位要求的人的过程，而企业招聘工作对选择过程的质量影响很大，如果符合条件的应聘者很少，可能不得不雇用条件不是十分理想的人，企业就不得不加强培训工作，这便增加了隐性成本。因此中兴通讯招聘时有两个潜规则：一是在招聘工作中花费大量精力和时间，二是重点考虑人才的背景。中兴通讯在搜索了 30 万 ～50 万份的简历，面试了 10 万多人后，最终雇用了其中的 1 万多名员工。中兴通讯的大部分岗位都要求员工有好的技术背景，对应聘者就读的院校和专业都有较为明确的要求，如要求应聘者在重点本科院校接受教育。此外，对工作经验及身体健康也要求较高。中兴通讯的面试非常严格，分别从技术能力和素质考核两个方面进行考察，被面试者须通过6～7关，把关极其严格，实行一票否决制，而且中兴通讯的面试官都是通过专业培训的。

中兴通讯以其招聘理念和招聘方法，网罗了大批的优秀人才，为中兴通讯在市场中的表现奠定了良好的基础。

问题：

1. 中兴通讯的招聘工作之所以取得较好的效果，主要原因是什么？
2. 中兴通讯的招聘工作有何特点？

实训训练

1. 实训目的：通过进行模拟招聘让学生熟练整个招聘流程，并提升学生的分析能力，同时了解自身优缺点及自身定位，培养学生应变能力及心理素质。
2. 实训方式：人才模拟招聘
3. 实训对象：全班学生
4. 实训内容：对全班学生进行模拟招聘面试
5. 实训步骤及操作要点

模拟招聘分为观察组、招聘组、面试组三部分：

（1）观察小组由 2 个人组成，选择标准应以有过类似工作经验优先，或者自己认为对面试求职者能够进行相对合理点评的人员组成。点评内容可以为优缺点、改进意见及适合何种类型岗位。

（2）招聘小组由 10 个人组成，每个人代表某一大型公司进行招聘，公司的行业背景尽量不要重复，招聘小组成员在选取代表公司时，首要原则应是充分了解该公司的各项业务、组织结构、企业文化、岗位需求特征等信息，并以此为选择标准，因此招聘小组成员必须在实训开展之前做好充分准备工作，并提前制定各岗位面试提纲。各代表需要制作公司名称及自己名字显示牌。

（3）面试小组由班级剩余学生组成，每位同学必须制作简历一份，一式 13 份，VCR 一份，时长 2 分钟为宜，面试要求穿正装。

教师负责对现场进行控制及主持，并可适当给予点评。模拟招聘结束后，由观察组与招聘组评选最佳面试成员，并选派代表发言。面试组与观察组选派代表对招聘人员进行点评，并选出最佳面试官，最后老师根据各学生表现情况进行总结点评。

实训成绩评定：

（1）实训成绩按优秀、良好、一般 3 个等级评定。

（2）招聘组成绩由观察组与教师评定，各占总成绩的 50%。

（3）面试组由招聘组与教师共同评分（见面试评分表），各占 50%。

（4）观察组成绩评定由教师负责。

（5）面试组成绩评定参考标准。

面试评分表

姓名				面试岗位					
评分项	仪表举止 5	自我认知能力 10	语言表达能力 10	组织协调能力 15	应变能力 15	逻辑思维 15	责任感 15	积极性 15	总分 100
评分要点	仪表端庄自然，服饰得体大方、举止稳重，精神面貌良好	能准确判断自己的优势、劣势，并针对劣势提出弥补措施	表达清晰、简洁、准确，叙述流畅有条理	具有较强的计划、控制、组织、协调能力，计划周密可行	反应的机敏程度、人际沟通、能力与技巧、面对压力的心理承受力和自制力	思维机敏程度，条理性与广度、深度，逻辑性和严密性，判断分析问题全面	有积极向上的人生观，对职业发展有较好的规划。	是否积极参与实训，实训态度、实训前准备和遵纪情况如何	综合评定面试分数等级
评分 等级 招聘组 评估	5	8 ～ 10	8 ～ 10	13 ~ 15	13 ~ 15	13 ~ 15	13 ～ 15	13 ～ 15	优秀
	3	5 ～ 7	5 ～ 7	9 ～ 12	9 ～ 12	9 ～ 12	9 ～ 12	9 ～ 12	良好
	1	1 ～ 4	1 ～ 4	1 ～ 8	1 ～ 8	1 ～ 8	1 ～ 8	1 ～ 8	一般
负责人评分									
综合评价	签名及日期：								

项目五　录用与评估

学习目标

学习目标包括知识目标、技能目标、素质目标。

知识目标

1. 录用的概念、含义
2. 录用的过程、方式
3. 评估招聘的成本
4. 评估录用人员的过程
5. 评估招聘工作的过程

技能目标

1. 能够运用所学录用与评估的理论知识分析本项目案例
2. 能认知录用与评估的规范过程
3. 能够分析在人力资源管理实践中如何有效运用评估录用人员
4. 能够进行招聘工作的有效评估

素质目标

1. 具有较强的组织协调能力、敏锐的反应和处理业务能力
2. 具有勤思考、善观察、明事理、辨是非、爱合作的职业意识
3. 具有诚信、守法、公正、客观、实事求是的职业操守

内容架构

- 项目五　录用与评估
  - 任务1　调查新员工背景
    - 一、背景调查的含义
    - 二、背景调查的时机
    - 三、背景调查的内容
    - 四、背景调查的进行
  - 任务2　完成录用
    - 一、录用决策
    - 二、确定录用名单
    - 三、撰写录用或辞谢通知书
  - 任务3　签订劳动合同
    - 一、劳动合同定义
    - 二、劳动合同的编制
    - 三、劳动合同管理流程
  - 任务4　开展入职培训
    - 一、新员工的培训含义
    - 二、新员工培训的意义
    - 三、新员工培训的一般流程
  - 任务5　招聘成本效用
    - 一、招聘成本效益评估内涵
    - 二、招聘成本效益评估应用
  - 任务6　评估招聘工作
    - 一、招聘评估内涵
    - 二、招聘效果的评估
    - 三、成本效益评估
    - 四、招聘方法的评估

情境任务设计

A公司是一家外贸物流公司，由于发展需要，打出招聘广告招聘外贸物流跟单员一职，应聘条件为：大学本科毕业，英语过六级或专业英语四级，女性，28岁以上，有三年以上工作经验，无刑事犯罪记录。发布信息后不久，相继有许多求职者前来应聘，其中包括原在一家小企业工作的小李。经过该公司人力资源部门的招聘人员审查、考核后，小李顺利通过了公司设定的笔试和面试。小李入职后双方签订了为期3年的劳动合同，试用期定为3个月。

但是在小李工作后，A公司发现小李的英语口语能力不足，无法流利地用英语与客户交流，导致很多客户投诉，甚至在一次与客户的洽谈当中，客户强烈要求更换跟单员。由此，A公司认为小李无法胜任目前的工作岗位。在试用期2个月后，A公司以小李不符合录用条件为由与其解除了劳动合同。然而，小李则认为自己符合A公司招聘广告上的全部条件，公司的做法没有依据，遂申请劳动仲裁，要求恢复劳动关系。

最后，劳动仲裁委员会下结论：A公司认为小李不符合录用条件，但并没有证据证明小李不符合录用条件的具体情况，相反，根据A公司的招聘广告，小李是完全符合录用条件的，遂支持了小李的请求。A公司此时也陷入了被动状态。

用人单位在试用期虽然有解雇员工的便利条件，但必须满足"证明劳动者不符合录用条件"这一前提条件。如果用人单位在试用期内无法证明劳动者不符合录用条件却随意解雇员工，一旦涉诉必定面临败诉的风险。因此，如果用人单位仅约定试用期的期限，而不事先设定合理的录用条件，那么试用期的约定就只具有形式意义，而不具有实质意义。由此可见，设计录用条件，是使试用期具有实际意义的前提，对用人单位的用工管理，尤其是试用期内解雇不符合要求的员工，具有重要的作用。

改编自：石先广. 录用条件，你真弄明白了吗［J］. 人力资源开发与管理，2011.6：91－94.

训练任务

1. A公司为什么会败诉?
2. 请评估该企业的做法，撰写A企业录用与评估方案，设计员工录用与评估流程图。
3. 请收集两个企业成功完成录用与评估工作的案例。

训练目标

理解录用与评估的含义、内容和流程等，能够撰写录用与评估方案，设计录用与评估规范流程。

训练要求

学生分组，每个小组设计一份A企业员工录用与评估方案，并收集企业成功完成录用与评估工作1～2个案例，制作成PPT并上台演示。

训练考核

每组派出 1 位代表与教师组成评委团，对各小组的 PPT 文件和演示进行综合评价，老师和各小组代表评分各占 50%。

项目学习任务

1. 根据所学知识，归纳总结录用与评估的概念与内涵。
2. 根据所学知识，分析各种录用与评估在企业人力资源管理中的实际应用。
3. 根据你的理解，总结人力资源激励方案的设计要求、录用与评估的规范流程。
4. 以小组为单位，完成一份企业录用与评估的方案。

任务 1　调查新员工背景

引 例

美国公司的新员工背景调查

美国联邦和各州都有一些法律允许企业对新员工进行相应的背景调查，但是为了防止侵犯个人隐私或防止就业歧视，法律同样对雇主可以调查的项目和方式进行了规定，其中最重要的是 1974 年的《美国隐私法》《公平信誉报告法案》等，它们规定，公司应将背景调查一事通知求职者。另外，如果原雇主提供的材料不真实或出于恶意传播给无关的人，那么原雇主有可能会被控为诽谤，要承担民事责任。在美国，受拒绝的应聘者有权要求查阅雇主所收集的背景资料，若发现对自己有不实的诋毁之处，可以依法控诉雇主及提供资料的人或单位。

美国有些公司为了避免在被其他公司要求提供员工工作状况时产生不必要的麻烦，在员工辞职或被辞退时会要求员工签署协议，要求员工放弃被推荐的权利或放弃查阅自己背景材料的权利。

问 题

什么是员工背景调查？新员工背景调查对劳资双方有什么好处？

一、背景调查的含义

背景调查指在征得应聘者同意前提下，通常在正式录用决策之前，由用人单位或第三方专业服务机构通过各种正常的、符合法律法规的方法和途径，就应聘者与任职资格有关的重要情况，向应聘者以外的其他机构或人员进行核实或求证的活动。

二、背景调查的时机

背景调查最好安排在面试结束与上岗前的间隙，此时，大部分不合格人选已经被淘汰，对淘汰人员自然没有进行调查的意义。剩下的佼佼者数量已经很少，进行背景调查的工作量相对少一些，并且根据几次面试的结果，对他们介绍的资料已经熟悉掌握。此时调查内容应以简明、实用为原则，内容简明是为了控制背景调查的工作量，降低调查成本，缩短调查时间，以免延误上岗的时间而使用人部门人力吃紧，影响业务开展，再者，优秀人才往往被几家公司互相争夺，长时间的调查是给竞争对手制造机会；内容实用指调查的项目必须与工作岗位需求高度相关，避免查非所用、用者未查。

互动课堂

招聘谜题

G 学校正在招聘一名新的数学教师。在面试过程中，招聘委员会收到了两位候选人的申请，分别是李华和张明。他们的简历和面试表现都很出色，但招聘委员会还需要进一步了解他们的背景信息。在课堂上，教师可以组织学生以招聘委员会成员的身份，通过分析线索和信息来决策应聘者的背景。

两人的背景信息如下：

李华简历中显示他在一所知名大学获得了数学学士学位，并在一家顶尖中学任教多年。候选人李华提供了一份本科学士学位的学历证书，并提供了在 ABC 中学任教三年的工作经历。

张明的简历显示他有着多年的数学教学经验，但他没有提供自己的学历信息及经历证明。

问题

1. 你认为招聘委员会应该采取哪些方式来核实李华和张明的学术背景和工作经验？
2. 基于你对李华和张明的背景调查结果，你会对他们做出怎样的决策？

三、背景调查的内容

调查的内容可以分为两类：

（1）通用项目，如毕业学位的真实性、任职资格证书的有效性；

（2）与职位说明书要求相关的工作经验、技能和业绩，不必面面俱到。

四、背景调查的进行

背景调查可以委托中介机构进行，选择一家具有良好声誉的咨询公司，提出需要调查的项目和时限要求即可。如果工作量较小，也可以由人力资源部操作，建议根据调查内容把目标部门分为3类，分头进行调查。背景调查表见表5-1。

（1）学校学籍管理部门。在该部门查阅教育情况能够得到最真实可靠的信息，真假即可分辨，持假文凭者此时就现原形。

（2）历任雇用公司。从雇主那里原则上可以了解到应聘者的工作业绩和表现。有的雇主为防止优秀员工被挖走，而故意低调评价手下干将，以打消竞争对手的意图，所以应加以识别。

（3）档案管理部门。一般而言，从原始档案里可以得到比较系统、原始的资料。目前档案的保管部门是国有单位的人事部门和人才交流中心，按照规定，他们对档案的传递有一套严格保密手续，因此，档案的真实性比较可靠，而员工手中自带的档案参考价值大打折扣。但目前人才中心保管的档案普遍存在资料更新不及时的缺陷，员工在流动期间的资料往往得不到补充，完整性较差。相比较而言，国有单位的人事部门对自己的员工的资料补充较好，每年的考评结果都会入档。但由于国有单位知道跳槽的动机，在新单位决定录取之前应聘者不愿与原单位摊牌，有很多实际的顾虑，在背景调查时用人单位一定要考虑应聘者的心理压力，如何与其人事部门联系需要一定的技巧与艺术。

表5-1　背景调查表

应聘者姓名：	
教育状况核实	
受教育机构：	联系人： 核实日期：
入校时间：　　毕业（是/否）	获得何种学位：
犯罪记录调查	
记录类型： 调查结果：	调查时间： 联系人：
工作情况核实	
工作单位：	联系人： 调查时间：
工作时间：	最后担任的职务：
主管姓名：	担任的其他职务：
基本职责：	
工作表现：	与现在从事该工作人员的比较：
出勤率：	工作态度：
该人表现出色的例子：	
离职补偿：	离职原因：
有无被提升的资格：	有无被重新雇用的资格：
雇用的保留意见：	
注：	

拓展阅读

招聘候选人背景调查报告

一、候选人基本信息：

候选人姓名：______________________ 应聘职位：______________________

二、被咨询人基本信息：（至少二个单位，但不包括现任公司）

被咨询人姓名：____________________ 所在公司：____________________

职　　务：____________________ 联系电话：______________________

被咨询人姓名：____________________ 所在公司：______________________

职　　务：____________________ 联系电话：______________________

三、背景调查问卷：

A：1. 候选人在______________________________单位的确切工作时间：

_______年______月至_______年______月。

2. 候选人在贵单位从事的工作岗位名称为______________________________

3. 候选人的工作表现情况：□表现出色　□表现良好　□表现一般　□表现较差　□表现很差

4. 候选人离开公司的真实原因是______________________。

B：1. 候选人在______________________________单位的确切工作时间：

_______年______月至_______年______月。

2. 候选人在贵单位从事的工作岗位名称为______________________。

3. 候选人的工作表现情况：□表现出色　□表现良好　□表现一般　□表现较差　□表现很差

4. 候选人离开公司的真实原因是______________________。

四、被咨询人基本信息：

被咨询人姓名：____________________ 所在公司：______________________

职　　务：____________________ 联系电话：______________________

1. 候选人性格特征：

____。

2. 候选人与同事相处的关系：□非常融洽　□融洽　□一般　□有隔阂　□非常不好

3. 候选人在公司任职期间有无不良记录：□有　□无

4. 请就下列指标对候选人进行评价：

指标项目	非常好	好	一般	差	非常差
可信度					
忠诚度					
工作能力					
工作态度					

工作内容、业绩、管理团队规模、汇报对象等项目，可根据企业具体要求而修改。

总体评价结果：□很好　□好　□有些保留　□一般　□差

调查人签名：________

调 查 日 期：________

评语或小结：________________

任务2　完成录用

引例

河南安阳百名硕博士公务员录用通知被拖9个月

2009年12月10日17时31分，一个时长为51秒的电话让于音（化名）结束了9个月的等待。电话是河南省安阳市人事局打来的，通知她关于“兴豫之光”行动计划科技副县（乡）长应聘的事宜。

电话里，一个男声例行公事：“13号报到，14号体检，逾期作废。”去年9月18日，81名硕士和24名博士报名应聘该项计划在安阳的职位。今年1月14日，他们通过面试，并于2月下旬接受了政审。但此后，录用状况一直杳无音信。

接到电话时，女硕士于音正提着一网兜青菜，在一辆拥挤的公交车里摇摇摆摆。“什么！这是真的么?”车里人声嘈杂，她捂住耳朵，对着手机大喊。

困窘的等待

于音和她的伙伴们没想到，“结果来得如此之突然”。10日17时刚过，距她接到电话通知仅半小时之前，于音还对中国青年报记者声称：“我们已经习惯了等待，不管再等上多久!”

小聚成了这些应聘者的精神支柱。拥挤的咖啡馆卡座，几份铅字材料散在桌上，于音和其他几个应聘者寒暄一阵，继而陷入一片沉寂。

“兴豫之光”行动计划是2008年河南省的一项重要措施，由省委组织部、省人事厅联合印发红头文件加以落实。该计划招聘硕士和博士，目的是选配125名科技副县长，负责本县（市、区）经济社会发展战略决策的咨询论证，选配1790名科技副乡长，负责本乡（镇）的咨询论证。

“兴豫之光”覆盖了河南省18个地级市，此后个别地区因“该计划不适合本地区规划”而予以取消。目前，除安阳市之外，“兴豫之光”的应聘者在其他推行了该计划的地区均已按部就班，进入工作状态。

这个信息让安阳市的应聘者们有一种“被抛弃的感觉”。他们强调，安阳市于今年1月14日举行的面试，堪称“严肃而规范”。其后，安阳市人事局网页对这105名应聘者的成绩进行了公示。2月，安阳市委组织部、市人事局出动了9个考核组，分赴北京、湖南、广东等地对应聘者进行相关考核。

“请给我们一个答复，拒绝还是接受。”百余名硕博士处于苦恼中。

应聘者老王甚至称自己“每天都处于崩溃的边缘”。他曾是一名中学教师，获得过高级职称。几年前，他选择辞职考研，希望“当上公务员，有一个更为稳定、体面的前途”。“兴豫之光”的选拔，为他提供了这样的机遇。

然而愿望达成似乎遥遥无期。如今的“家庭主夫”每个月为这些数字犯愁，“水电费200元、房贷700元、暖气费80元”。最让他头疼的是，孩子的幼儿园学费，一年就要7000元。

“我还活得下去，但我不想被人笑话。”于音激烈地澄清。她在公开场合总是坚称，这帮研究生大多有过工作经历，学历高，找到其他工作并不困难。自己只是感觉“被愚弄了”，因此希望政府提供一个明确的答复。在她看来，“失业简直是一个侮辱”。

但她在私下承认，“其他工作的选择余地并不大”。她已经30岁了。9个月前，她放弃了落户大城市的机会，回到安阳，等待这个公务员职位。“投身仕途”是她一直以来的心愿。然而大半年过去，她依然待业家中。这个自尊心极强的女子，最害怕邻里询问：“你那工作怎么样了，报到了没?”

应聘者们意识到，必须为自己的利益作一下争取。他们成立了一个交换信息的QQ群，叫作“安阳市科技副县（乡）长”。这是一个热闹的群，成员达到102人，发言人数每分钟至少有7个。一个化名为“彰化莎”的硕士给中国青年报发来求助信，之后再未现身。同时，还有一些人匿名在人民网、河南党建网等论坛中发表了求助帖。

对36岁的女硕士成莉（化名）来说，主管招聘工作的安阳市委组织部、市人事局成了她的“老熟人”。她往往习惯性地拨通那几个烂熟于心的号码，询问进展情况，直至对方不耐烦地挂断电话。

她称自己的日子“很不好过”。她曾当过企业白领，如今“年龄太大”成为她寻找其他工作的致命伤。她始终拒绝承认，辞职考研、再次应聘是一个“天大的错误”。

每天早晨她骑上自行车，穿过黑压压的上班人群，送9岁的孩子去上学，“心里总是空荡荡的”。她甚至感觉到，邻里大妈在大声嘲笑：“这么好强，还失业呢!”

12月3日，这些“等待中的”应聘者在天涯论坛发表了一篇帖子，名为《河南安阳百余硕博研究生求助省委书记的公开信》。信里声称，他们曾带着集体签名信，找到主管本次招聘工作的安阳市委组织部、市人事局反映情况，对方的回复是，“目前没有进展，主要领导不提这个事情，我们也不便过问”。

刘小攀是唯一一个以实名接受采访的应聘者。这个29岁的硕士把应聘者们的活动定义为“维权”。他戏称，大家小心翼翼，和地下特务组织一样，实行网络“单线联系”。他不大愿意承认的是，真正做事的人其实不多，这个群体内部“信息沟通不畅，一盘散沙”。

“维权行动”开始后，QQ群“安阳市科技副县（乡）长”一度处于喧闹状态。大多讨论关于“方式方法”问题，不少人建议，利用媒体给政府施加压力，以获得这份“前途无量的工作”。尽管，大部分人拒绝向媒体透露他们的真实姓名。

峰回路转

报到通知引发了迅捷的反应。10日17时33分，中国青年报记者注意到，QQ群公告栏发生了变化。此时距于音接到电话仅2分钟。原先的公告“团结起来，为我们的权益而奋斗”被迅速撤销，换成了“好消息，12月13日报到，14日体检，大家速速准备”。

紧接着，有人开始担心，“这会不会是个阴谋，分而散之，各个击破?”“我害怕，吓得发抖。”一个网名为“偶然”的成员宣称。一些人相约一起报到、体检，免得“上当受骗”。更多人关注起待遇问题，“等了9个月，说解决就解决了，有没有编制呢?”

在安阳市委宣传部的一名马姓工作人员看来，这一切都是“小人之心”。他笑称，9个月的问题，突然得到解决，“是一件大好事”，政府的决策是透明的、公开的，不存在“内幕”。这些应聘者还未进入体制内，其担心是由于“对政府的审批程序缺乏了解”。

“中间的过程太复杂了!”安阳市委组织部的一名官员告诉记者。他参与了这105名硕博士的政审工作。他强调，9个月的拖延，其实不存在任何黑幕，事情的复杂在于，“这些考生都是十分优秀的，只不过领导不拍板，下面也没法做事儿”。

11日下午，中国青年报记者从安阳市人事局综合计划科科长杨超手中，第一时间取得了此事最新进展的报告，名为《安阳市深入推进“兴豫之光”行动计划》。

报告提到，“12月11日，安阳市委召开常委会，对14名博士的任职计划进行了专题研究”（记者注：10名博士在等待中选择了放弃所应聘职位），“81名拟任科技副乡（镇、街道）长（主任）硕士已通知各县（市、区）尽快研究办理任职手续，2009年底前任职到位”。

理想的结果等来后，QQ群里开始商议，“该让媒体停止报道了，免得影响既得利益”。这样的讨论出现5分钟后，中国青年报记者连续接到3个匿名电话，自称应聘者。他们均“建议”记者停止报道此事，“以免给政府施加过多压力”。

一名长期“潜水”的成员，此时发表了长篇大论，称：“通过这次大家的经历，我们有所收获。只要我们继续坚持省里的政策和方针，有章有据做事，就一定能争取到好的结果。”

“被拖延”的原因

“普天同庆”时，刘小攀却陷入了沉默。他被一名伙伴的问题难住了，“这份工作到底能挣多少钱?”

他表示，这些应聘者基本属于“知识分子”，对于工作的要求很高。第一要的是“面子”，在这座小城里，公务员是个响当当的名号，“稳定、体面、有前途”。第二则是为了“里子”，按照“兴豫之光”行动计划，科技副乡长每月薪水至少达到2200元，比这里的一般职工高700元。

河南省济源市一名已就职的科技副乡长接受了中国青年报记者的采访。半年前，他打点行装，来到济源市某镇开始上班。每天的工作不过是“喝喝茶，看看报”，和他当初设想的完全不一样。偶尔，这名科技副镇长甚至觉得，自己跟镇里其他领导干部的做事方式“不搭调儿”。

尽管并不知道该副镇长的烦恼，但刘小攀也处于犹豫之中。接到通知后，身在外地的他第一时间买了回河南的机票。即便如此，他仍有迟疑，“秀才适不适合当这个官儿?”

“毕竟，这份工作的待遇还是很不错的。”安阳市人事局的一个干事说。他出于好心，曾在人民网上发表帖子，希望缓解这批应聘者的尴尬处境。

9个月的等待终归是结束了，许多应聘者打算做点事情犒劳自己。在一家小小的包子铺，黄色圆桌上摆满了盘子，几瓶“燕京”啤酒同时打开，夜色里，于音和几个伙伴高喊着“不醉不归”。

12月10日21时24分，“安阳市科技副县（乡）长”QQ群被群主“西风”解散，理由是“已经没有存在下去的意义”。

事情得到“圆满解决”，各种猜测和解释却四处兴起。市人事局的杨超严厉否认了“这些不负责任的说法”。他对记者强调，“问题已经解决了，过程已经不重要”，他建议“一切让事实说话”。

刘小攀则有自己的分析。按照省政府红头文件的规划，“兴豫之光”行动计划的应聘者属于公务员副处（科）级待遇。如果安阳市一下子多出100多名副处（科）级干部，每年的财政支出必然要多上几百万元，“这是个沉重的负担”。他理解政府的拖延必然有苦衷，但9个月来的一些答复，诸如“再看看吧”“还需要研究”，出现频率过高，“这伤害了应聘者的心”。

据中国青年报记者得到的消息，这批应聘者的“被拖延”，主要是因为安阳市委市政府有关领导对于“兴豫之光”行动计划的判断有分歧，无法确定该计划是否适应本地的实际。另外，安阳市委组织部、市人事局内主管该计划的均为“冷门科室”，在资源调动能力上存在一定缺陷。安阳市委一名不愿透露姓名的官员私下声称，组织部、人事局这两个平衡部门在管理步骤上存在一定的错位，协调不得法。

12月13日下午，在安阳市人事局综合计划科，一名穿着红色羽绒服的应聘者前来报到。她和几名应聘者对即将到来的新岗位充满了喜悦的“期待”。但他们都拒绝了进一步采访和拍照的要求，并表示：“我们毕竟在这里工作，这件事情到此为止，不要再影响我们的生活了。”

综合计划科科长杨超表示，截至12月11日12时，大部分应聘者都接到了人事部门的报到通知。未接到通知的应聘者，是因为“实在没办法找到人”。

这一点得到了刘小攀的证实。9个月来，他更换了4次手机号码。但人事局依然“挖地三尺”，将通知电话打到了他老家的村子。

问 题

1. 请分析什么是员工的录用通知和辞谢通知?
2. 根据案例，请谈谈新员工的录用流程。

一、录用决策

录用决策是对选拔过程中获取的信息进行综合评价与分析，确定每一个应聘者的能力特点，并根据预先设计好的人员录用标准进行挑选，从而选择合适人员的过程，在做出录用决策时，应时刻考虑招聘的黄金法则——能级原则，最合适的就是最好的，而最好的不一定是最合适的。

互动课堂

某化学有限公司是一家跨国公司，以研制、生产、销售药品、农药等为主，露秋公司是普顿斯化学有限公司在中国的子公司，主要生产、销售医疗药品，随着生产业务的扩大，为了对生产部门的人力资源进行更为有效的管理、开发，他们希望在生产部建立一个处理人事事务的职位，工作主要是生产部与人力资源部的协调，人力资源部经理刘永对应聘者作了初步的筛选，留下了5人交由生产部经理郑强再次进行筛选，郑强对其进行选择，留下了两人，决定由生产部经理与人力资源部的经理协商决定人选。

李墨：男，32岁，有企业管理硕士学位，有8年一般人事管理及生产经验，在此之前的两份工作均有良好的表现。

面谈结果：可录用。

王泽东：男，32岁，有企业管理学士学位，有7年的人事管理和生产经验，以前曾在两个单位工作过，第一位主管评价很好，没有第二位主管的评价资料。

面谈结果：可录用。

生产部经理郑强来到人力资源部经理室，与刘永商谈录用何人。刘永说："两位候选人，看来似乎都不错，你认为哪一位更适合呢?"郑强说："两位候选人的资格审查都合格了，唯一存在的问题是，王泽东的第二位主管给的资料太少，但是虽然如此，我也看不出他有什么不好的背景，你的意见呢?"刘永说："很好，郑经理，显然你我对王泽东的面谈表现都有很好的印象。人嘛，有点圆滑，但我想我会很容易与他共事，相信在以后的工作中不会出现大的问题。"郑强说："既然他将与你共事，当然由你作出决定更好，明天就可以通知他来上班。"

于是，王泽东被录用了。进入公司6个月以后，他的工作不如期望做得好；指定的工作，他经常不能按时完成，有时甚至表现出不能胜任其工作的行为，引起了管理层的不满。

问 题

该公司的录用决策存在什么问题？如何避免录用决策失误？

二、确定录用名单

根据笔试、面试和复试的结果，结合招聘小组成员和用人部门的意见，确定录用人员名单，参见表5－2。

表5－2　招聘录用名单

序号	姓 名	录用岗位	综合成绩	联系电话	备注

三、撰写录用或辞谢通知书

对于参加企业招聘选拔并决定录用的人员，由人力资源部门及时送达录用通知书，让筛选合格的候选人决定加入本企业，也是招聘工作中重要的一个环节。

录用通知书是劳动者经用人单位录取后，由用人单位统一发放表示同意该劳动者进入该单位就职的一种通知文书，具有法律效力，是员工录取和报到入职的重要凭证。

辞谢通知书是劳动者未通过用人单位录用要求，由用人单位统一发放表示对该劳动者参加招聘选拔的一种感谢通知文书。

人力资源部在撰写录用通知书和辞谢通知书时，要注意书写格式要求，力求行文规范，做到简洁、明了，理由阐述充分，但又不失礼貌。录用通知书和辞谢通知书参见表5－3、表5－4。

表5-3　录用通知书

______先生/女士： 　　很高兴通知您，您已被本公司录用。在此对您的加盟表示欢迎，并请您______年____月______日来公司报到，公司需要您在来公司报到时提供以下文件： 　　(1) 原单位离职证明，由原单位盖章（入职当天请提交） 　　(2) 养老金、失业转移单或缴纳证明 　　(3) 身份证原件及复印件四张 　　(4) 学历证明、职称证书原件及复印件两张 　　(5) 4张身份证照片（1寸蓝底） 　　(6) 近期体检报告 　　预祝您在新的工作岗位上愉快、进步！ 此致 　　　敬礼 ______公司人力资源部敬启 ______年______月______日 地址： 电话：

表5-4　辞谢通知书

______先生/女士： 　　十分感谢您对我们企业______岗位的关注，您对我们企业的支持，我们不胜感激，您在应聘该岗位时的良好表现，我们印象很深。但由于我们名额有限，这次只能割爱。我们已经将您的有关资料存入我们的人才库，并会保留一年，如果有了新的空缺，我们会优先考虑您。 　　感谢您能理解我们的决定。祝您早日寻找到理想的岗位。 　　对您热诚应聘我们的企业，再次表示感谢！ 此致 　　　敬礼 ______公司人力资源部敬启 ______年______月______日 地址： 电话：

任务3　签订劳动合同

引 例

2014年3月，某科学研究院为配合某市大学生运动会召开，决定对院内环境进行整顿，院内需拆除几处房屋建筑，研究院即与某劳动服务公司签订承包合同，由劳动服务公司负责组织人员拆除，研究院支付劳动服务公司劳务费用10万元。某劳动服务公司雇用了15名工人负责拆除，并签订了劳动合同。

在拆除房屋过程中，由于没有任何防范措施，王某不慎从房顶坠落受伤，需住院治疗，医院要求支付住院押金1万元，由研究院垫付。后来，王某住院期间的医疗费及继续治疗的费用，劳动服务公司与研究院都不同意支付。劳动服务公司告知王某，其是为研究院拆房时受伤的，应由研究院为其支付医疗费。王某即以研究院为被告，向劳动争议仲裁委员会提出仲裁申请，要求认定为工伤，并享受工伤待遇。

问 题

王某与研究院是否存在劳动法律关系？

一、劳动合同定义

劳动合同是劳动者与用人单位确立劳动关系、明确双方权利和义务的协议。建立劳动关系应当订立劳动合同。

二、劳动合同的编制

根据我国劳动合同法：

第七条　用人单位自用工之日起即与劳动者建立劳动关系。用人单位应当建立职工名册备查。

第十条　建立劳动关系，应当订立书面劳动合同。已建立劳动关系，未同时订立书面劳动合同的，应当自用工之日起一个月内订立书面劳动合同。用人单位与劳动者在用工前订立劳动合同的，劳动关系自用工之日起建立。

第十九条　劳动合同应当以书面形式订立，并具备以下条款：

（一）劳动合同期限；

（二）工作内容；

（三）劳动保护和劳动条件；

（四）劳动报酬；

（五）劳动纪律；

（六）劳动合同终止的条件；

（七）违反劳动合同的责任。劳动合同除前款规定的必备条款外，当事人可以协商约定其他内容。

除此以外，用人单位与劳动者可以约定试用期、培训、保守秘密、补充保险和福利待遇等其他事项。

劳动合同管理一般流程

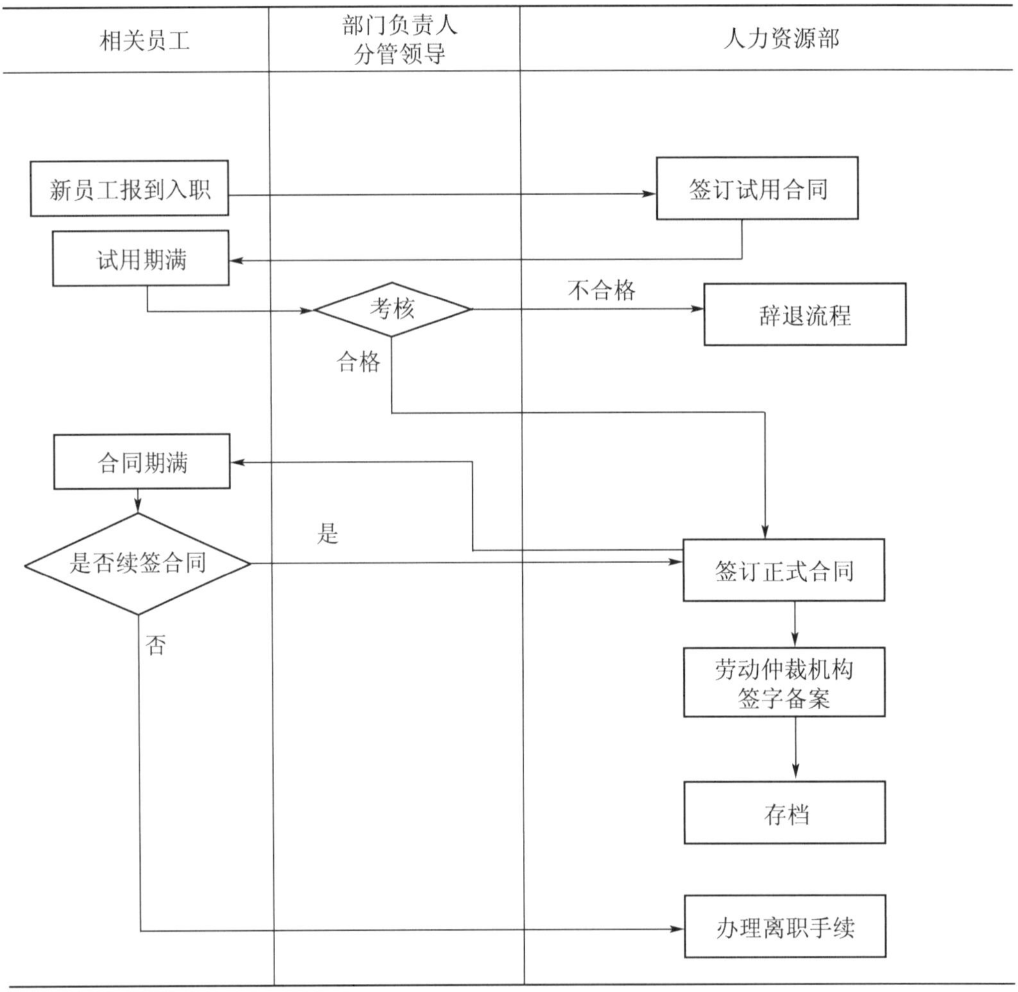

图5－1　劳动合同管理一般流程

企业编制劳动合同时，要有本公司的特色，要考虑到对员工调岗情况的描述。注意要给企业自身留出空间，有相应的规定条款，可以在员工手册或规章制度中体现出相应的制度约定，以保护自己的利益。

互动课堂

2018 年 1 月 2 日，张某到 A 公司应聘，并于当日与 A 公司签订了劳动合同，该合同于 2020 年 1 月 1 日期满。

双方签订劳动合同一周后，张某被 A 公司派到 B 商场工作，与 B 商场签订了借聘协议，确定了借聘关系。至 2019 年 7 月 6 日之前，张某一直在 B 商场工作，由 B 商场对其管理并支付工资。2019 年 7 月 6 日，B 商场以张某违反商场的劳动纪律（一月内迟到两次）为由，与张某解除了借聘关系。同时，B 商场口头告知张某，A 公司也与其解除了劳动合同。经查，张某一月迟到两次并未构成严重违反 A 公司劳动纪律而解除劳动合同的条件。

问 题

请分析 A 公司和 B 商场的做法是否合法？张某应如何维护自己的合法权益。

三、劳动合同管理流程

流程如图 5－1 所示。

任务 4　开展入职培训

引 例

联想的入模子培训

入模子培训是指联想的入职培训，就是要把社会人变成联想人。联想所有的新员工必须参加为期一周的封闭式的入模子培训，且考评合格后，方可有资格转正。

早期全体职员都必须到联想总部参加培训，后来各分部的新员工人数达到 30 人开班的条件时，方可在本地就近开班，但讲师必须都是总部派来的或经总部资格认证的。

联想的入职培训包括联想的发展史、企业文化和制度流程，还包括通用职业技能和管理技能的培训；不仅学习本岗位的专业技能，还学习全公司各业务板块的有关知识；不仅学习上下游企业的有关知识，还学习著名成功企业尤其是同行业领先型企业的有关知识。以保证新员工对联想知之深、爱之切、行之坚。

联想认为，企业有血型，符合这个血型的人，成为联想的员工；不符合这个血型的人，联想与之无缘。联想的培训就是培养出具有联想血型的人。联想需要三种血型的人：能独立做一摊事情的人；能够带领一帮人做事情的人；能审时度势，一眼看到底的领军人物。

问题

谈谈你对联想“入模子”培训的看法。

一、新员工培训的含义

新员工培训，又称为入职培训，是指企业为招聘到的新雇员提供师资、信息、技能平台，鼓励员工学习，开发员工潜能，使员工逐步熟悉企业环境，了解并接受企业核心价值理念，认同企业文化，明确自己即将从事的工作职责、程序和基本技能，帮助新员工尽快进入岗位角色的一项系统性工作。

二、新员工培训的意义

企业通过培训向新员工介绍企业的发展历史、发展战略、经营特点及企业文化和管理制度，使其明确企业的发展目标，了解企业对自己的期望，激励和引导新员工树立起正确的使命感和荣辱观，在熟悉相关业务流程、掌握相关工作技能、认同企业文化的基础上，遵循各项规章制度，做好自身职业规划，实现自我管理，尽快进入到岗位角色。培训管理者还可以结合员工自身发展空间，给员工提供富有挑战性的工作，充分挖掘新生力量的潜能，用实际行动来留住新员工。

三、新员工培训的一般流程

（1）前期准备工作：制定培训计划，申请培训费用，与讲师协调沟通，准备培训资料，场地和设备准备，后勤准备。

（2）中期督导工作：观察、记录、监督、检验。

（3）后期评估工作：一般采用由美国培训与开发协会的前会长多纳德·柯克帕瑞克提出的柯氏四级培训评估模式（Kirkpatrick Model）。

第一层次：反应评估，即评估被培训者的满意程度。

第二层次：学习评估，测定被培训者的学习获得程度。

第三层次：行为评估，考察被培训者的知识运用程度。

第四层次：成果评估，计算培训创造的经济效益。

（4）新员工培训的步骤：首先，岗前集中培训；其次，由企业内部培养的资深讲师在特定的地点对刚办理报到手续的新员工进行集体授课式培训；再次，上岗分散培训是新员工进一步了解工作的具体程序、工作的职责，接触或强化工作方法和工作技能的深入培训。

（5）新员工培训的内容：认知培训、态度培训、职业培训、技能培训。

互动课堂

思科的新员工入职培训计划

思科是一家知名的科技公司，注重为新员工提供全面的入职培训，以帮助他们快速适应工作环境。思科的新员工入职培训计划涵盖以下几个方面：

1. 组织介绍：新员工参加组织介绍会，了解公司的历史、使命、核心价值观和组织结构。

2. 工作规范：新员工接受工作规范培训，包括教师职责、教学准备和课堂管理等方面的内容。

3. 技术培训：针对教师所需的技术能力，提供相应的培训课程，包括教学技术工具的使用和教学资源的开发等。

思科的入职培训计划旨在帮助新员工快速上手，提高工作效能。通过系统的培训和导师指导，新员工能够更好地了解公司文化、工作要求和职业发展机会。

问 题

结合新员工培训的一般流程，请分析思科的新员工入职培训计划的优缺点。

拓展阅读

M 集团新员工入职培训方案

一、培训目的

1. 使新员工全方位地了解企业环境，认同并融入 M 集团的企业文化，坚定自己的职业选择，理解并接受公司的规章制度和行为规范。

2. 使新员工明确自己的工作目标和岗位职责，掌握工作程序和工作方法，尽快进入岗位角色。

二、培训周期及时间安排

新员工入职培训周期为每半个月一次（月中、月末各一次），将半个月以内新入职的员工进行集中培训。时间为周五下午 1 点至 4 点，共 3 个小时。

三、培训对象

M 集团总部及下属各分公司社招新入职员工。

四、培训讲师：

公司内部选拔培训讲师，范围在部门领导或有较丰富工作经验、品行兼优的骨干员工。

五、培训方式

脱岗培训：M 集团组织人事部培训组制定培训计划和方案并组织实施，由企业内部培训师采用集中授课、讨论及参观的形式进行培训。

六、培训内容

1. 企业概况：公司创业历史、企业现状以及在行业中的地位、公司品牌与经营理念、公司企业文化、公司未来前景、组织机构、各部门的功能和业务范围、人员结构等。

2. 员工守则：企业规章制度、奖惩条例、行为规范等。

3. 入职须知：入职程序及相关手续办理流程。

4. 财务制度：费用报销程序及相关手续办理流程、办公设备的申领使用等。

5. 人事制度：薪酬体系、福利待遇政策（五险一金、休假等）、绩效考核培训等。

6. 职业生涯规划：将职务分为管理、技术、业务三个系列，建立三条通道。

7. 安全知识：消防安全知识、设备安全知识及紧急事件处理等。

8. 实地参观：参观各部门工作及生活等公共场所。

七、培训工作流程

1. 培训组根据新入职员工的规模情况确定培训时间，拟定培训具体方案，填写《新员工入职培训计划》报送相关部门。

2. 培训组负责与各部门协调，做好培训全过程的组织管理工作，包括人员协调组织、场地的安排布置、培训讲师的沟通安排、课程的调整及进度推进、培训质量的监控保证以及培训效果的考核评估等。

3. 培训组负责在每期培训结束当日对新员工进行反馈调查，填写《新员工入职培训效果反馈调查表》，并汇总分析新员工反馈的意见，总结出对培训课程及授课讲师的改进参考意见。

4. 培训组在新员工培训结束后一周内，提交该期培训的总结分析报告，报领导审阅。

八、培训课程具体安排

培训时间	培训方法	培训重点和目的	培训内容
	讲授法	让新员工了解企业，让企业雄厚的实力深入员工心中	企业概况
	讲授法	让新员工了解企业的管理条例，尽早地融入到文明规范的企业中	员工守则
	讲授法	让新员工了解员工入职的流程，使新员工能够顺利地完成入职前的准备工作	入职须知
	讲授法	让新员工了解企业的薪酬体系、福利待遇政策、绩效考核和培训相关制度等，达到企业让员工满意、员工让企业满意的目的	人事制度
	讲授法	让新员工了解费用报销程序和相关手续办理，及办公设备的申领使用等，以方便员工顺利投入工作	财务制度
	讲授法	对新员工进行安全思想的灌输，以便日后在工作中能够一直保持着一颗对企业、对个人安全负责的心	安全知识

续上表

培训时间	培训方法	培训重点和目的	培训内容
	讲授法	让新员工对自己的职业有一个很好的规划，使员工时刻对工作充满热情	员工职业生涯规划
	参观	让新员工了解企业的环境、各部门的工作地点、生活公共场所等，以方便员工的工作与生活，使新员工尽早融入企业	实地参观

任务5　招聘成本效用

引例1

某公司为了加强销售工作，2007年3月开始招聘销售经理，通过层层选拔，采用了笔试、面试、性格测评，还请了大学教授设计了情景面试程序，终于选拔出了一位合格的销售经理，花费将近2万元。该销售经理上任后倒也称职，但半年后辞职，带走了公司一半的客户，使公司遭受巨大损失。

引例2

小王是高新建筑公司的招聘专员，去年，高新公司通过网络、现场招聘和熟人推荐等方式共招聘了40多名员工。年底，小王通过对招聘工作总结发现：

（1）网络招聘中，每100份简历才可以找到一两份合适的候选人，很多人并不是真正想找工作，只是看看，并且大多是文秘、管理类的求职者；

（2）现场招聘收到的简历中具有较多的土木工程经验、求职意愿较强烈的求职者比较多；

（3）熟人推荐的求职者则两极分化比较明显。

问　题

请分析上述两个引例，谈谈什么是招聘成本？如何合理地控制招聘成本？

一、招聘成本效益评估内涵

人力资源的招聘工作是组织的一种经济行为，必然要纳入组织的经济核算，这就要求组织运用价值工程的原理，以最低的成本来满足组织的需求。作为一种经济行为，招聘成本应该被列为评价行为有效性的主要内容。企业应考虑到四大板块的成本：一是招聘的直接成本，它主要是指在招聘过程中的一系列的显性花费；二是招聘的重置成本，它主要是指由于招聘不妥导致必须重新招聘所花费的费用；三是机会成本，它是因离职和新聘人员的能力不能完全胜任工作所产生的隐性花费；四是风险成本，它主要是指企业的稀缺人才流失或招聘不慎，导致未完成岗位招聘目标，给企业管理上带来的不必要花费和损失。招聘的效益往往不是直接体现的，它体现在招聘到的员工为企业做的贡献上。

（1）招聘成本。分为招聘总成本与招聘单位成本。招聘总成本是人力资源的获取成本。招聘单位成本是招聘总成本与实际录用人数之比。招聘成本包括内部成本、外部成本和直接成本。

内部成本：企业内招聘专员的工资、福利、差旅费支出和其他管理费用等。在实际工作中有时一次流程并不能招聘到适合的人选，需要重复两三次，则内部招聘成本更加不容忽视。

外部成本：外部专家参与招聘的劳务费、差旅费等。

直接成本：广告、招聘会支出；招聘代理、职业介绍机构收费；员工推荐人才奖励金；大学招聘费用等。

（2）成本效用评估。是对招聘成本所产生的效果进行的分析。主要包括招聘总成本效用分析、招聘成本效用分析、人员选拔成本效用分析和人员录用成本效用分析等。以下为具体计算方法：

总成本效用 = 录用人数/招聘总成本

招聘成本效用 = 应聘人数/招聘期间费用

选拔成本效用 = 被选中人数/选拔期间费用

人员录用效用 = 正是录用人数/录用期间费用

（3）招聘收益成本比。招聘收入成本比越高，则说明招聘工作越有效。具体计算方法为：

招聘收益成本比 = 所有新员工为组织创造的总价值/招聘总成本

以上的考核指标体现了人力资源招聘效果评估工作的主要关切点，但若作为一种系统的业绩评估指标体系来看，这些考核指标不免失之片面。人力资源招聘工作的投入要素是招聘资金这种有限资源，所以其产出评价应该包括该资源投资效益的量化考核。事实上，资源的有限性客观要求我们对任何占用资源的工作都要从效率与效益两方面进行核算。

二、招聘成本效益评估应用

实际应用案例

H公司招聘工作成本效用评估

一、招聘活动概述

2015年5月1日起H公司人力资源部开展了一系列招聘活动，现就此期招聘活动作汇总分析。此次招聘活动计划招聘48岗127人（生产部工人由原来的计划招聘100人改为80人），主要招聘对象为技术、管理人员及操作工。人力资源部分别在前程无忧招聘网上海页面、上海体育馆新发现人才交流会、公司公示板进行三次招聘信息公布，总计应聘人数约为2420人，其中通过网络应聘人员1940人，通过人才市场及公司公示板提交简历人员500余人。经各部门招聘负责人甄选后确定技术、管理初试人员×人，工人初试人员×余人。经复试、笔试甄选最终录用×人，其中技术、管理人员×人，工人××人。

此期招聘活动所产生费用（直接费用）共计5955元人民币，其中前程无忧网络招聘信息发布费××元人民币，上海体育馆新发现人才交流会展位费2800元人民币，布展费755元人民币。

二、数据统计

1. 招聘成本评估

总费用（直接费用）A元人民币，总录用人员B人

2. 录用人员平均费用：

平均费用比=总费用/实际录用人员数×100%

3. 招聘完成比例

招聘完成比例：录用人数/计划招聘人数×100%

4. 员工录用率

录用比=录用人数/应聘人数×100%，该指标越小，说明录用者素质可能越高。

5. 应聘者比例

应聘比=应聘人数/计划招聘人数×100%，该指标反映招聘信息的发布效果。

三、数据分析

1. 成本分析

此次招聘活动共花费人民币5955元，实录用人员94人，平均每人花费63.4元人民币。

2. 录用人员分析

通过以上录用人员评估中的三组数据我们可以分析出如下三点：

（1）此期招聘活动基本满足各部门的人员需求。在数量上达到计划招聘数量的74%，各部门急需人员基本到岗，部分非紧急岗位尚未甄选到合适人选，在今后的招聘活动中将就这些岗位的轻重缓急程度陆续招聘到岗。

（2）此期招聘活动公司筛选余地较大。此期招聘工作中共计2420人应聘，为各部门的筛选工作提供了很大的空间，从而保证了此批录用人员的质量。

（3）此期招聘活动信息发布面较广。通过应聘者比例，除了可以看出此次员工招聘的挑选余地很大外，还可以看出此期招聘信息发布渠道很广、很有效，应聘者数量较多。

四、总结、改进意见

此期招聘活动自5月1日始至5月29日终，历时29天，进行了三次大型面试活动，通过现场招聘会应聘人数与每天通过网络应聘人员数量比较可以看出，本季度参加现场招聘会的应聘人员与3月相比急剧下降，3月招聘活动中每次现场招聘会均能收到约1000份应聘简历，而本期现场招聘会中仅收到250余份简历，并且人员质量较3月应聘人员相比有较大下降。相对于现场招聘会，网络招聘活动突显出了它信息发布面的广度。此次通过网络应聘者共计1940人，是现场招聘会的7.76倍，人员素质与现场招聘会比较也较高。

另外，工人的招收情况较好，招聘信息发布之后一个工作日内便有200余人应聘。但相对3、4月份，应聘人员数量有一定减少。

通过以上分析，可以总结出如下三点结论：

(1) 本季度应聘人员的数量、质量均已下降;

(2) 本季度招聘工作应以网络招聘工作为主，现场招聘等方式为辅;

(3) 本季工人的招聘工作相对较容易，但较前两个月份在数量上也有所下降，需扩宽工人招收渠道。

本期招聘活动也存在着不足之处，现提出以下几点改进意见:

1. 加强各部门拟聘岗位紧急程度的核查工作

各部门所提交的招聘计划未能按月度、季度提出，导致招聘岗位过多。应聘人员面试结束后，由于本岗位不是很急需，而迟迟得不到录用通知，从而大大降低了公司的信誉度，也给公司招聘工作带来很大的不便，故人力资源部自6月起要求各部门按月提交计划，并核对各部门所提交岗位需求紧急程度后开展招聘工作。

2. 加快招聘→面试→录用工作进度

此次招聘活动中个别部门面试与录用通知之间的时间间隔过久，导致人员的流失。在今后的招聘活动中人力资源部将加大此方面的监督工作。

3. 加强招聘工作的规范化

在《招聘甄选制度》下发后，大部分部门都能够完全按照公司的制度进行招聘工作，但仍有个别部门出现自行招聘的行为，不仅打乱了公司的整体招聘计划，并且在薪资、试用期等方面破坏了公司的体系。故人力资源部将加强公司招聘工作的规范化。

4. 加宽招聘渠道，做好长期招聘的工作准备

通过此期招聘工作可以看出5月份已进入招聘低峰期，各类人才基本上已在3、4月找到工作，此时期的应聘者多为过年后一直没找到工作的中等人才或在其他单位做了几个月便跳槽的人员。故在此阶段要招聘到合适的人才，就必须加宽招聘渠道，并做好长期招聘的工作准备。

H公司人力资源部

2015年6月5日

问题

1. 请分析招聘工作成本效用评估报告的撰写格式。

2. 参考以上案例，以小组为单位，针对当地一家企业，试着撰写一份招聘工作成本效用评估报告。

任务6 评估招聘工作

引例1

从事手机研发工作的小张通过网络得知异地某知名企业招聘一名研发人员，于是打电话过去询问，对方在简单沟通后约小张去公司面试，并承诺报销往返车费。小张于是前往公司应聘，该公司在简单问了几个问题后告诉小张三天后给予答复，三天后小张打电话询问，对方称再等几天，小张只好先返回居住地。刚到家，对方又让他去复试。复试结束后对方跟小张说公司只想招一个一般点的，他太优秀了，公司要考虑考虑，然后承诺会邮寄路费给他。小张回来后从此未收到该公司的任何消息，于是十分气愤，在多个人力资源管理论坛发帖揭露该公司的荒唐招聘。

引例2

某公司为了加强销售工作，2007 年 3 月开始招聘销售经理，通过层层选拔，采用了笔试、面试、性格测评，还请了大学教授设计了情景面试程序，终于选拔出了一位合格的销售经理，花费将近 2 万元。该销售经理上任后倒也称职，但半年后辞职，带走了公司一半的客户，使公司遭受巨大损失。

问 题

分析上述两个引例，谈谈造成求职者和公司都对招聘结果产生不满的原因有哪些？

一、招聘评估内涵

很多企业陷入了成为同行的“黄埔军校”的苦恼——辛辛苦苦将员工招进来，花大量时间和精力培训，等到能用的时候却留不住人才。之所以产生这些招聘困扰，往往是因为企业认为人员到位就万事大吉了，而忽略了招聘后期工作的重要性，对招聘缺乏系统评估和调整。由此可见，在一次招聘任务完成后，对招聘工作成果和方法是否有效做一个科学、客观的评估，是进一步提高以后招聘工作效率必不可少的一项工作。

互动课堂

亚马逊的招聘工作评估

亚马逊作为全球领先的电商和科技公司，注重招聘工作的评估和持续改进。他们采用数据驱动的方法评估招聘工作的质量，并根据评估结果提出改进建议。

亚马逊收集招聘反馈和数据的方式包括面试评估、员工满意度调查和绩效评估等。

1. 面试评估包括评估候选人的技能、适应性和文化匹配度。
2. 员工满意度调查用于收集员工对招聘流程和结果的意见和建议。
3. 绩效评估用于评估新员工的工作表现和能力发展。

通过综合分析招聘数据，亚马逊能够比较实际招聘结果与预期目标的差距，并提出改进建议。他们注重数据的分析和挖掘，以持续改进招聘工作，并确保招聘到高素质的人才。

问 题

请分析亚马逊的招聘工作评估可以获得哪些数据资源？对持续改进招聘工作有哪些价值体现？

二、招聘效果的评估

1. 录用人员数量评估

录用比 = 录用人数/应聘人数 ×100%

应聘比 = 应聘人数/计划招聘人数 ×100%

有效录用比（招聘完成比） = 录用人数/计划招聘人数 ×100%

如果录用比越小，则说明录用者的素质可能越高。

当招聘完成比等于或大于100%时，则说明在数量上全面完成招聘任务。

应聘比则说明招募的效果，该比例越大，则招聘信息发布的效果越好。

2. 录用人员质量评估

主要依据人与岗位的匹配率来考查；或根据录用标准对录用人员进行等级排列来评估。录用比和应聘比这两个数据也在一定程度上反映录用人员的质量。

三、成本效益评估

是指对招聘中的费用进行调查、核实，并对照预算进行评价的过程。

1. 招聘成本

招聘成本分为招聘总成本和招聘单位成本。

其一，招聘总成本是人力资源的获取成本，由直接成本和间接成本构成。

(1) 直接成本，包括广告费、招聘会费用、猎头公司收费、职业中介费用、选拔费用、录用员工的家庭安置费用和工作安置费用等。

(2) 间接成本，包括招聘人员工资、福利、差旅费、内部提升费用、工作流动费用及其他管理费用等。

其二，招聘单位成本，是总成本与录用人数的比。

2. 成本效用评估

它是对招聘成本所产生的效果进行的分析。

总成本效用 = 录用人数/招聘总成本

招募成本效用 = 应聘人数/招募期间的费用

选拔成本效用 = 被选中人数/选拔期间费用

人员录用效用 = 正式录用的人数/录用期间的费用

3. 招聘收益与成本比

招聘收益与成本比越高，则说明招聘工作越有效。

招聘收益与成本比 = 所有新员工为组织创造的总价值/招聘总成本

四、招聘方法的评估

(一) 信度评估

信度主要指测试结果的可靠性或一致性，指通过某项测试所得的结果的稳定性和一致性。可分为稳定系数、等值系数、内在一致性系数。

稳定系数：又称重测信度，是指用同一种测试方法对一组应聘者在两个不同时间进行测试结果的一致性。可用两次结果之间的相关系数来测定。

等值系数：是指对同一应聘者使用两种对等的、内容相当的测试，其结果之间的一致性。可用两次结果之间的相关程度来表示。如对同一应聘者使用两张内容相当的个性测试量表时，两次测试结果应当大致相同。

内在一致性系数：是指把同一应聘者进行的同一测试分为若干部分加以考查，各部分所得结果之间的一致性。主要反映同一测试内部不同题目的测试结果是否具有一致性。

（二）效度评估

效度即有效性或精确性，是指实际测到应聘者的有关特征与想要测的特征的符合程度。效度主要有三类：内容效度、预测效度、构想效度。

内容效度：即测试方法能真正测出想测的内容的程度。例如，某测试方法可以测试应聘者的人际交往能力，那么高分就意味着此人有很强的人际交往能力。

预测效度：是说明测试用来预测将来行为的有效性。可以把应聘者在甄选中得到的分数与他们被录用后的绩效分数相比较，两者的相关性越大，则说明所选的测试方法越有效。

构想效度：是指对在岗员工实施某种测试，然后将测试结果与员工的实际工作绩效考核得分进行比较。用两者的相关系数说明此测试方法的有效性。

拓展阅读

员工招聘效果评估方案撰写格式

一、招聘目的

(1) 检验招聘工作的成果与招聘方法的有效性程度

(2) 下次招聘工作的改进措施

二、招聘评估工作小组的构成

招聘工作评估小组由人力资源部主管、招聘工作人员及用人部门的负责人组成。

三、评估内容

（一）招聘周期

招聘周期是指从提出招聘需求到人员实际到岗之间的时间。

（二）用人部门满意度

主要从招聘有效性、信息反馈的及时性、提供人员的适岗程度等方面进行综合评估。

（三）招聘成本评估指标

1. 招聘成本

招聘成本是指为吸引和确定企业所需要的人才而支出的费用，主要包括广告费、劳务费、材料费、行政管理费等。

单位招聘成本 = 总成本/录用人数

招聘所花费的总成本低，录用人员质量高，则招聘效果好；反之，则招聘效果有待提升。总成本低，录用人数多，则招聘成本低；反之，则招聘成本高。

2. 选拔成本

对应聘人员进行人员测评与选拔，决定录用与否时所支付的费用。

3. 录用成本

录用成本是指经过对应聘人员进行各种测评考核后，将符合要求的合格人选录用到企业时所发生的费用，主要包括入职手续费、面试交通补助费、各种补贴等费用。

4. 安置成本

安置成本是指企业录用的员工到其上任岗位时所需的费用，主要是指为安排新员工所产生的行政管理费用、办公设备费用等。

5. 离职成本

离职成本是指因员工离职而产生的费用支出（损失），它主要涉及四个方面：

（1）因离职前员工工作效率的降低而降低企业的效益；

（2）企业支付离职员工的工资及其他费用；

（3）岗位空缺产生的问题，如可能丧失销售的机会、潜在客户，支付其他加班人员的工资等；

（4）重新招聘人员所花费的费用。

（四）基于招聘方法的评估指标

1. 吸引到应聘者的数量。

2. 吸引到合格应聘申请者的数量。

3. 应聘者的平均成本。

4. 平均每个被录用员工的招聘成本。

5. 成功招聘到的员工质量（业绩、出勤率等）。

（五）录用人员数量评价

（1）录用比

$$录用比 = 录用人数/应聘人数 \times 100\%$$

（2）招聘完成比

$$招聘完成比 = 录用人数/计划招聘人数 \times 100\%$$

（3）应聘比

$$应聘比 = 应聘人数/计划招聘人数 \times 100\%$$

四、评估总结

招聘工作结束后，招聘工作的主要负责人应撰写招聘评估报告，报告应真实反映招聘工作的整个环节及实施情况，并为企业下一次的招聘工作提供经验。

项目小结

（1）背景调查的含义，指在征得应聘者同意前提下，通常在正式录用决策之前，由用人单位或第三方专业服务机构通过各种正常的、符合法律法规的方法和途径，就应聘者与任职资格有关的重要情况，向应聘者以外的其他机构或人员进行核实或求证的活动。

（2）录用决策，是对选拔过程中获取的信息进行综合评价与分析，确定每一个应聘者的能力特点，并根据预先设计好的人员录用标准进行挑选，从而选择合适人员的过程。在做出录用决策时，应时刻考虑招聘的黄金法则——能级原则，最合适的就是最好的，而最好的不一定是最合适的。

（3）劳动合同定义，“劳动合同是劳动者与用人单位确立劳动关系、明确双方权利和义务的协议。建立劳动关系应当订立劳动合同。”

（4）新员工培训，又称为入职培训，是指企业为招聘到的新雇员提供师资、信息、技能平台，鼓励员工学习，开发员工潜能，使员工逐步熟悉企业环境，了解并接受企业核心价值理念，认同企业文化，明确自己即将从事的工作职责、程序和基本技能，帮助新员工尽快进入岗位角色的一项系统性工作。

（5）招聘成本效益评估内涵。人力资源的招聘工作是组织的一种经济行为，必然要纳入组织的经济核算，这就要求组织运用价值工程的原理，即以最低的成本来满足组织的需求。作为一种经济行为，招聘成本应该被列为评价行为有效性的主要内容。

（6）招聘方法的评估：①信度评估；②效度评估。

关键术语

背景调查　劳动合同　新员工培训　成本效益　招聘方法评估

知识测验

1．选择题

（1）背景调查的内容分为两类：（　　）（　　）。

A．通用项目如毕业学位的真实性、任职资格证书的有效性

B．与职位说明书要求相关的工作经验、技能和业绩，不必面面俱到

C．应聘者家庭情况

D．应聘者的应聘动机

（2）背景调查的目标部门有（　　）（　　）（　　）。

A．学校学籍管理部门　　B．历任雇用公司

C．档案管理部门　　D．应聘者家庭

（3）单位在进行录用决策时，应时刻考虑招聘的黄金法则——（　　），最合适的就是最好的，而最好的不一定是最合适的。

A．最优原则　　B．公平原则　　C．能级原则　　D．公正原则

（4）（　　）是劳动者与用人单位确立劳动关系、明确双方权利和义务的协议。

A．招聘合同　　B．劳动合同　　C．法律合同　　D．保险合同

（5）新员工培训的内容不包括（　　）。

A．认知培训　　B．态度培训　　C．情商培训　　D．职业培训

E．技能培训

（6）招聘成本不包括（　　）。

A．间接成本　　B．内部成本　　C．外部成本　　D．直接成本

(7) 招聘收益成本比越高，则说明招聘工作越有效。招聘收益成本比公式为（　　）。

A. 被选中人数/选拔期间费用

B. 正是录用人数/录用期间费用

C. 录用人数/招聘总成本

D. 所有新员工为组织创造的总价值/招聘总成本

(8) 录用人员数量评估，是指进行（　　）、（　　）和（　　）分析。

A. 录用比　　B. 应聘比

C. 有效录用比（招聘完成比）　　D. 招聘总成本

(9) 招聘方法的评估主要进行（　　）、（　　）。

A. 价值评估　　B. 信度评估　　C. 效率评估　　D. 效度评估

(10) 多纳德·柯克帕瑞克提出的柯氏四级培训评估模式包括反应评估、学习评估、（　　）、（　　）。

A. 行为评估　　B. 成果评估　　C. 认知评估　　D. 结果评估

2. 简答题

(1) 请简述录用决策的影响因素及注意事项。

(2) 请简述劳动合同管理流程。

(3) 请简述新员工培训的一般流程、步骤和方法。

3. 讨论题

在忙碌了很长一段时间后，人力资源部完成了公司大部分的招聘工作。总经理在今天的办公会议上，要求人力资源部对本次招聘工作进行一次总结，并做一下简单的评估。会后，人力资源部经理把这项任务交给了你，你将如何着手完成这项工作？

案例分析

案例一　医院不签合同把人“试用”了10个月

2012年5月28日范某到一家医院上班，当时并没有立刻签订劳动合同，院方人事科说先试用一星期，合适就留下，不合适就走。她到财务科住院处工作了一个月后，院方人事科没说她不合适在这儿工作，也没有提签合同的事。由于当时又新来了一批应届大专毕业生，她以为办完他们的关系就可以办她的了。范某2010年毕业于北京卫生学校，档案存在人才中心。人事科一直说要先去看过档案以后才能办关系，签合同。对人事聘用手续不是很明白的她只能一边工作一边等着签合同。就这样一直到2012年底人事科都没有找过范某，而她在这期间一次次地打电话找人事科问何时签合同，他们不是说过两天，就说太忙了，没时间。到了2013年3月，人事科说不去看范某的档案了，让她去把试工期的工资结算清楚，他们决定不用她了，没有任何理由。

思考题：

1. 本案中人事科违反了规范招聘录用程序的哪个环节？
2. 本案中医院的做法是否正确？

3. 范某应当如何维护自己的合法权益或采取什么样的补救措施？

案例二　到底谁违约

在一次人才招聘会上，一家广告公司的总经理与同学小张交谈后表示对他满意，许诺公司提供住房，月薪2500元以上，并拿出合同说可以当场签。受就业难的影响，小张草草地看一下便当场签了合同。几天后，小张去公司上班，职位却成了业务员，住房是一间地下室，不到20平方米，却住着6个人，所谓月薪2500元以上更是与业务量直接挂钩。小张找出合同，仔细一看，冷汗直冒，薪资条款里写的是"待遇高"，住房是"由公司提供"，合同还规定：聘用期为3年，应聘方如毁约，需按照毁约时间交纳违约金，每年3000元。小张一算，如果他要求解除合同，还要向公司交纳近1万元的违约金。

思考题：

1. 本案中广告公司的做法是否合法？为什么？
2. 小张应该如何维护自己的合法权益？
3. 应届大学生在求职过程中应当如何防范人事风险？

实训训练

1. 实训目的

通过本项目的实训训练，进一步明确员工录用与评估在人力资源管理中的应用，熟练掌握员工录用与评估的程序与方案的设计。

2. 实训内容与要求

选择当地一家企业，调查并了解其员工录用与评估的实际情况，为其设计一个规范的录用程序，并且就该企业的整个招聘与录用过程根据科学的评估方法进行评估，写成评估报告，分析该企业运用在其员工招聘与录用过程中积极之处，并对合理的地方加以总结。

3. 实训组织方法及步骤

（1）将学生分成若干小组，以4～6人为一组。

（2）小组实施调查，搜集数据。

（3）整理资料、分析数据，撰写调查报告。

（4）老师组织学生对调查报告进行分析、评议。

4. 实训时间

本实训资料查阅与调查实施可让学生利用周末时间进行，课堂讲解与评析占2个课时。

5. 调查报告

请严格按照调查报告格式写：调查目的、调查对象 、调查内容 、调查方式（一般可选择问卷式、访谈法、观察法、资料法等）、调查时间、调查结果、调查体会（可以是对调查结果的分析，也可以是找出结果的原因及应对办法等）。

6. 实训成绩评定

（1）实训成绩按优秀、良好、中等、及格、不及格 5 个等级评定。

（2）成绩评定参考准则

①是否理解激励的作用及激励理论在企业人力资源管理中的应用。

②是否掌握进行社会调查的方法。

③能否独立撰写调查报告和激励方案，真实度如何。

④调查报告是否记录了完整的实训过程，文字是否简练、清楚，结论是否明确，体会是否客观，方案是否具体、可行、有针对性。

⑤是否积极参与实训，实训态度、实训前准备和遵纪情况如何。

⑥课堂讲解、讨论、分析等实训环节占总成绩的 50%，实训报告占总成绩的 50%。

项目六　员工流动管理

学习目标

学习目标包括知识目标、技能目标、素质目标。

知识目标

1. 理解员工流动及员工流动管理的含义
2. 掌握员工流动的基本理论
3. 掌握员工内部流动的形式
4. 了解员工非自愿流出或自然流出的几种情形
5. 了解员工流失的各类因素及其对策

技能目标

1. 掌握员工流动管理的基本理论，并运用在实际问题的解决中
2. 掌握人力资源流动率的计算方法、公式
3. 掌握员工流动的形式，并在人力资源管理中灵活使用
4. 掌握员工流动的原因并能提出相应的对策建议

素质目标

1. 具有诚信、守法、公正、客观、实事求是的职业操守
2. 具有较强的组织协调与沟通能力、敏锐的反应和处理业务能力
3. 具有招聘管理相关岗位的良好职业素养与职业精神

内容架构

- 项目六　员工流动管理
  - 任务1　认知员工流动管理
    - 一、员工流动及员工流动管理的内涵
    - 二、员工流动的基本理论
    - 三、员工流动管理的必要性
    - 四、员工流动管理在人力资源管理中的地位
  - 任务2　认知员工流动形式
    - 一、员工流动形式分类
    - 二、企业员工的内部流动
    - 三、企业员工内部流动的操作方法
  - 任务3　分析员工流失状况
    - 一、认识员工流失
    - 二、员工流失的特点
    - 三、员工流动率的计算
    - 四、做好人力资源流动预测
  - 任务4　分析员工流动原因及提出应对策略
    - 一、员工流动原因分析
    - 二、应对员工流动的策略

情境任务设计

员工在公司群怒喷裁员，10 分钟后群没了

2022 年 5 月 31 日，网络上流传出一张聊天截图，内容为 LX 汽车公司的一名员工控诉公司无视国家政策，在疫情期间进行裁员。

这位员工提到：

1. 在疫情期间，公司无视国家政策进行裁员，本人没有跟公司闹也没有吵。

2. 未到裁员日就将飞书账号全部停用，离职流程必须通过飞书才能看到。耽误了自己离职，离职证明延迟好几天才开出来。

3. 被裁员后，公司不允许他拿回自己的物品。需要公司 M10 级别以上的人审批，才能去拿个人物品。

之后，可能是因为这段话影响太大，该群目前已被群主解散。

这样的事情并非个例，在脉脉上，同样有疑似 LX 员工爆料自己被强行“毕业”。“不

论绩效好坏，绩效优秀的一样被干掉，7 月份股票就成熟了，被告知股票一分没有，这不明摆着‘白嫖’一年。”

这位脉脉用户还提到，公司提前两天通知，到期马上让签协议走人，签完后公司就不让进了，自己的东西只能等邮寄。

如果你不同意的话，公司就会“上手段”——“先是威胁给你待岗只发社会最低保障工资的70%，反驳‘这不合法’之后，又给你安排工作，安排一堆你根本不可能完成的工作，你不接受就是不服从领导安排，记过一次。你接受了又不可能完成，再给你记过一次，要求每天晚上要回复信息和工作内容，就这样折腾你，让你自己受不了而主动提出离职，你还不提的话，就以记过处分的方式干掉你，简直了。”

在该条帖子下，有 5 人表示“符合事实”。

训练任务

1. LX 汽车公司的事件，给你的启示是什么？
2. 假设你是 LX 汽车公司的人力资源部负责人，你会如何处理这件事情呢？
3. 假设你是 LX 汽车公司的人力资源部负责人，请设计一份员工离职应对策略方案。
4. 请收集 3 ～ 4 个类似的案例，并与大家分享对员工离职的看法。

训练目标

了解员工流动管理的内涵、员工流动的几种模式，了解导致员工流失的各类因素，掌握员工流失的应对策略。

训练要求

学生分组，每个小组收集 3 ～ 4 个员工流动及相应的应对措施的案例，并制作成 PPT 上台演示。

训练考核

每组派出 1 位代表与教师组成评委团，对各小组的 PPT 文件和演示进行综合评价，老师和各小组代表评分各占 50%。

项目学习任务

1. 根据所学知识，能进行人力资源流动率的计算及运用。
2. 根据所学知识，能在实际工作中分析员工流动的原因并能提出解决的对策。
3. 以小组为单位，通过上网搜集不同行业员工流动的状况，进行原因分析并提出应对的建议。

任务1　认知员工流动管理

引 例

推销明星跳槽

小李大学毕业后到一家中外合资公司当推销员，他对这个岗位很满意，因为不仅工资高，而且采用的是固定工资制，令他不用担心佣金少了丢人。随着他对业务的逐渐熟练以及客户关系圈的建立，小李的销售额一直呈现上升势头。

第二年，小李在第三季度就完成了全年的定额，销售经理召他去汇报工作，并表扬他是“公司的推销明星”。

第三年，虽然公司把小李的定额提高了25%，但是小李仍然认为自己准能在第四季度初完成。然而，小李却觉得心情并不舒畅，因为他听说本市其他同行业企业都在大搞销售竞赛和奖励活动，小李开始觉得目前的状况有点像“大锅饭”。于是小李在年终时主动找销售经理谈了自己的看法，并提议实行佣金制，但是被销售经理以“这不符合本公司文化”为由拒绝了。不过令销售经理大为吃惊的是，小李在谈话后的第三天就被实行“多劳多得，上不封顶”奖励制度的竞争对手企业挖去了。

问 题

1. 什么是员工流动?
2. 小李的跳槽是属于偶然现象还是必然结果?
3. 如何看待小李的跳槽?

21世纪是知识经济的时代，中国经济从发展步入新常态，经济增速已逐步从高速转为中高速，在经济转型过程中，企业需提升人才竞争力和企业的核心竞争力，但目前员工流动已成为很多企业的一种管理常态，成为困扰企业人力资源管理的一大难题。知名人力资源服务商前程无忧每年度均会发布一份主要针对员工离职情况及调薪预期等问题的专项调研报告，在2015年、2016年的《离职与调薪调研报告》中指出，在2014年9月—11月期间，共访问了雇主3217家、员工4138人，调研结果是2014年企业员工整体流动性较2013年有小幅提升，平均离职率为17.4%；2015年10月—11月期间进行的调研，共调查了企业3241家、员工4081人，2015年的企业员工整体离职率又比2014年略有上升，平均离职率为17.7%。

由此可见，如何减少员工离职，特别是核心员工，如何建立一支稳定的员工队伍等，越来越成为企业人力资源管理者进行人员管理亟待解决的核心问题。

一、员工流动及员工流动管理的内涵

安·德维尔和马宏（Ann Denvir and Frank Mc Mahon）定义的员工流动是指人们被一

个组织雇用或者离开这个组织的行为。皮扎姆和宋伯格（Abraham Pizam and Steve W. Thornburg）则提出，员工流动包括自愿流动和非自愿流动，其中非自愿流动的原因大多是被企业解雇或被迫辞职，而自愿流动则是出自员工个人的原因（表 6－1 为某民营企业员工人员流失率统计分析）。根据上述的理论，员工流动可以理解为人员改变了在企业的现存状态，这种现状的改变可以包括工作岗位、工作地点、职业性质、服务对象及其性质等多个方面。

员工流动管理是指对人力资源的招聘、内部流动和流出进行计划、组织、协调和控制的过程，也就是对员工流动的状况进行有效管理的过程。员工流动管理的目的就在于确保组织人力资源的可获得性，满足组织现在和未来的人力需要和员工的职业生涯需要。

表 6－1　某民营企业员工人员流失率统计分析表

<table>
<tr><th rowspan="2">时间</th><th rowspan="2">在职人数</th><th colspan="2">较上月减少人数</th><th rowspan="2">较上月增加人数</th><th rowspan="2">人员变动原因</th><th rowspan="2">人员流失率</th></tr>
<tr><th>整月减少人员</th><th>期间减少人员</th></tr>
<tr><td>1 月</td><td>120</td><td>0</td><td>0</td><td>0</td><td rowspan="12">一、人员减少原因
1. 受全球金融危机影响，公司人员重新进行编制；
2. 工资待遇问题；
3. 工作环境问题；
4. 管理机制问题；
5. 培训工作不能和用人机制相适应。
二、人员增加原因
1. 人员流失补充；
2. 扩大经营项目</td><td>0</td></tr>
<tr><td>2 月</td><td>115</td><td>5</td><td>0</td><td>0</td><td>4.17%</td></tr>
<tr><td>3 月</td><td>102</td><td>10</td><td>2</td><td>2</td><td>10.43%</td></tr>
<tr><td>4 月</td><td>94</td><td>0</td><td>4</td><td>4</td><td>3.92%</td></tr>
<tr><td>5 月</td><td>98</td><td>0</td><td>3</td><td>3</td><td>3.19%</td></tr>
<tr><td>6 月</td><td>101</td><td>1</td><td>3</td><td>3</td><td>4.08%</td></tr>
<tr><td>7 月</td><td>103</td><td>0</td><td>1</td><td>1</td><td>0.99%</td></tr>
<tr><td>8 月</td><td>97</td><td>8</td><td>2</td><td>2</td><td>9.71%</td></tr>
<tr><td>9 月</td><td>97</td><td>10</td><td>10</td><td>10</td><td>20.62%</td></tr>
<tr><td>10 月</td><td>100</td><td>0</td><td>3</td><td>3</td><td>3.09%</td></tr>
<tr><td>11 月</td><td>105</td><td>0</td><td>5</td><td>5</td><td>5.00%</td></tr>
<tr><td>12 月</td><td>108</td><td>0</td><td>3</td><td>3</td><td>2.86%</td></tr>
</table>

二、员工流动的基本理论

1. 勒温的场论

美国著名的心理学家勒温（Lewin）认为，个人能力和个人条件与他所处的环境直接影响个人的工作绩效，个人绩效与个人能力、条件、环境之间存在着一种类似物理学中的场强函数关系。勒温的场论是研究人员流动的理论基础之一。

基于他提出的“场论”，归纳出如下个人与环境关系的公式：

$$B = f(p, e)$$

公式中，B 代表个人的绩效；p 代表个人的能力和条件；e 代表个人所处的环境。

该函数式的含义是，一个人所能创造的绩效，不仅与他的能力和素质有关，而且与其所处的环境（即他所提出的“场”）有密切的关系。如果一个人处于一个不利的环境中，例如专业不对口、人际关系恶劣、心情不舒畅等，则很难发挥其聪明才智，也很难取得应有的成绩。就一般情况而言，个人对环境往往是无能为力、不可改变的，改变的方法一般就是离开这个环境，转到另一个更舒适的环境去工作，这就会造成人员流动，这就是本节所提到的员工流动。

2. 卡兹的组织寿命学说

美国学者卡兹通过对科研组织寿命的研究，发现组织寿命的长短与组织内信息沟通情况有关，与获得成果的情况有关，从而提出了企业组织寿命的学说。卡兹的组织寿命学说从组织活力的角度证明了雇员流动和人才退出的必要性。

在经过大量的调查后，发现在一起工作的科研人员，在1.5～5年这个时间段内，彼此间有较高的信息沟通水平，获得成果也相对最多。在不到1.5年的时间里，成员间彼此的信息沟通水平不高，因而所获的成果也不多。在彼此相处时间超过5年时，由于大家过于了解和熟悉，在思维上已经形成定式，会导致反应迟钝和认识趋同化，这时组织会呈现出老化和丧失活力。通过对调查的数据进行统计、分析，发现了这样一条关于组织寿命及内部信息沟通的组织寿命曲线，即卡兹曲线（图6-1）。

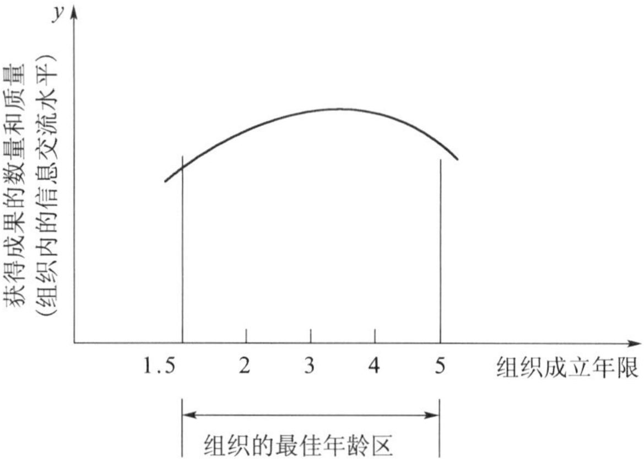

图6-1　组织寿命曲线

从卡兹曲线可见，组织就像人一样，都有成长、成熟和衰退的过程。1.5～5年是一个组织的最佳年龄区间，超过5年就会出现组织老化，解决的办法是通过人才的合理流动来实现组织的改造。与此同时，卡兹曲线也指出人员的流动不应过慢也不宜过快，流动的间隔应大于2年，这是个人适应组织环境和完成一个项目所需的下限时间。

3. 库克曲线

美国学者库克的研究是基于如何更好地发挥人的创造力的角度展开的，对人力资源流动的必要性进行另一个角度的论证。库克的研究主要是针对研究生参加工作后创造力发挥情况的调研后的数据进行统计分析，从而绘制出一条曲线，称为库克创造力曲线，简称库克曲线。

图6-2中：*OA*表示员工在3～4年的学习期间创造力增长情况；*AB*表示员工大学毕业后参加工作受命上任工作期，承担任务具有的挑战性、新鲜感，以及新环境的激励，促其创造力快速增长；*BC*为员工的创造力发挥峰值区，约1年，是员工出成果的黄金时期；随后进入*CD*，即初衰期，创造力将继续下降，持续时间为0.5～1.5年；最后进入衰减稳定期即*DE*期，员工的创造力将继续下降并稳定在一个固定值，如不改变环境和工

作内容，创造力将在低水平上徘徊不前。这种原先优秀的很有创造力的员工从事物发展的动态变为一种停滞的状态的现象，在管理实践上并不罕见，不是激励机制出现问题，而是企业的思维方式和企业的管理机制出了问题。

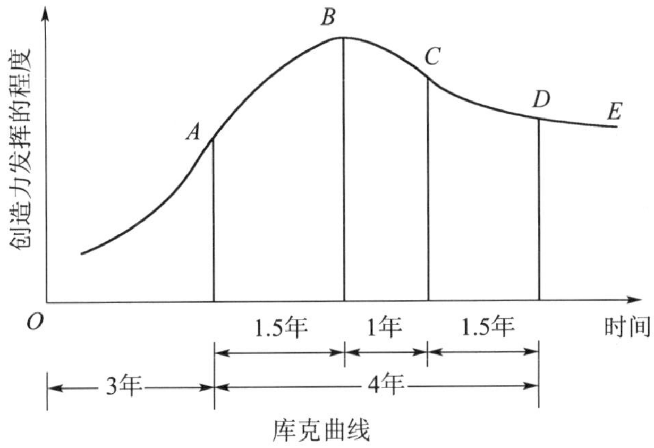

图6-2　库克创造力曲线

从库克曲线可见，人的创造力的发挥有一个最佳期（即 *BC*），超过了一定年限，员工的创造力会进入衰减稳定期（即 *DE*）。如果想要持续激发员工的创造力，管理者应及时将该岗位上的员工进行退出、变换工作岗位（环境）或流出企业等的处理方式。

4. 中松义郎的目标一致理论（图6-3）

日本学者中松义郎在《人际关系方程式》一书中提出："处于群体中的个人，只有在个体方向与群体方向相一致的时候，个体的才能才会得到充分的发挥，群体的整体功能水平也才会最大化。如果个体在缺乏外界条件或者心情抑郁的压制状态下，就很难在工作中充分展现才华，发挥潜能。个体的发展途径也不会得到群体的认可和激励，特别是在个人方向与群体方向不一致的时候，整体工作效率必然要蒙受损失，群体功能水平势必下降。个人潜能的发挥与个人和群体方向是否一致之间，存在着一种可以量化的函数关系。"据此他提出了"目标一致理论"。

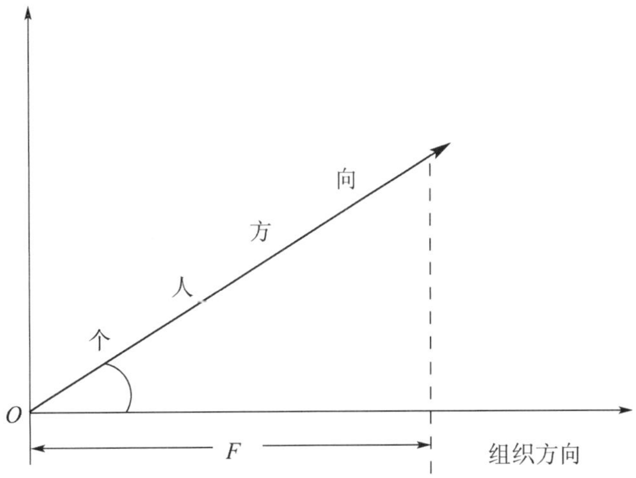

图6-3　目标一致理论示意图

目标一致理论可用公式表示人的潜能、个人目标、组织目标三者之间的关系：

$$F = F_{max} \times \cos\theta \quad (0° \leqslant \theta \leqslant 90°)$$

公式中，F 表示一个人实际发挥出的能力，F_{max} 表示一个人潜在的最大能力，θ 表示个人目标与组织目标的夹角。

从上述公式可见，当 $\theta = 0°$，$\cos\theta = 1$ 时，即个人目标与组织目标完全一致时，此时 $F = F_{max}$，个人潜能与实际发挥的能力一致，此时个人能力得以充分发挥；当 $\theta \geqslant 0°$，$\cos\theta < 1$ 时，即个人目标与组织目标不一致时，此时 $F < F_{max}$，个人的潜能受到抑制。

5. 马奇和西蒙模型

美国学者马奇和西蒙在《企业论》中将劳动力市场和个体行为融为一体来考查和研究员工流失，据此提出关于员工流失的模型——马奇和西蒙模型，即“参与者决定”模型。该模型实际上是由两个模型共同构成的，一个模型分析的是感觉到的从企业中流出的合理性，一个模型分析的是感觉到的从企业中流出的容易性。

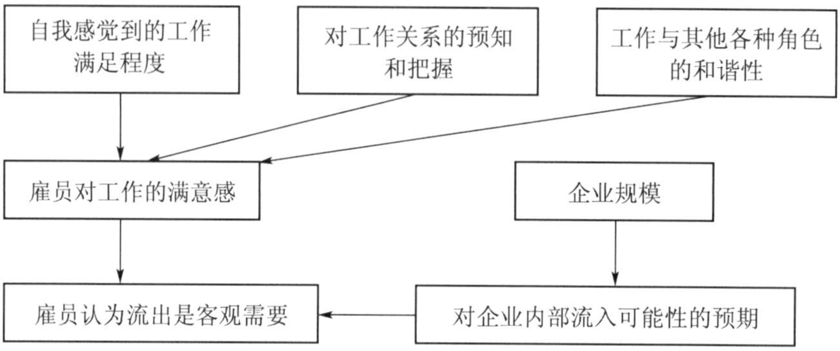

图 6－4　马奇和西蒙模型 1——员工感觉到的流出的合理性因素

图 6－4 的模型主要分析的是员工感觉到从企业中流出的合理性，其中员工对工作的满意程度及其对企业间流动的可能性的估计是两个最重要的决定因素。

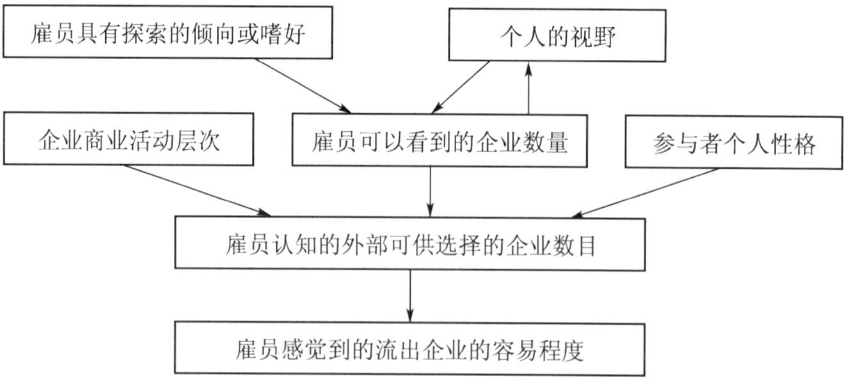

图 6－5　马奇和西蒙模型 2——员工感觉到的流出的容易程度因素

图 6－5 的模型分析的是员工感觉到从企业中流出的容易性，员工所能够看到的企业的数量、他们胜任的职位的可获得性以及他们愿意接受这些职位的程度，是该模型中的决

定因素。

6. 普莱斯模型

美国员工流失问题研究专家普莱斯尝试将企业变量和个人变量结合起来探讨雇员流出问题，并建立了有关员工流出的决定因素和干扰变量的模型。

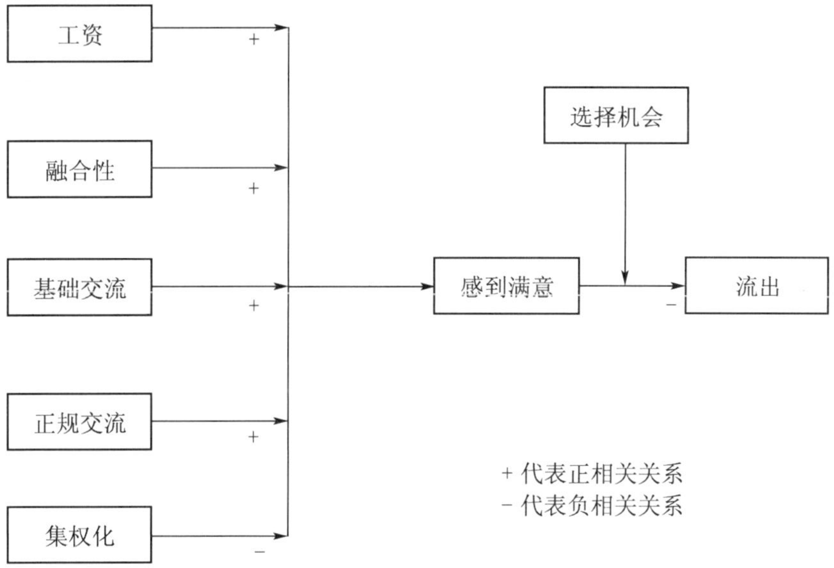

图 6－6　普莱斯模型

图 6－6 的普莱斯模型指出，员工流失和其决定因素之间的中介变量是工作满意度和调换工作的机会。普莱斯模型的前提条件是：只有当员工调换工作的机会相当高时，员工对工作的不满意才会导致流失。也就是说，工作满意度与工作机会的多少是相互影响和作用的。

7. 莫布雷中介链模型（图 6－7）

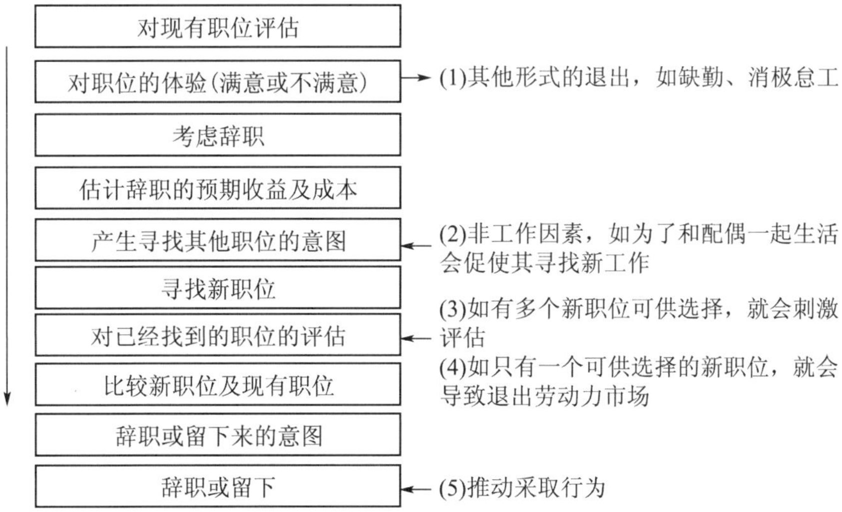

图 6－7　莫布雷中介链模型

莫布雷（Mobley）在马奇和西蒙模型的研究基础上，吸收了马奇和西蒙模型的优点，进一步提出了中介链模型（20世纪70年代提出）。莫布雷（1977）提出概念性的员工流失决策过程是最多研究者采用的模式。

该模型着重描述了工作满意度与实际离职行为之间的行为和认知过程，描述了工作满意感与流失之间的内在关系：工作不满意将导致产生流失的想法，从而寻找新工作，对新工作做出评价，产生流失的意向、流失行为，在每一步中都存在反馈，并用这种研究来代替对工作满意度与流出关系的简单复制。

三、员工流动管理的必要性

资料显示，可口可乐销售部门的员工在两年内基本换了一遍，在普华永道每年进千人、出百人。毫无疑问，员工流动已经成为企业管理中出现的一个普遍现象，对于企业而言，这更是一种管理的常态，如何把常态管理好，做好员工流动管理就显得尤为重要。

（1）社会经济发展迅猛，对于企业的要求也不断变化，使得企业对岗位的要求也在不断发生变化，员工的岗位寿命不断降低，企业间员工的流动不断加快，企业内部的轮岗与流动更加频繁，在一定程度上，合理、适度的流动具有促进员工发展和提高动力的作用，但是流动过于频繁，则会影响企业正常的生产、运作，导致政策在推进和实施过程中难以到位。

（2）在流动管理过程中，最值得人力资源管理者关注的问题是如何稳定关键员工，以及如何降低此部分人群的流失率。每个企业总会有这么一部分员工掌握着企业的商业秘密、核心技术，而这部分员工就是属于关键员工，这部分员工一旦流失，将会直接给企业带来巨大的损失，同时也会给竞争对手留下取胜的筹码。

（3）国家对于劳动者的保护越来越周密，出台的法律法规也不断健全，在员工流动过程中，企业必须依法依规处理员工的流动，应该兼顾公平性和一致性，否则将会引起不必要的劳动纠纷。

拓展阅读

人来人往是大公司的常态，而如何尽可能做好对被裁员工的人道关怀是互联网公司需要考虑的问题。

据网信中国统计，2021年7月到2022年3月中旬，腾讯、阿里巴巴、字节跳动、美团、拼多多、快手、百度、京东、网易、微博、哔哩哔哩、蚂蚁集团等12家企业总离职人数达21.68万人，总招聘人数达29.59万人，净增用工7.91万人，其中11家企业招聘人数多于离职人数。

具体来看，截至2021年底，腾讯拥有11.28万名员工，同比增长31.3%；去年7月份以来，美团净增员工1.7万人，今年还将继续推进应届生招聘计划。微博、京东、字节跳动等公司表示部分业务板块有“调整优化”，但员工数量总体保持平稳。

问题

请以1～2家企业为例，分析企业员工的流动情况。

四、员工流动管理在人力资源管理中的地位

（1）员工合理流动能保持组织活力和组织效率，防止组织僵化和官僚主义，有效提高组织创造力、战斗力。

（2）对员工流动进行正确管理，使员工的流入和流出与企业的战略决策相匹配，以应对复杂多变的环境。

（3）员工流动管理能够保证企业所需人力资源的可获得性，对于人力资源管理的各项职能具有重要意义。

任务 2　认知员工流动形式

引例

用友软件倡导员工流动

一、理想的员工流动率

软件行业的员工流动率在 15% ～ 20% 之间，用友软件股份有限公司的员工流动率在 15% 左右。用友人力资源部的组织发展经理韩洪春先生告诉记者，对于用友来说，关键不在于多大的流动率，用友更重视的是技术骨干及中高层人员的稳定。而用友希望把员工的流动率控制在 15% ～ 20% 之间，IT 行业本身发展很快，流动率一向比较高，用友也希望通过这种流动带来新鲜血液，带来新的东西，同时，让留在公司的人能得到发挥、提高。然而，如果没有骨干员工的稳定，公司业务将很难维持，企业就谈不上什么发展。

但是，对于用友这个大企业来说，几乎没有这一层的担心，因为处于用友最高层的管理层是公司最稳定的中坚力量，核心力量保持稳定是用友持续发展的重要保障之一。中层管理人员，包括部门经理和业务主管，他们的流失率要低于 15%。再次是每个项目的技术骨干，这些人往往经受了很多锻炼，已经做到一定的位置，还有较大的上升空间，也是一个比较稳定的群体。而一般员工的离职，不会给用友的业务造成太大影响，同时每年都会有一些不合格的员工被淘汰，有一些承受不了压力的人离开，更有不少新的员工进入。

在用友看来，15% ～ 20% 的员工流动率是理想的。

二、辞人规矩：两次警示四条原则

在用友，员工工作态度不佳或者缺乏工作积极性、主动性，技术、能力水平适应不了工作和新环境的要求，严重违反公司纪律，都有可能被辞退。

辞人的主要依据是业绩考核，如果员工连续两个季度考核不合格或者处于末尾，用友会考虑是否要辞退该员工。一般员工在第一个季度考核不合格或处于末尾时，直线经理就要和他谈话，寻找原因，希望他改进、提高，并提出预警；下个季度如果业绩仍不理想，经理须在季度中间与其沟通，如果第二个季度考核还不理想，就有可能被辞退。

除了考核指标，还要考虑该员工平时的表现，视具体情况来给予员工机会。而在这个过程中，人力资源部门会进行把关，敦促直线经理进行必要的面谈。

说起面谈需要注意的问题，韩洪春先生给记者讲了用友几年前发生的一件事。一位员工因为业绩考核不合格，直线经理找他面谈。碍于情面，而且考虑到对方的自尊心，直线经理没有开门见山直接指出员工的不足，而是通过表扬的方式来委婉地指出问题，导致员工接收了错误信息。第二个月，该员工考核再次不合格，被人力资源部门辞退。该名员工很生气，认为没有依据而且没有警示，重要的是没有给他改过的机会，于是把公司上上下下所有的高层经理、部门经理和业务主管折腾了一遍。

这件事情给用友人力资源部的启示很大。从此，在员工面谈方面明确规定了几条需要坚持的原则：

（1）明确对员工指出问题所在，不可含糊其辞或者过于顾及员工的面子，以免传递错误信息，造成员工误会；

（2）就事论事，谈的是工作，不可涉及人本身如何；

（3）提供事实依据，否则员工很难接受给出的结论；

（4）一定要明确目的，面谈的真正目的不在于辞退员工，而是提醒他，希望他能够反省，并不断提高。

三、留人关键：机会、薪酬和文化

吸引和保留优秀人才是贯穿整个人力资源管理的问题，是一件日积月累的工作。用友不希望等到核心员工提出辞职的时候，才去考虑如何挽留他们——那便为时已晚。他们希望平常的每一个小细节都可以为用友留住最优秀的人。

软件行业在国内是一个快速发展的行业，而用友又处于这个行业发展较快的位置，企业明朗的发展前景无疑是它最大的吸引力。用友软件开发规模非常大，主流产品的开发人数通常为200～300人，员工能在项目开发的过程中得到充分的锻炼。

用友员工的职业发展可以分为两种序列：一是管理序列，主要是部门经理、总经理等职能部门，从事行政和业务管理。二是纯粹的技术序列，即沿着“工程师→高级工程师→专家”方向发展。韩先生称，用友员工的发展空间很大，每年都有十几、二十名员工被提升为项目经理，前年甚至去年才进入公司的硕士生，现在已经有人被提升为部门经理和项目经理。韩先生认为，对这些骨干员工而言，提升后的任务和压力都大于提升前，受到的挑战更多，只要他们胜任了新职位，对他们而言，本身就是一种提高和发展。

用友相对丰厚的薪酬待遇也很有吸引力，尽管薪酬在保留核心员工方面起到的作用已经不大，但用友仍然十分重视这个方法。韩先生指出，用友的薪资在业内处于中上水平，比如部门经理的年薪平均在15万元以上。

用友的企业文化也是保留员工的一个方式，主要通过内部宣传，让员工清晰地知道企业的远景规划、战略目标，让员工能够清晰地展望到未来。“留人关键在留心，如果员工对企业缺乏认同感，是很难留住他们的；即使这些员工没有流失，也很难在企业中发挥他们应有的作用。”韩先生告诉记者，用友的文化重视发挥员工的主动性，只要不违反公司大的规定，在原则范围内，公司鼓励员工充分发挥个人能动性，而不会有人指责你应该如何、不应该如何。这和软件行业本身的特点也是相关的。

四、积极培养接班人

用友对待员工离职态度非常谨慎，因为优秀的接班人很难培养，但同时用友也一直非常注重培养接班人，每一个关键岗位都会有优秀的候选人。这种严格、谨慎的态度为用友带来的结果就是，用友很少因为某一位技术骨干的离开而造成业务链的中断。

平时招聘新人时，用友会注意考察新人各方面的能力，寻找适合的接班人。新员工进入公司后还要接受各种各样的培训，给他们适当的锻炼机会，以适应岗位。而对用友而言，最可贵的就是，这项培养新人的工作已经实现流程化。但这种不断提拔新人的做法会不会给原有的技术骨干造成巨大压力而促使他们离职？韩先生笑答："我们就是要给他们压力，希望他们能够感受这种压力，不断地超越自己。"

问题

1. 用友公司为什么要倡导员工流动？
2. 用友公司采用了哪些员工流动的形式？
3. 你认为现代企业应树立怎样的员工流动管理观念？

一、员工流动形式分类

员工流动可以理解为员工从一种工作状态到另一种工作状态的变化，可以视为一种员工工作状态的变化。根据不同分类角度，员工流动可以分为以下几种形式：

（1）从企业微观角度分类，可分为流入、内部流动和流出等三种形式。

（2）根据工作状态确定因素的不同，可以分为劳动力的地理流动、劳动力的职业流动和劳动力的社会流动等。

（3）按照人力资源地理流动范围分类，可以分为国际和国内两种，其中国内流动中，又可分为企业之间和企业内部两种。

（4）按照流动的意愿分类，可分为自愿流动和非自愿流动。

（5）按照雇员流动的社会方向分类，可分为垂直流动和水平流动两种。

二、企业员工的内部流动

从企业的微观角度出发，员工流动的形式包括流入、内部流动和流出，本部分主要探讨内部流动问题，如图 6 – 8 所示。

- 员工流动
  - 流入（外部招聘、临时雇用、租赁等）
  - 内部流动（平级调动、晋升、降级、岗位轮换等）
  - 流出
    - 自愿流出（辞职、第二职业、主动型在职失业等）
    - 非自愿流出（解雇、提前退休、被动型在职失业等）
    - 自然流出（退休、伤残、死亡等）

图 6 – 8　员工流动形式

当前，企业间激烈地争夺人才，但是拥有了人才并不等于就拥有一切。企业不但需要各种不同类型的人才，而且还需要对这些不同类型的人才进行有效的组合，这样才能适应企业发展的需要。企业的管理人才、技术人才和业务人才是相互交叉的，他们的知识结构、专业特长和性格特点都不一样，企业在用人方面的其他许多情况也是具有特异性的，因此，难于找到一个符合所有企业的标准来进行人才组合。

以下是几种常见的内部流动形式：

1. 平级调动

平级调动是指企业内部员工在职位、职务、职称等级别和薪酬不变情况下于同级水平岗位之间进行调整，这是比较常见的人员配置的方式。一般而言，一个组织可供晋升的岗位是比较有限的，而且岗位的级别是呈金字塔式的，级别越高可用于晋升的岗位职位就越少，大部分的员工都是在同级水平调动。但是平级调动也有其激励作用，例如将经常上“晚班”的员工调到白天上班；如员工被调任到一些重要部门的岗位任职，平调之人也有受重用之感，从而激发其工作积极性。

人员平调的核心是确定谁可以调动，而调动的依据一般是根据员工的资历和业绩两个标准。通常情况下，组织希望根据员工的能力大小安排平调，而员工更愿意依据资历深浅调动工作。

2. 岗位轮换

岗位轮换是组织有计划地按照大体确定的期限，让职工（干部）轮换担任若干种不同工作的一种人员配置方法。其主要目的是考查员工的适应性，开发员工多方面能力，进行在职训练和培养主管等。

轮岗已成为现代企业培养人才的一种有效方式，在很多大型的高科技企业和著名外企中都有实行轮岗制，如华为、西门子、爱立信、柯达、海尔、北电网络、联想、明基等公司，都会在本公司内部或跨国分公司之间进行岗位轮换。通过岗位轮换，企业充分利用自身经营的优势，培养出具备跨专业、跨行业、跨企业、跨文化管理能力和工作经验的经营、管理人才，使用这样的方式能培养出大批优秀的复合型人才，而且成本比较低，风险也比较小，为企业的持续发展奠定智力基础。

此外，对员工来说，轮岗可谓是职业生涯规划的有效方式。通过轮岗，员工可以更好、更准确地找到适合自己发展的位置，激发自身潜能，提升个人存在的价值。

虽然岗位轮换对于企业和员工都有比较多的益处，但在实际推行过程中，还是存在诸多困难和阻力需要去克服。最突出的问题就是每年的岗位轮换，一方面加重了HR部门的负担，另一方面也给业务部门的工作造成一定程度的影响。为此，在实施岗位轮换制的过程中，应坚持用人所长、自主自愿、合理流向、合理的时间间隔原则。

3. 岗位晋升

晋升是指在有等级高低之分的岗位或职务之间，从较低级别向较高级别的变动、调整。从人力资源管理理论的角度出发，岗位晋升是员工向一个比前一个工作岗位挑战性更高、所需承担责任更大以及享有职权更多的工作岗位流动的过程。

在人力资源的日常管理中，岗位晋升是企业常用的一种选拔人才的方式方法，是组织管理和员工激励的有效途径，更是留人和用人的好方法。因为内部选拔晋升的员工都在企业工作过一段时间，彼此互相熟悉、了解，对于基层员工会起到较好的激励作用。

在内部岗位选拔晋升的过程中，必须注意几点：尽量减少因个人主观的认知而造成的对员工的判断偏颇的影响；尽可能减少小圈子范围选择，而应把选择视野放宽至全企业、各层次的范围内；不可对员工苛责求全，要用人所长，注重员工与岗位之间的匹配度等。

4. 岗位降级

岗位降级是与岗位晋升相对应的，流动方向与岗位晋升相反。这种方式在企业中较少使用，因为不论是什么原因造成员工放弃高一层级职位，回归本位，即降职，那么员工的自尊心会受到极大伤害，因为没有人愿意体会降职的痛苦。来自个人、下属和组织三方面的压力通常会使员工选择离职。一般而言，企业不会轻易使用岗位降级的方法，如果非要使用这类方法，直接协商解除彼此之间的劳动关系，在企业内部造成的影响相对会较小。

互动课堂

员工流动，影响了公司发展？

H公司是一家生产日化产品的世界500强企业，公司员工上万人。近来，公司CEO对公司出现的问题很苦恼：新产品的推出没有及时跟上计划，破坏了公司的营销计划，许多产品出现质量问题，客户满意度正在下降。为此，公司开展了一次内部调查，查找问题的原因。调查发现，公司内部精英人员的高速流动是造成质量和产品出现问题的重要原因。

公司快速的人员流动带来了一系列出乎意料的负面影响：经理们每隔两年更换一次工作，职位越高，工作换得越频繁。由于管理者的“在位时间”十分短暂，难以熟练掌握相应的产品、设计和营销等领域的技术知识，进而缺乏掌控关键技术的能力。而新经理上任后常常会改变原有的项目方针，推翻前一任经理的决定，而代之以自己的新的决定，导致负责新产品设计、生产和营销的员工无法充分发挥才干、深入钻研，也没有时间学习提高工作质量的特殊技艺，因而达不到工作要求和公司的标准。员工的快速流动把最优秀和最聪明的员工培养成了多面手。

问题

1. 根据上述案例，请谈谈对企业内部人员流动的看法。
2. 假设你是企业的HR，将如何处理H企业中存在的问题？

三、企业员工的内部流动的操作方法

通常企业会因各种需要，对内部人力资源进行调整，一般的操作模式是：

（1）根据企业岗位空缺情况，在某些岗位如部门负责人等空缺的情况下，应该优先考虑内部人员调整。

（2）公布职位，接收员工个人申请。

（3）根据员工在企业的日常表现、绩效业绩等情况，结合空缺岗位任职要求进行人员初步筛选。

（4）对符合条件的申请者，进行公开竞聘、岗位任职能力测评、岗位胜任能力测试等。

(5) 根据测试、测评情况，提交企业高层管理者研究决定。

上述流程一般针对重要的管理层人员进行，如果是一般的技术人员或技术工人，直接根据员工的个人意愿及员工在企业的实际表现及业绩情况调整即可。

只有按照和谐互补、高效精干的原则，动态地配置现有人才，使每个人在工作中找到最适合自己发挥才能的位置，才能创造出最大的效益。通过建立并完善企业内部人才流动机制来达到有效的人才组合，可以使人才个体在总体的引导和激励下释放出更大的能量，既有利于人才实现自我价值，也有利于企业的发展。反之，如果企业内部人才不能合理流动，就难以实现高效的人才组合。

任务3　分析员工流失状况

引 例

案例1

在江浙一带，制造行业的竞争力很大一部分来自当地稳定的加工技术工人供应。在江苏有一家大型变压器的生产厂家，普通工人都是当地的居民。变压器厂没有太多的技术含量，国内的厂家都是买国外公司进口元器件进行组装，所以，对变压器行业来说，主要的竞争就是组装工艺和成本的竞争。变压器组装是有一定技术含量的，对流水线工人的要求相对比较高，要有一定的电子知识，培养一个成熟的组装工人，需要3个月时间。他们的生产线工人都是当地居民，在当地有自己的房子，每天骑摩托车上下班，很少有人员流动。这对企业来说，能够常年保持一批稳定的成熟组装工人。企业在人员流动成本上的花费很少，给企业的产品价格竞争带来了很大的优势。所以，企业在这行业发展非常迅速，在几年时间就成长为行业内排名前列的企业。

案例2

珠江三角洲有家小型变压器的生产厂家，其年销售额为3个多亿。2005年企业开始大扩张，同时，管理上进行大变革，但是由于变革没有给员工带来实惠，员工对企业非常不满。每月员工流失率是8%，年度员工流失率是96%，也就是说一年下来，企业的所有员工都换了一遍。年度财务报告出来后，所有高层都吓了一跳，企业的收入比2004年增长了30%，但是利润却出现了负增长，与2004年相差无几。利润大部分被2005年高额的人员流动成本给抵消掉了。而且，在年度提升干部时，高层领导发现，公司绝大部分都是新人，根本就不清楚哪些人是可造之才。2006年，公司重新调整了管理方向，在人才储备和培养上花了很多精力，虽然取得了一定的成效，但是，浪费了一年快速发展的好机会。

问 题

1. 分析上述两个案例，你从中得到什么启发？
2. 员工流失对企业而言意味着什么？
3. 如果你是公司的HR，你会做些什么？

目前在大多数企业内部，由于没有建立一种常态化的内部人才流动机制，员工一般只有在干得非常出色并得到上司认可时才会给予晋升、调整岗位的机会，但是这样的机遇可以说一般员工一辈子也难得碰上几次。在一个企业或部门内部，绝大多数人都是长期待在一个固定的岗位，一个员工即使对自己正在从事的工作岗位不满意，或者认为企业内部有另一个岗位更加适合自己，想要改变一下都是极其不容易的事情。直接的恶果是员工们常常感到怀才不遇，工作积极性受到明显抑制，而企业没有正视这种现状，认真分析原因，最终造成员工流失，这样无疑对企业和员工都是一大损失。

一、认识员工流失

1. 员工流失的内涵

员工流失是指员工个体中断与企业、组织间的关系的过程，按照契约理论，员工流失实质就是员工个体与企业组织之间的雇佣关系的终止和结束。而员工流失包括自愿流失和非自愿流失。

拓展阅读

特斯拉2022年上半年解雇了大约200名员工，他们负责研究特斯拉Model3和其他车型所使用的Autopilot系统。据悉，离职员工中有相当一部分加入了特斯拉的竞争对手。2022年6月初，埃隆·马斯克表示，特斯拉需要削减10%的员工。特斯拉的股票自2022年4月以来已经开始不断走低。

招聘网站显示，绝大部分前特斯拉员工最终都离开了汽车行业，但是还有一些人留在行业中，并加入特斯拉的竞争对手，这是该公司需要担心的事情。截至目前，据粗略统计，在过去90天里，共有457名员工离开特斯拉。其中，98人去了Lucid、Rivian或福特、通用等车企，其中90名员工直接去了Rivian和Lucid这两家特斯拉最直接的竞争对手。

问 题

请分析特斯拉裁员给企业和员工造成的影响。

对于企业员工流失率的管理和控制，我们更多的是关注员工的自愿流失问题。这种自愿流失是指企业不愿意，但员工个人愿意的流出。这种流出方式对企业而言是被动的，一般而言企业是不希望员工流出的，因为这种流出往往会给企业带来特殊的损失。但是辞职是员工的权利，由于对企业不利，企业应该尽可能设法控制和挽留，至少要做到减少或避免这种现象经常发生。

2. 员工流失的种类

按照员工与企业组织之间的隶属关系来划分，一种流失是指员工与企业彻底脱离工资关系或者说员工与企业脱离任何法律承认的契约关系的过程，如辞职、自动离职；另一种流失是指员工虽然未与企业解除契约关系，但客观上已经构成离开企业的事实的行为过程，如主动型在职失业。

按照员工流失的类型来划分，分为主动流失、被动流失和自然流失。

拓展阅读

调查数据显示，企业的年度员工流失率不是越低越好，一般流失率在5%左右是属于正常范围。

关于员工流失状况，一般需要做到以下三点：

1. 有度

员工流失是很正常的现象，但要把握好度：年度员工流失率一般不高于15%为宜，但也不是越低越好，根据区域、行业、企业性质不同，大部分企业最低一般不低于1%，处于5%左右是属于正常范围。当然，流失率大小也受很多外界因素影响，如社会大环境、公司发展情况、项目缩减、公司规模大小等因素影响。

2. 有数

企业无论大小，都要做到从“心中有数”到“统计有数”，最好能细化到部门和岗位，因为有了数据支撑，企业才能做出精准的计算和判断。

3. 有固

核心人才的稳定性必须要高，“铁打的营盘流水的兵”，核心人才团队不稳，会直接影响企业生存，制约企业未来发展。

二、员工流失的特点

1. 群体性

根据国内最大的人力资源服务商前程无忧多年来发布的“离职与调薪调研报告”，员工流失不是普遍存在于所有行业所有岗位，而是存在于一些相对集中的行业或岗位中的，体现了员工流失的群体性的特点。

比如在一些新兴的行业中，某些群体就成为比较难招聘、流失率高的目标人群，如机器人研发企业中的研发技术人员；又如业务管理精英，该部分群体在企业中属于高层的管理人才，在行业中有一定知名度，该部分人群是猎头公司物色的目标，像李开复一类的人群等。

还有一部分人群是属于个人原因，如对企业不满的、认为受到企业不公平待遇或在企业人际关系不好的、对自身职业生涯发展不明晰的，该部分人群要么是对工作的外部环境不满意，要么是对自身认识不清晰，都会导致员工流失。

2. 阶段性

这个特点主要体现在时间上相对比较集中，虽然每个月企业都可能有员工离职，但是根据很多资料调查分析所得，员工流失是会在每年的某几个时间段集中出现的，呈现时间上的阶段性特点。

比如，每年的春节后是一个公司招聘的旺季，此时员工换工作比较集中，因为很多企业在春节前就会完成上一年度的奖金发放的工作。

还有一种情况是员工个人流动资本升值后的一段时间内，比如学历层次提升了（即毕业季)、职称晋升获批了（即职称证书下发时）等时间段，员工就会谋求更好的工作机会，这部分人群也是最容易成为员工流失的群体。

3. 趋利性

我国西汉著名史学家、文学家司马迁在《史记》的第一百二十九章《货殖列传》中有这么一句话："天下熙熙皆为利来，天下攘攘皆为利往。"意思是天下人为了利益蜂拥而至，为了利益各奔东西，普天之下的芸芸众生为了各自的利益而劳累奔波。这句话充分展现出人性中趋利性的一面。利益并非仅仅是金钱，而是各种能够获得物质和非物质形态的合集。物质的东西，自然而然以金钱为代表；非物质的东西，则是以各种形式的荣誉为首。人的趋利的本性根源于人的生存本能，是人的生存欲望和生存需求。因此，员工流失、寻找新的发展机会总是趋向于个人利益和个人目标。这些员工可分为追求物质型、追求环境型和追求稳定型。

三、员工流动率的计算

作为人力资源管理者，其中一项必备的技能就是掌握如何计算员工流动率。在企业里，由于企业员工各种原因的流出与新发生的流进而产生的人力资源变动，就形成了企业的人力资源的流动与周转。衡量一个企业在一定时期内组织、员工队伍是否稳定的重要指标就是人力资源流动率，人力资源管理者应及时掌握员工流失的数量、情况，分析员工流失的特点、原因，以便对企业人力资源进行有效的管理。

方法一：综合考虑三个计算公式来评估人力资源流动率。

（1）人力资源离职率

人力资源离职率是以某一单位时间（通常是以月为单位）的离职人数，除以工资册上的月初月末平均人数然后乘以100%。离职率主要用来测量人力资源的稳定程度。离职率通常以月为单位，较少采用以年为单位，主要考虑到如果按年为单位，需要考虑季节与周期变动等因素。具体公式表示如下：

离职率=（离职人数/工资册平均人数）×100%

备注：计算离职人数范围时应包含辞职、免职、解职等情况的人数，工资册上的平均人数是指月初人数加月末人数然后除以2。

（2）人力资源新进率

人力资源新进率是新进人员除以工资册平均人数然后乘以100%。具体用公式表示为：

新进率=（新进人数/工资册平均人数）×100%

备注：工资册上的平均人数计算方法同上。

（3）净人力资源流动率

净人力资源流动率是补充人数除以工资册平均人数。具体用公式表示为：

净流动率=（补充人数/工资册平均人数）×100%

备注：补充人数是指为了补充离职人员所雇用的人员数量。工资册上的平均人数计算方法同上。

上述三个计算公式通常是结合一起考虑的，分析净人力资源流动率时，可与离职率和新进率进行互相比较。一般而言，一个成长发展的企业，净人力资源流动率一般会等于离职率；一个紧缩的企业，其净人力资源流动率会等于新进率；而处于常态下的企业，其净人力资源流动率、新进率、离职率这三者应该是相同的。

方法二：使用四个计算公式综合评估人力资源流动率。

人力资源流动率是以一定时期内某种人力资源变动（离职和新进）与员工总数的比例计算得出的。

（1）流动总量的流动率

流动总量流动率 =（流出人口数 + 流进人口数）/全部人口数

（2）流动差量的流动率

流动差量的流动率 =（流进人口数 − 流出人口数）/全部人口数

（3）流出量的流动率

流出量的流动率 = 流出人口数/全部人口数

（4）流进量的流动率

流进量的流动率 = 流进人口数/全部人口数

备注：流进人口数就是从计算期开始到计算期末的新进来的人员数量。流出人口数就是从计算期开始到计算期末的流出的人员数量。全部人口数就是从计算期开始到计算期末原来的人口数 + 流进的人口数。

互动课堂

计算人力资源流动率

下表是某公司上半年的人员流动情况表，按照下列要求完成练习：

月　份	期初人数	录用人数	离职人数	期末人数
一月份	50	3	35	18
二月份	18	35	20	33
三月份	33	20	6	47
四月份	47	13	5	55
五月份	55	0	3	52
六月份	52	3	1	54

问 题

1. 请根据所学的知识，计算该公司的人力资源流动率。
2. 讨论一下，哪种计算方法相对科学、有效？

四、做好人力资源流动预测

人力资源管理者通过对本组织内部现有各种人力资源的认真测算，并对照本组织在某一定时期内人员流动的情况，即可预测出企业组织在未来某一时期里可能提供的各种人力资源状况。

（一）测算本组织内现有的各种人力资源状况

在前面项目，曾提到构建“eHR”体系，建立员工档案，便于人力资源管理者进行有效的人力资源管理活动。这里就需要使用到“eHR”系统中的员工档案信息，包括：员工的年龄性别、工作简历、受教育情况、技能等方面的基本资料信息，员工潜力、个人发展目标以及工作兴趣爱好等方面的情况，员工个人拥有的技能，如技术、知识、经验、发明、创造以及发表的学术论文或所获专利等方面的信息资料。把员工电子档案中的信息与企业组织内部各个岗位所需要的知识、技能情况进行匹配测算。

（二）分析企业组织内部人力资源流动的状况

根据企业组织人力资源流动率，结合企业组织内部现有职工的多种流动状况，包括滞留在原来的工作岗位上、平行岗位的流动、在组织内的提升或降职变动、退休、工伤或病故等情况，全面分析企业组织内部人力资源的流动现状。

目前，国内外企业组织对本组织人力资源供给方面进行预测的方法主要是：根据本组织各部门的管理人员以往有关工作岗位上输入和调出信息以及在本单位内工作变动的情况进行预测性测算，这样，人力资源计划人员就可预测出组织内现有或未来某一时期内可提供的各种人员的数量。这种方法适用于相对稳定的环境或短期性的预测。

（三）进行人力资源供需方面的分析比较

把本组织人力资源需求的预测数与在同期内组织本身仍可供给的人力资源数进行对比分析，从比较分析中则可测算出对各类人员的所需数。在进行本企业组织未来某一时期内可提供的人员和相应所需人员的对比分析时，不但可测算出某一时期内人员的短缺或过剩情况，还可根据实际情况进行人员调整，以使企业组织内部人员数达到均衡。同时，也有助于人力资源管理者根据员工与岗位之间的匹配程度，有针对性地启动培训工作。

任务 4　分析员工流动原因及应对策略

引例

白秦铭的跳槽

白秦铭在大学时成绩不算突出，老师和同学都不认为他是很有自信和抱负的学生，他的专业是日语，不知何故，毕业后他被一家中日合资公司招为销售员了。他对这岗位挺满意，不仅工资高，而且尤其令他喜欢的是这公司给销售业务员发的是固定工资，而不采用佣金制。他担心自己没受过这方面的专业训练，比不过别人，若拿佣金，比别人少会觉得丢脸。

刚上岗位的头两年，小白虽然兢兢业业，但销售成绩却一般。可是随着他对业务的逐渐熟练，又跟那些零售商客户们搞熟了，他的销售额渐渐上升。到第三年年底，他觉得自己已进入全公司几十名销售员中头 20 名之列了。下一年，根据跟同事们的接触，他估计自己应该可以当销售员中的冠军了。不过这公司的政策是不公布每人的销售额，也不鼓励互相比较，所以他还不能很有把握地说自己一定可以坐上第一把交椅。

去年，小白干得特别出色。尽管定额比前一年提高了25%，可到了9月初他就完成了全年销售定额，但他对同事们仍不露声色，也没发现有什么迹象说明他们中有谁已接近完成自己的定额了。此外，10月中旬时，日方销售经理召他去汇报工作。听完他用日语做的汇报后，那经理对他说："咱公司要再有几个像你一样棒的推销明星就好了。"小白微微一笑，没说什么，他心中思忖，这不就意味着承认我在销售员队伍中出类拔萃、独占鳌头么？

今年，公司又把他的定额提高了25%。尽管一开始不如去年顺利，但他仍然一马当先，比预计的干得要好。他根据经验估计，10月中旬前他准能完成自己的定额。不过他觉得心情不舒畅。最令他烦恼的事莫过于公司不告诉大家干得好与坏，没个反应。他听说本市另两家中美合资的化妆品制造企业都搞销售竞赛和奖励活动，其中一家是总经理亲自请最佳销售员到大酒店吃一顿饭，而且人家还有内部发行的公司通讯之类的小报，让人人知道每人的销售情况，还表扬每季和年度的最佳销售员。想到自己公司这套做法，他就特别恼火。其实，在开头他干得不怎么样时，他并不太关心排名第几的问题，可如今觉得这对他越来越重要了。不仅如此，他开始觉得公司对销售员实行固定工资制是不公平的，一家合资企业怎么也搞"大锅饭"？应该按劳付酬嘛。

上星期，他主动找了那位日本经理，谈了自己的想法，建议改行佣金制，至少实行按成绩给予奖励的制度。不料那日本上司说这是既定政策，母公司一贯就是如此，这正是本公司的文化特色，从而拒绝了他的建议。昨天，令公司领导吃惊的是，小白辞职而去，听说他被挖到另一家竞争对手那儿去了。

问题

1. 分析白秦铭跳槽的原因。
2. 你认为该公司是应该让白秦铭留下还是让他离开，为什么？
3. 如果你是该公司的HR，你会采取什么措施应对？

一、员工流动原因分析

一般而言，绝大部分员工（除个别行业外，如IT等）在职业发展过程中都期望能在相对稳定的环境中进行，不喜欢变化太大。因此，就绝大多数的员工而言，在一个组织中工作过一段时间以后，如果没有什么特别的原因，一般不会考虑更换工作，由此可见员工流失总是有原因的。虽然员工流失的原因是多方面的，既有当前社会文化背景因素的存在，也可能有员工个人道德素质的因素，但是归根到底，组织在员工流失的问题上应承担更多的责任。下面分别从组织和员工个人两方面具体分析员工流动的原因。

（一）组织环境因素

员工对自己所属企业的组织环境的满意程度是员工决定是否流动的重要因素。组织环境涵盖了工作要求、人际关系、收入和福利状况、领导风格、工作条件、工作的公平感等方面。

1. 工资收入水平

根据很多的调查研究所得，组织给个人的工资收入是员工考虑是否流动的很重要因素，甚至是首要因素。员工需要生存、生活，个人的工资收入一般就是员工的主要收入来源，如果员工的工资收入水平低于组织同类人员的工资收入水平，或员工的工资收入水平低于社会、行业的同类水平，只要有新的机会，员工将会毫不犹豫地选择流动。

2. 岗位工作内容

预测流动率其中一个重要的指标是员工对工作内容的感觉和评价。1975 年哈克曼（Hackman）与奥德海（Oldham）在特纳（Turner）和劳伦斯（Lawernce）的任务特性模型研究的基础上，提出了工作特征模型理论（job characteristics model），通过这个模型来诊断和了解员工对其工作职位的感觉和评价。

根据工作特征模型，任何工作都可用 5 个核心任务纬度来描述，即技能的多样性、任务的同一性、任务的重要性、工作的自主性及工作反馈。他们的实证研究表明，如果一种工作包含的技能的多样性、任务的同一性和任务的重要性越多，员工对工作意义的体验就越深，员工积极性、工作绩效、满意度相对越高，员工流动率相对越低。员工对待工作的责任感可以通过工作的自主性反映，工作自主程度越高，员工满意度越高，流动率越低。

3. 企业的发展前景

一个企业的发展前景、发展实力，通俗地说可以是一个企业给员工的长远发展的未来。一个企业是否存在远景规划，这个远景规划是一个可预见的将来还是只是一个不可想象的空中楼阁，对员工而言非常重要。一个有上进心的员工，在努力工作的同时，常常会审视自己所从事的工作的发展前景，如果员工看不到企业发展的希望，想象不到企业未来发展的模样，员工就会做好随时另谋高就的打算。

4. 企业的文化及氛围

员工都希望在一个比较愉快、舒心的环境中工作，良好的企业文化和氛围，可以给员工构建一个和谐的人际关系环境和一个安心稳定的发展环境，从而使员工对这样的工作环境产生留恋的心理。但是如果一个企业的内部人际关系紧张，总是有内部矛盾，没有一个积极向上的氛围，势必会影响到员工的精神状态以及个人理想的追求，员工很容易萌生离职的念头。

5. 企业的选人、用人等的人力资源管理水平

企业用人的管理水平也是影响员工流动的其中一个因素。在很多私企、民营企业中，任人唯亲是一个比较常见的现象，大部分私企、民营企业往往都是家族企业，企业中的重要岗位都是由自己的家族成员担任，这样出于血亲关系的用人选择，一定程度上会使有才能的人对企业产生失望，而产生流动的意向。

此外，如果企业在选人用人上，不是把德、能、勤、绩、廉等要素作为选拔的标准，而是选择一些不适合的，或职业道德、品德不佳的人，不但不能形成一个良好的用人管理氛围，而且还会严重挫伤、打击员工的积极性，最终导致员工考虑做出新的选择。

再者，在现代人力资源管理中，相对于纯粹的绩效考核而言，企业对员工的感情维护与关心显得更为重要，即所谓的“感情留人”。“感情留人”是基于员工主观感情上的一种激励，这要求企业管理者能放下身段，深入基层，倾听员工的心声，设身处地为员工着想，管理层对于员工的感情、生活方面的关心和过问应细致入微，充分做到“心系员工”。如果企业对待员工流动的态度是无所谓的，势必会极大地挫伤员工的积极性。一般

而言，员工对企业都是有感情的，在企业年资越长的员工，感情是越深厚的。如果企业不珍惜员工对企业的感情，无疑会使员工失望离开企业。

（二）个人因素

1. 年龄因素

年龄在员工流动过程中，是个人因素中最重要的因素之一，根据美国相关学者的调查研究数据，最频繁变换工作的年龄介于22～24岁，随着年龄的增加，流动相对减少，年龄在32岁以上的人员变换工作率约为20岁左右的1/2，在42岁以上人员变换工作率约为20岁左右的1/4。相比较而言，年轻人不稳定因素比较多，随着年纪增长，工作稳定性会逐步提高。

2. 个人的个性特质

个性是一个人相对稳定的思想和情绪方式，是其内部的和外部的可测量的特质。一个人在不同情境下所表现出来的特点，就可以称为个性特质。根据研究资料分析，具有某些个性特征的人群，流动率相对比较高，如具有内控、高自尊、高冒险、高马基雅维里主义个性特征的人，就属于流动率比较高的人群。

此外，个人的个性特质也会影响甚至决定员工的职业兴趣。如果个性比较内敛的人，选择销售、公关等行业，个性中的特点势必会成为个人职业发展过程中的短板。

因此，员工个人在选择职业时，应该充分考虑自身的性格特征，企业在招聘员工时也应该结合岗位特性综合考虑员工的个性特质，以降低员工的流动率。

3. 员工个人对企业的满意度

在企业的管理中，员工在企业中的实际感受与其期望值相比较的程度，就是员工对企业的满意度，就是企业的幸福指数，是企业管理的一张“晴雨表”。

20世纪50年代后期，美国心理学家赫兹伯格调查发现，人们对诸如本组织的政策与管理、工作条件、人际关系、薪酬等，如果得到满足，就没有不满意，如果得不到满足，就会不满意，赫兹伯格称之为“保健”因素；而对于成就、赏识和责任等，如果得到满足，就会满意，如果得不到满足，就不会产生满意感，但也不会不满意，赫兹伯格称之为“激励”因素。

员工个人对企业的满意度是个人的感受，也可能随着个人感受逐步扩展为群体性的感受。如果个人满意度不高，可能个体会选择流动，如果引发群体性不满意，则可能会引发大规模流动的问题。

4. 工作岗位是否能满足个人职业期望

员工在寻找工作的时候，都会带有自己的职业期望，假设员工在到岗后没能在岗位工作中找到自己实现价值的地方或与自己期望相差较远，有些员工会选择即刻离职，有些员工会选择留一段时间看看能否适应或是否会有变化，否则也会选择离开。因此，员工对岗位的期望值也是影响员工流动的因素。如何使员工对岗位工作保有一个正确的认识，调整个人的心态进入岗位，这就成为企业人力资源管理者与员工之间面临的一个非常重要的关键点。

5. 员工所处的劳动力市场的供求状况

在一个地区的劳动力市场中，如果某部分人群属于供大于求的，该部分人群一旦找到工作，为了不重新失业或进入漫长的求职阶段，都会比较珍惜得来不易的工作，员工流动率相对会比较低。但是如果某部分人群属于劳动力市场中比较紧俏的，因为可选择的余地比较多、选择空间大，离职成本比较低，一旦有更合适、条件更好的岗位出现，他们选择流动的概率还是比较大的。

互动课堂

1974 年，富士康在台湾台北市成立，经营方向主要为高科技产业，包括通信、电脑、数位内容等。1985 年，富士康在深圳投资建厂，经过几年的经营发展，富士康迅速抢占了大陆的劳动力市场，成为全球最大的电子制造商，并于 2018 年在上交所上市。

统计数据显示，富士康基层员工每月流失超过两万人，媒体的调查也显示，平均每月要流失员工几万人。而在跳楼事件频发的 3 个月里，每月人才流失量竟然高达 5 万人以上。人力资源部也有数据显示，集团在 2009 年招聘超过 54 万人，30 万人辞职。而实际数据可能更高，2009 年各个作业群的离职率高达 80%，企业专门设立培养干部的“青干班”平均年离职率也达到了 30%。

市总工会副主席王同信介绍说，富士康 45 万员工中，工作 5 年的员工只有两万人左右，而工作不到半年的员工高达 22 万人，每年员工流失率达 35% 以上。这意味着，几乎每三年就要完全换一批人。

问 题

请分析造成富士康员工流失率高的原因。

二、应对员工流动的策略

企业的生存、发展依赖全体员工的共同努力，合理的企业员工流动是必要的，因为市场要素只有经过充分流动后才能达到最优配置，发挥最大效益。一方面员工自身的人力资本得以增加，另一方面企业亦可改善现有的员工队伍结构，使人力资源配置达到最优，从而实现经济效益最大化。

但是，如果企业员工流动过于频繁、无序，流动率居高不下，便会给企业的发展带来巨大的负面影响，因此企业在发展中必须根据自己的特点制定措施，稳定人才，留住人才，用好人才。具体来说，企业要从以下几个方面做好工作：

（一）利用多种测试手段，招聘时建立良好信息沟通渠道

企业在招聘员工的时候，在做录用决策时，除了需要考虑应聘者的能力、素质外，不能忽视员工对企业的忠诚度，对于那些一年换一个公司甚至几个公司的员工，务必要慎重考虑；也应该选择那些价值观与企业文化、制度比较接近或一致的人员，这样该部分员工有助于维护公司声誉并完善公司品格。

此外，在应聘者做出选择前，企业与应聘者之间应该尽可能把工作岗位职责、内容、要求进行充分沟通，并能达成共识；企业也应通过多种渠道或测试方法，确认拟录用的应聘者的个性、品质能否符合企业的要求，这样就能有效减少到岗后在磨合过程中出现失落、失望的现象。

每个公司还应根据自身的特点选择合适的人，就像埃德华兹公司的首席执行官所说：

“我们只要有个性的人，和我们同心同德，与公司文化协调一致，我们要的是白头偕老，像一桩美满的婚姻一样。”

（二）运用多种激励手段，建立全方位的激励机制

人才流失的另一个很重要因素在于企业对人才缺乏有效的激励。很多企业的人力资源管理者都认为薪酬是一个有效的激励手段，薪酬不仅是员工获取物质及休闲需要的手段，还能满足人们自我肯定的需要。在某种意义上，有效的分配制度确实可以降低成本、提高效率，增强企业招聘时的吸引力。高薪是能吸引人，但是也不一定能留住人，而精神的激励，如成就感、认同感，才是留住人才的重要因素，但这一点却往往被许多企业忽视。专家研究发现，薪资和奖金因素在工作重要性的排列中仅为第六位、第八位，成就感是排在第一位的，依次排序是被赏识、工作本身、责任感、晋升机会，这就表明了非金钱因素的重要性。行为科学家赫兹伯格的双因素理论就认为，薪资、工作条件、工作环境等属于“保健”因素，它不具有激励作用，而工作成就、社会认可、发展前途等因素才是真正的激励因素。

无论哪种激励手段，都应遵循这样一个原则：为企业做出的贡献越大，就应该使其享有越大的激励，又想马儿跑得快又想马儿不吃草的情况是不存在的。依据这样的原则，企业可以根据自身的实际情况，制定相应的激励机制，并在实践中不断修正、完善。

（三）构建公平、公正的企业内部环境

员工在企业工作中都希望能得到公平的对待，公平有助于员工踏实工作，相信自己的一分付出都能有一分的回报，相信自身价值能在企业得到应有的、公正的评价，相信所有员工都能站在同一起跑线上。企业可以从以下几个方面做到公平：

1. 薪酬制度的公平

在制定薪酬制度时应考虑能有效调动和保护大多数人的积极性，充分体现按劳分配为主，效率优先、兼顾公平的分配原则，突出投入产出的效率原则。同时，正激励手段的使用应多于作为负激励手段的惩罚，也应奖罚分明以及重奖有突出贡献者。

2. 绩效考核的公平

绩效考核是一把双刃剑，失去公平，会挫伤员工积极性，不利于鼓励员工有创造性地、保质超量地做好工作；严重时会误导企业用人决策，产生逆向分配。考核公正则能激励员工，消除抵触情绪，提升团队的协作水平；有利于企业做出正确的人力资源决策，降低人力成本，提高生产率。然而，要建立公平的绩效考核机制，充分发挥考核的正面功效，就需要根据企业的发展阶段不断地改进完善。

在制定绩效考核机制时，至少应该做到制定科学合理的绩效考核办法和考核标准，对员工的实际工作进行定性考核和定量测定，并做到真实具体；对每个员工进行客观公正的评判，建立各种监督机制，以保证考核工作的公正和公开。

3. 晋升机制的公平

为了使各种人才脱颖而出，在员工的选拔、晋升、任用上，应做到文凭和水平兼顾、专业和专长兼顾、现有能力与潜在能力兼顾，把员工放在同一起跑线上去衡量、考核，为员工提供公平的竞争舞台。

4. 其他管理机制的公平

除了上述几方面外，公平还应体现在企业管理的其他方面，企业管理若能在各方面都做到公平与公正，将大大提高员工的满意度，激发他们内心深处的潜能，从而为企业不遗

余力地奉献才智。

（四）创建以人为本的企业文化

一个企业要想得到长久的发展，必须确立“人高于一切”的价值观。整个企业高层必须有一种意识，即人力资源是企业最重要、最宝贵的资产，员工们是值得信任的，需要被尊重和参与工作决策。当人被充分信任时，往往能较高水平地发挥才能，为企业创造出更多的效益。如果从企业的高层管理者到每一个员工都树立了一个共同的愿景，形成了共同的企业核心价值观念、价值取向等，那么这会在企业的发展过程中得以延续，使企业保持良好的竞争态势。

（五）拓展员工的职业生涯，为员工的发展提供方向

开展职业生涯管理，可以使员工尤其是知识型员工看到自己在企业中的发展道路，而不至于为自己目前所处的地位和未来的发展感到迷茫，从而有助于降低员工的流失率。企业不仅要为员工提供与其贡献相称的报酬，还要在充分了解员工的个人需求和职业发展愿望的基础上，制定出系统、科学、动态的员工生涯规划，有效地为员工提供多个发展渠道和学习深造的机会，设置多条平等竞争的升迁阶梯，使员工切实感到自己在企业有实现理想和抱负的希望。在美国《财富》杂志曾评选的最适宜工作的一百家企业中，流动率最低的仅为4%，在这些企业中，几乎每一家企业都对员工提供免费的或者部分免费的培训。培训作为现代企业管理的重要内容和手段，已越来越被企业所重视。

综上所述，员工是企业发展、制胜的重要资源，是每一个企业生存发展的必要条件。在人才争夺战日趋激烈的新经济时代，争取和留住企业的核心员工已成为经营策略的第一项重要工作。“留人必先留心，留心必先知心”，所以企业要真正实施人本管理策略，达到企业及员工的双赢。

项目小结

（1）员工流动是人力资源管理的一大管理难题，合理的员工流动有利于企业的人员合理配置及结构优化。员工流动管理的理论，主要指勒温的场论、卡兹的组织寿命学、库克曲线、中松义郎的目标一致理论等，都为员工流动的必要性提供了理论分析依据。

（2）根据不同分类角度，员工流动可以分为 5 种形式，本文重点分析了企业微观角度的分类形式。根据组织自身的特点以及员工的实际情况，组织在员工内部流动管理中实行相应的方式，但具体的操作方式基本一致。

（3）员工流动具有个人因素和组织环境因素，研究、分析员工流动的因素，有针对性地实行相应的对策，有助于组织进行有效的员工流动管理。

关键术语

员工流动　员工流动管理　勒温场论　组织寿命学说　库克曲线　目标一致理论　人力资源流动率

知识测验

1. 选择题

(1)(　　)理论，归纳出个人与环境关系的公式：B = f(p，e)，其中 B 代表个人的绩效，p 代表个人的能力和条件，e 代表所处环境。

A. 勒温的场论　　B. 卡兹的组织寿命学说

C. 库克曲线　　D. 中松义郎的目标一致理论

(2) 员工流动从企业微观角度可分为(　　)、(　　)、(　　)等三种形式。

A. 流入　　B. 内部流动　　C. 流出　　D. 水平流动

(3) 员工流动，按照员工流动的意愿分类可分为(　　)和(　　)。

A. 自愿流动　　B. 地理流动　　C. 职业流动　　D. 非自愿流动

(4) 几种常见的内部流动形式有(　　)、(　　)、(　　)与(　　)。

A. 平级调动　　B. 岗位轮换　　C. 岗位晋升　　D. 岗位降级

E. 垂直流动

(5) 员工流失的种类分为(　　)、(　　)和(　　)。

A. 主动流失　　B. 被动流失　　C. 地域流失　　D. 自然流失

(6) 员工流失的特点有(　　)、(　　)和(　　)。

A. 公平性　　B. 群体性　　C. 阶段性　　D. 趋利性

(7) 人力资源离职率公式为(　　)。

A. (流出人口数 + 流进人口数)/全部人口数

B. (离职人数/工资册平均人数) × 100%

C. (新进人数/工资册平均人数) × 100%

D. (补充人数/工资册平均人数) × 100%

(8) 员工流动原因的组织环境因素分析不包括(　　)。

A. 工资收入水平　　B. 岗位工作内容

C. 企业的发展前景　　D. 企业的文化及氛围

E. 个性特质

(9)(　　)是指对人力资源的招聘、内部流动和流出进行计划、组织、协调和控制的过程。

A. 工作分析　　B. 员工招聘

C. 人力资源规划　　D. 员工流动管理

(10) 劳动力市场和个体行为融为一体来考察和研究员工流失，据此提出关于员工流失的模型——(　　)。

A. 普莱斯模型　　B. 马奇和西蒙模型

C. 库克曲线　　D. 莫布雷中介链模型

2. 简答题

(1) 员工流动有哪几种形式?

(2) 成功的员工流动管理工作需要实现的目标是什么?

(3) 研究企业的员工流动，为什么还必须从员工个人和社会的角度来认识问题?

(4) 有哪些理论可以说明员工流动的必然性?

（5）如何对员工流动率进行分析？合理的员工流动率该坚守的准则是什么？

（6）内部流动有哪些方式？它们各自起什么作用？

（7）影响员工流失的因素是什么？企业应该如何看待这些因素？

3．论述题

（1）员工流失管理应掌握哪些原则及采取哪些方式？以一个企业为例，分析应该如何进行员工的流失管理工作？

（2）不同的员工流动模式有什么战略影响？在当前国际国内竞争环境下，你认为哪种模式最适合企业？

案例分析

谁会被遣退？

宏伟机械公司由于受到经济不景气影响，产销一直不振，不得不短期减产以图挽救，于是王总经理召集各部门主管人员谈话，决定了各部门的裁退人数之后说："由于各部门的情形不一样，我只发布紧缩通告，执行细节则留给你们各位去做，另外，我感觉裁员的事也是各部门主管的事，你们可以自己衡量，我完全授权给你们。"

各位主管认为这可能是一个好方法。会后，制造部主任张某回到本部门，召集其部属说："各位，事情来了，公司要紧缩，老板叫我们去就是谈论调整的事。明白地说，生意不振必须减少费用，所以要裁去三个人。当然我不希望如此做，你们也不希望受到遣退，但这是唯一的办法，在今天下班时，我会宣布谁会被遣退。同时，我告诉你们，我的选择是兼顾年资与能力的。"

铸造部主管陈某召集部下说："楼上有话下来，我们这个部门要裁减一半人员。我必须配合这么做，我希望你们大家能理解，其实我对这种事完全没有兴趣。我希望遣散在年资表上年资最浅的5个人，从星期五停职，我很抱歉，当局认为这是必要的，我必须跟着他们走。"

李某是装配部主管，想召集大家宣布这件事，但他不喜欢面对大家，虽然他知道以他个人的感动力，可以减少一些裁员的刺痛，但他深思后还是不愿把大家召集在一起。至于要讨论的问题，做起来似乎并不难，因为他们有的是人，他决定最好的方法还是在布告栏贴一张通知。于是他要求秘书发布下面的通告："因为业务需要，主管当局表示，本部门必须暂时遣散下列人员。"这张名单中，有10个能力最差的人，并没有考虑他们的年资与个人因素。

余某是设计部主管，他知道必须裁减一半的工作人力，所以他决定自己做选择，主要依据是目前所必需分配的工作的重要程度，同时，他决定亲自私下通知那些将被遣散的人。

宋某是检验部门主管，认为问题难处在于如冒险将他的几个新检验员遣退，他们也许会另谋工作不再回来。在考虑了所有人员以后，他决定遣散一些老手，保留一些新人。宋某想采用个别通知方式，但感觉这并不是一个好方法，他知道其余的人会忧虑并注意谁将是下一个接到"白条子"的人。于是他决定用一个小信笺去通知被遣退的人，于下星期五发放薪水时，随薪水袋一同发出。至此，一个普通的问题，5个主管有五种不同的解决方法。

讨论题：

1. 王总经理的裁员原则是否合理？为什么？

2. 为兼顾年资与能力，应采取怎样的裁员措施才适当？

实训训练

1. 实训目的

通过本项目的实训训练，进一步理解员工流动管理的理论在实际员工管理过程中的应用，能结合企业本身的实际情况，分析员工流动的原因，并能提出有效的应对措施。

2. 实训内容与要求

调查当地一家企业，了解其员工流动管理的情况，以“××公司的员工流动管理”为题，写成调查报告，分析该公司如何进行员工流动管理、内部流动形式有哪些、如何应对员工流失等，分析企业在员工流动管理过程中存在的问题，如存在问题，请为其设计员工流动管理方案。

3. 实训组织方法及步骤

（1）将学生分成若干小组，以4～6人为一组。

（2）小组实施调查，收集数据。

（3）整理资料、分析数据，撰写调查报告。

（4）老师组织学生对调查报告进行分析、评议。

4. 实训时间

本实训资料查阅与调查实施可让学生利用周末时间进行，课堂讲解与评析占2个课时。

5. 调查报告

请严格按照调查报告格式写：调查目的、调查对象、调查内容、调查方式（一般可选择问卷式、访谈法、观察法、资料法等）、调查时间、调查结果、调查体会（可以是对调查结果的分析，也可以是找出结果的原因及应对办法等）。

6. 实训成绩评定

（1）实训成绩按优秀、良好、中等、及格、不及格5个等级评定。

（2）成绩评定参考准则

①是否理解员工流动管理的理论，并能结合企业实际进行分析。

②是否掌握进行社会调查的方法。

③能否独立撰写调查报告和招募、筛选方案，真实度如何。

④调查报告是否记录了完整的实训过程，文字是否简练、清楚，结论是否明确，体会是否客观，方案是否具体、可行、有针对性。

⑤是否积极参与实训，实训态度、实训前准备和遵纪情况如何。

⑥课堂讲解、讨论、分析等实训环节占总成绩的50%，实训报告占总成绩的50%。

参考文献

[1] 贺清君. 招聘管理从入门到精通 [M]. 北京：清华大学出版社，2015.

[2] 杨长清，唐志敏. 招聘、面试、录用及员工离职管理实操：从新手到高手 [M]. 北京：中国铁道出版社，2015.

[3] 王慧敏. 员工招聘 [M]. 北京：清华大学出版社，2015.

[4] 葛玉辉，许丹. 招聘与录用管理 [M]. 北京：清华大学出版社，2014.

[5] 李旭旦，吴文艳. 员工招聘与甄选 [M]. 2 版. 上海：华东理工大学出版社，2014.

[6] 赵淑芳. 员工招聘与甄选实务手册 [M]. 北京：清华大学出版社，2013.

[7] 许玉林，王剑. 人力资源吸引与招聘——基于战略思考与管理流程 [M]. 北京：清华大学出版社，2013.

[8] 冯颖. HR 招聘实务手册 [M]. 北京：化学工业出版社，2012.

[9] 张维君，王君. 人员招聘与配置 [M]. 北京：电子工业出版社，2010.

[10] 杨倩. 员工招聘 [M]. 2 版. 西安：西安交通大学出版社，2014.

[11] 王挺，寇建涛. 员工招聘 [M]. 北京：北京大学出版社，2012.

[12] 边文霞. 员工招聘实务 [M]. 2 版. 北京：机械工业出版社，2011.

[13] 张志军. 员工招聘与选拔实务 [M]. 北京：中国财富出版社，2010.

[14] 池永明. 员工招聘规划与执行精细化实操手册 [M]. 北京：中国劳动社会保障出版社，2013.

[15] 宋艳红. 员工招聘与配置 [M]. 北京：北京理工大学出版社，2014.

[16] 李丽娟，张骞. 员工招聘与录用实务 [M]. 北京：中国人民大学出版社，2015.

[17] 王丽娟. 员工招聘与配置 [M]. 2 版. 上海：复旦大学出版社，2012.

[18] 董克用. 人力资源管理概论 [M]. 3 版. 北京：中国人民大学出版社，2011.

[19] 姜秀丽，石岩. 员工流动管理 [M]. 山东：山东人民出版社，2004.

[20] 马金贵，张长元. 企业核心员工流失原因分析及其对策 [J]. 湖南商学院学报，2005 (2)：42－44.

[21] 施康，叶依广，秦毅峰. 企业核心员工管理机制的失效现象及规避策略 [J]. 南京社会科学，2006 (1)：44－48.

[22] 赵路. 李开复“跳槽”与高层人才流失对策 [J]. 人才资源开发，2006 (7)：35－36.